가르칠 수 있는 용기

The Courage to Teach

진정한 가르침을 발견하는
교사의 내면 풍경 탐색하기

The Courage to Teach

가르칠 수 있는 용기

파커 J. 파머 지음 | 김성환 옮김

한문화

아내 샤론과

돌아가신 나의 아버지

맥스 파머Max J. Palmer(1912~1994)에게

이 책을 바친다.

🌱 이 책에 보내온 찬사

"이 책은 내가 읽은 책들 중 최고의 교육서이다. 파머는 지나치게 테크닉에 의존하는 태도에서 벗어나 아이들과 교사의 가장 깊은 인간적 잠재력을 진정으로 계발하고 존중하는 교육 환경을 조성해 나가야 한다고 강력하게 설파한다. 이제는 교육에서 가장 중요한 것이 교사의 내면을 탐색하는 일이라는 사실을 기억할 때가 되었다. 파머는 이런 주장을 아주 유려하게 전개한다."   - 〈교사(Teacher)〉

"가르치는 일이 그저 '허드렛일'이고, 당신이 그런 일을 하는 데에 만족하는 사람이라면, 이 책은 당신을 위한 것이 아니다. 이 책은 최소한의 관심만 기울이는 태도를 버리고 탁월함을 추구하도록 당신을 자극할 것이다. 파머는 교육을 마지못해 하는 일이 아니라 찬사받는 가르침이 되게 하겠다고 약속한다."   - 〈교육 경영 아카데미(Academy of Management)〉

"지난 수년 간 여러 훌륭한 책을 통해 우리는 중요한 통찰을 얻었다. 가르침과 배움에 관해 알프레드 노스 화이트헤드보다 더 깊이 사색한 사람이 어디 있겠는가! 나는 그의 작은 책《교육의 목적》을 이삼 년마다 반복해서 읽었고, 교육에 관한 길버트 하이트Gilbert Highet와 케니스 이블Kenneth Eble의 탁월한 저서도 중요하게 생각한다. 그리고 이 책들만큼이나 훌륭한 파머의 《가르칠 수 있는 용기》도 빼놓을 수 없다."

– 테오도르 마치스Theodore J. Marchese, 미국 고등교육협회 부회장

"파머는 교사들의 교사이다. 그가 교사로서 쓴 책들은 놀라울 정도로 의욕을 고취한다. 교사로 일해 왔거나 평생 교직에 헌신하려는 이들에게는 이 책이 종교적인 동반자나 다름없다. 당신이 교사라면, 이 책이 당신의 삶을 바꿔 놓을지도 모른다!"

– 〈종교 교육(Religious Education)〉

"이 책에 등장하는 '교사'라는 단어를 '경영 컨설턴트'로 대체하면 책의 내용 대부분이 내게도 아주 유용하다. 이 책은 철학서이자, 인격에 관한 책이자, 훌륭한 경영 컨설턴트가 갖춰야 할 인간적인 자질에 관한 책이다. 진부하지 않으며, 유창하고 사려 깊은 대가가 교육의 본질과 영혼을 진지하게 탐색하기 때문이다. 진중하면서도 완전히 이해할 수 있는, 몰입도 높은 책이다."

– 〈경영 컨설팅 저널(Journal of Management Consulting)〉

"파머는 일련의 사례를 통해 독자의 사색을 촉구하고 자주성과 자신감을 북돋운다. 《가르칠 수 있는 용기》는 모든 학교에서 가르치는 모든 연령대의 교사를 부드럽게 일깨운다."

– 〈아동 교육(Childhood Education)〉

"이 책은 교사의 정체성과 진실성에서 나오는, 테크닉을 초월한 가르침에 관한 통찰과 새로운 아이디어를 풍부하게 제공한다. 교육을 돕는 상호 연결성에 관해서도 비중 있게 다루는데, 다른 영역과 연관 지으며 교육의 영적인 측면을 독특한 방식으로 탐색한다."

– 〈세계 평화 국제 저널(International Journal on World Peace)〉

"파머는《가르칠 수 있는 용기》를 통해 교사가 되기로 마음먹은 순간을 떠올리도록 자극한다. 우리가 교직을 계속해 나갈 수 있게 소명 의식을 다시 일깨운다."

- 〈변화(Transformations)〉

"오늘날 학교에서 가르침을 펴려면 용기가 필요하다. 그러나 어떤 용기가 필요한지는 거의 말하지 않으며, 설령 언급하더라도 대개는 폭력 예방과 극성 학부모 통제, 제도적 압제에 대한 대응 차원에 머문다. 이런 상황에서 사람들이 교육에서의 용기를 마음의 일로 받아들이기 시작한 것은 매우 환영할 만한 변화이다. 파머가《가르칠 수 있는 용기》에서 주장하듯, 가르침에서 정말로 중요한 것은 헌신과 유대이기 때문이다. 가르침은 학생과 교과, 그리고 이 둘을 잇는 세계 사이의 관계에 관한 문제이자, 삶과 배움에 관한 문제이다. 궁극적으로 가르침은 진정한 교육을 위해 갖춰야 할 교실 공동체에 관한 문제이다. 그리고 이런 유형의 교육에서 핵심은 인간의 마음이다."

- 〈가톨릭 소식(Catholic New Times)〉

"파머와 함께 '교사의 자아'라는 미지의 영역을 여행하다 보면, 교육을 새롭고 흥분되는 관점에서 바라보게 되며, 훌륭한 교사의 현존에 직접 참여하게 된다. 파머는 솔직하게 자신의 이야기를 공유하면서 그가 유려하게 묘사하는 바로 그 유형의 가르침 속으로 독자를 끌어들인다."

- 러셀 에저튼Russell Edgerton, 퓨 자선기금 교육 담당자, 前 미국 고등교육협회 회장

"생생하고 설득력 있고 감동적인 방식으로, 교사가 실제로 어떤 일을 하는지 그 본질을 일깨운다."

- 로버트 콜스Robert Coles, 하버드 대학교 의료 서비스 담당자

"깊은 감동과 엄청난 열정으로 가득한 책! 가르침의 소명과 거기에서 오는 고통과 기쁨을 영감에 찬 언어로 묘사한다. 모든 단계의 학생을 가르치는 모든 교사가 반드시 읽어야 할 책이다."

　　　- 존 카밧 진Jon Kabat-Zinn,《왜 마음챙김 명상인가?(Wherever You Go, There You Are)》
저자,《매일의 축복(Everyday Blessings)》공저자

"이 책은 교사와 교육 관계자뿐 아니라, 세상의 치유에 헌신하는 우리 모두에게 멋진 책이다!"

　　　- 조안나 메이시Joanna Macy,《연인으로서의 세상, 자아로서의 세상(World as Lover, World as Self)》저자

"파머는 내게 가르침과 배움에 관해 누구보다도 많은 것을 가르쳐 주었다.《가르칠 수 있는 용기》는 교사뿐 아니라 리더와 공무원, 상담사 등을 비롯한 우리 모두를 위한 책이다. 이 책은 훌륭한 일을 하는 능력이 자신의 본성을 인식하는 데에서 솟아난다는 사실을 깨닫도록 열정적으로 그리고 끈기 있게 요구한다."

　　　- 마가렛 휘틀리Margaret Wheatley,《현대과학과 리더십(Leadership and the New Science)》저자,《보다 소박한 길(A Simpler Way)》공저자

"우아함과 엄격함, 열정, 신중함을 보기 드문 방식으로 혼합한 이 책은, 한없이 만족스러운 만찬과 같다. 가르침과 배움을 사랑하는 모두에게 큰 선물이 될 책이다."
　　　　　　　　　　　　　　- 다이애나 채프먼 월시, 웰즐리 대학 총장

차 례

🌿 20주년 기념 판 출간을 축하하며

말은 중요하다. 대안적 사실이 난무하는 '폭풍 트윗'의 전쟁터에서 언어가 무기화되는 요즘 같은 시대에는 말이 그 어느 때보다 중요하다. 여기, 모든 페이지에 엄격하게 고른 단어만 배치한 책이 있다. 이 언어 세공의 대가는 장인정신을 발휘해 사소하거나 의미 없는 내용으로 페이지를 허비하지 않게 신중에 신중을 기했다.

책은 중요하다. 그리고 어떤 책은 다른 책들보다 더 중요하다. 이 책은 수백만 명의 애독자가 읽었고, 그들 중 많은 이가 이 책에서 교직을 계속해 나갈 새로운 이유를 찾았다. 독자들은 이 책에 밑줄을 긋고, 문장을 인용하고, 책을 빌려주고, 내용을 음미하기 위해 빌려준 책을 다시 돌려받았으며, 저자는 독자들과 정신적으로 교감하며 그들과 단단히 결속되었다.

토마스 페인Thomas Paine이 《상식(Common Sense)》이라는 책을 통해 세습 군주제를 비판하고 자주적인 독립공화국의 바람을 일으킨 것처럼, 어떤 저자는 혁명을 주도한다. 그에 비해 이 책은 하나의 불꽃처럼, 인류의 미래가 달렸다고 해도 과언이 아닐 교육개혁 운동을 전개하고 확산한 최초의 사건이다. 이 주장을 증명하기 전에, 우선 배경부터 간단히 설명하겠다.

나는 '켈로그 내셔널 펠로우스Kellogg National Fellows'라는 작은 단체를 위해 파커 파머가 1990년 3월 뉴멕시코주 타오스시에서 개최한 수련회에서 그를 처음 만났다. 내게 큰 변화를 가져다준 그 수련회에서 우리는 깊이 교감했고, 그 후로 절친한 친구 관계를 유지하고 있다. 그는 1993년에 내가 웰즐리 대학 총장으로 취임하는 자리에서 나를 위해 연설해 주었고, 나는 그가 헌정받은 2005년도 기념 논문집 〈질문을 살아가기 (Living the Questions)〉에 서문과 한 장의 원고를 써 주었다. 우리는 수련회와 모임 등에서 함께했으며, 학회의 개회사와 폐회사에서 차례로 기조연설을 하기도 했다.

《가르칠 수 있는 용기》 20주년 기념 판을 보면 작가이자 교사이자 학자인 파머의 작품들과 그 구현체인 '용기와 쇄신 센터(Center for Courage & Renewal)'가 어떻게 발전했는지 알 수 있다. '용기와 쇄신 센터'는 파커의 헌신적인 지도로 그의 아이디어를 가다듬어 미국과 세계 전역에 퍼뜨렸다. 그리고 열 권에 이르는 파머의 책은 보다 온전한 세상에 관한 그의 비전을 전 세계의 다양한 독자에게 소개했다. 그는 이 책들 덕분에 수많은 상과 표창을 받았을 뿐 아니라, 온·오프를 막론해 다양하고 헌신적인 지지자도 얻었다. 그의 가르침의 범위와 영향력은 《가르칠 수 있는 용기》가 처음 출간된 1997년 이후부터 급격히 확산했다.

그 모든 것의 중심에는 '직업'이라는 개념이 있다. 이 개념은 '진정한 자신과 자신이 하는 일'의 융합, 그리고 자신의 내적인 정체성을 세상에 투사하는 방식에 관한 것이다. 그 내적인 정체성을 의식적으로 투사할지, 무의식적으로 투사할지는 자신의 선택이다. 청중들 앞에서 직설적으로 강연할 때, 그는 '영혼과 역할'의 통합을 말하면서 영혼을 '달려들어 붙잡으려고 하면 숲속으로 달아나 버리는 야생 동물'에 비유한다. 파커는 《가르칠 수 있는 용기》를 통해 퀘이커교의 전통과 자신이 추구해 온 영성에서 비롯한 이 직업 개념에 보다 보편적이고 세속적인 느낌을 불어넣어 그 범위를 솜씨 좋게 확장했다. 이 책에서 그는 직업이라는 개념의 근본 이상과 본래의 의미를 충실하게 지키면서, 시인의 감성으로 그 개념을 세련되게 정제하고 제련해 낸다.

그가 '리더십을 위한 내면 작업'이라고 부르는 과정과 직업을 강조하는 것은 파커의 작업에서 중대한 사회적 함의가 있다. 초기에 쓴 '내면으로부터의 리더십'이라는 영향력 있는 에세이에서 파커는 이렇게 썼다. '리더는 그들이 가진 지위의 힘으로 주변 사람들에게 어둠이나 빛을 투사할 수 있다.' 그러므로 리더는 자신의 내면에 있는 어둠과 빛의 힘에 귀를 기울일 특별한 의무가 있다. 그렇지 않으면 그들은 세상에 엄청난 해를 끼칠 것이다. 무모한 리더십이 미국 민주주의의 기둥과 그 근본 가치를 위협하는 지금 같은 시기에는, 이 메시지의 진실성이 그 어느 때보다도 고통스럽게 주목받는다.

파커는 보기 드문 방식으로 엄격한 분석과 우아한 언어를 한데 뒤섞으면서 다층적이고, 복잡하고, 고도로 개인적이면서도 보편적인 문제를 제기한다. 그는 엄청난 도덕적 권위를 말하면서도, 전염성 있는 중·서부식 유머와 진정한 겸손에 뿌리를 둔 자기비하의 가벼움으로 글에 생기를 더한다. 우리가 가끔 경험하는 것처럼, 파커는 '독선의 그림자'가 그를 엄습할 때 자신을 웃음의 소재로 삼을 줄 안다. 그는 너무나도 인간적인 우리의 약점을 자신과 함께 비웃을 수 있도록 독자를 초대한다.

교사는 이 책을 통해 그들이 지불하는 개인적 비용(의욕을 잃는 것)을 더 명확히 보게 될 것이다. 그러면서 개인의 진실성과 평정심에 관한 끊임없는 내면 탐색은 세상과 만난다. 그런데 수많은 미국 아이들 역시 그들이 지불하는 비용을 이해하기 시작했다. 그들에게 빈민가의 학교는 타네하시 코츠Ta-Nehisi Coates가《세상과 나 사이(World and Me)》라는 책에서 고발한 것처럼 '죽음의 덫'이나 다름없다.(2015~2016년, 타네하시 코츠는《세상과 나 사이》를 통해 도대체 미국이란 나라에 흑인은 어떤 존재인지를 물으며 인종 문제에 관한 커다란 논쟁을 일으켰다. - 편집자) 파커는 우리 사회가 교사를 현실과 이상 사이의 '비극적인 간극'에 서게 했다는 사실을 받아들이도록 교사를 이끌어 준다.

대학원 시절, 파머는 사회학자 로버트 벨라Robert Bellah의 동료였는데, 그는 벨라의 영향으로 '좋은 사회'를 만드는 내면적 자질(토크빌Tocqueville이 말한 '마음의 습관')을 강조하게 되었다. 파커의 글과 대중 연설은 가르침과 작업, 리더십, 대화, 민주주의, 사회운동의 전개 등에 관한 그의 섬세한 사유를 펼치는 하나의 수단이다. 그러나 그가 자신의 이론을 적용하고 확산하는 일에 개인적으로 깊이 관여했다는 점에서 다른 학자들과 그의 작업은 차별화된다. 이 작업은 처음에는 교육 영역에 국한되었지만, 이후에는 소명 의식에 이끌린 구성원들이 있는 다른 영역으로 점점 확대되었다.

그는 우리가 진실로 다가설 수 있는 유일한 장소인 자신의 정체성과 진실성에서 작업을 시작하지만(그리고 그가 목적을 위한 수단으로 개인을 격하하는 것에 한사코 반대하지만), 그의 작업은 개인뿐 아니라 제도권의 마음까지 함께 치유하고자 하는 소망에서 동력을 얻는다. 여기서 말하는 제도권은 학교, 병원, 교회, 대학 등은 물론, 미국 민주주의도 포함한다.

'용기와 쇄신 센터'는 사람들이 자신의 일에 더 충실하게 참여할 용기를 얻도록 돕는다. 그리고 그들이 '분열되지 않는' 삶을 살겠다고 개인적으로 결심하면, 그 후에는 '일치의 공동체'를 형성하거나 찾아 나설 용기를 얻도록 격려한다. 파커는 일치의 공동체가 '죽음을 초래하는' 구조와 체제에 대항할 수 있도록 평범한 시민들에게 힘을 부여한 해방운동에 영양분을 공급해 왔다고 주장했다.

　나는 수십 번도 넘게 이 센터가 조직한 '신뢰의 모임(Circles of Trust)'에 참석해 파커와 함께했다. 이 모임은 파커와 동료들(특히 센터 설립자이자 공동 이사인 마시Marcy와 릭 잭슨Rick Jackson)이 다양한 환경에서 시험하고 정제한 '기준'을 철저히 따른다. 파커는 깐깐하게 정리한 이 기법들을 2004년에 출간한 《다시 집으로 가는 길(A Hidden Wholeness)》에 상세히 기록했다. 달라도 너무 다른 사람들로 구성된 모임에 참석할 때마다, 완전히 낯설었던 사람들이 순식간에 서로 신뢰를 쌓아가는 모습을 보며 나는 끊임없이 경탄한다. 사람은 이렇게 신뢰가 쌓일 때 묻혀 있던 열망과 진심 어린 관심사, 두려움과 희망(자신이나 다른 사람의)을 이야기하고 들을 수 있도록 해방된다.

　그들은 고요히 앉아 침묵을 환영하고, 놀라움과 고마움을 느끼며, 인내심을 발휘하고, 서로에게 질문한다. 이 경험을 통해 자신만의 고유한 이야기를 말하고 들으면서 공통된 진리를 발견하는 공간을 창조해 나가는 자신들의 능력을 신뢰하게 된다. 또한 그들은 파커와 동료들이 가르친 비침범(non-invasive), 비회피(non-evasive)의 원칙을 지키는 동안 '서로에게 귀를 기울여 이야기를 끌어내는' 법을 배운다. 그들은 오직 진지하고 존중을 담은(혹은 솔직하고 개방적인) 질문만 하는데, 이런 질문은 다른 사람들이 그가 하는 말이나 하고 싶어 하는 말에 더 온전히 귀를 기울이게 만든다.

　파커는 자신의 글에서 '신뢰의 모임에서는 의견 차이를 무시하지도 않지만 공격하지도 않는다'라고 썼다. 대신 견해차가 있는 의견은 '구성원들끼리 힘을 합쳐 더 크고 새로운 진리로 나아갈 수 있도록, 같은 무게로 명료하고 정중하게 다른 의견을 제시'한다. 한 개인이 자신의 내면에서 듣는 진리의 목소리는 '모든 구성원이 그 목소리가 자신의 삶에 어떤 의미인지 잘 받아들일 수 있도록' 다른 사람들이 듣는 목소리를 통해 확인된다.

파커가 《가르칠 수 있는 용기》를 구상하던 몇 년간, 조너선 코졸 Jonathan Kozol은 미국 공교육 시스템을 가혹하게 비판한 책을 집필했고, 1991년에 《야만적 불평등(Savage Inequalities)》이라는 제목으로 출간했다. 미국 공교육의 충격적인 결점들이 드러났던 이런 분위기 속에서 1997년 《가르칠 수 있는 용기》 초판본이 출간되었다. 그리고 이 책의 10주년 기념 판은 책임감, 기준 설정, 시험 강화 등으로 구성된 정교한 체계를 강조하는 '낙제 학생 방지법(No Child Left Behind Act)'이 통과된 5년 후에 출간되었다.

미국 하위 집단들 사이에서 점점 더 벌어지는 '성취 간극'을 해소하기 위한 교육개혁의 격류는 바다 전체를 요동치게 만들었고, 이런 혼란의 한가운데에서 미국 교사들은 가르칠 수 있는 용기를 잃지 않으려고 안간힘을 썼다. 그리고 교육개혁은 굶주리고, 두렵고, 배울 준비도 안 된 일부 미국 아이들의 궁핍한 생활환경에 대해 교사를 희생양으로 삼으면서 학교와 교실을 향해 채찍을 휘둘렀다. 이제 우리는 최근 '브루킹스 연구소(Brookings Institute)'의 보고서가 '트럼프와 ESSA의 시대'라고 이름 붙인 시대로 들어섰다. ESSA란 2015년에 통과된 '모든 학생 성공법(Every Student Succeeds Act)'을 말하는데, 이 법안은 미국 전역의 극적인 교육 불균형에 대처하는 연방정부의 역할을 축소하는 것이 주된 내용이다.

현시대를 다룬 가혹한 교육 비평서로는, 2015년에 로버트 퍼트넘

Robert Putnam이 펴낸 매력적인 책《우리 아이들(Our Kids: The American Dream in Crisis)》을 들 수 있다. 그는 책에서 이야기와 통계 자료 등을 활용해, 2천5백 만에 이르는 미국 아이들이 '경제적으로 소모적이고, 민주주의를 불안정하게 하며, 도덕적으로 불공정한' 교육 시스템 때문에 뒤처지게 된 현실을 고발한다. 이 인용구는 '하버드 케네디 스쿨'에서 열린 '사구아로 세미나Saguaro Seminar'에서 나온 말로, 강력한 행동을 촉구하는 퍼트넘의 연구에 영향받은 2016년 보고서에서 찾아볼 수 있다.

이는 불확실한 인간의 미래를 위한 파커 파머의 작품에 다시 주목하게 한다. 우리는 사회 구조와 핵심 기관에서 믿음과 신뢰가 사라져가는 현상을 목격하는데, 이런 현상에는 더 이상 무시할 수 없는 정치, 경제적 조건이 고스란히 반영되었다. 그러나, 파커의 가르침에 따르면, 그 조건들을 좀 더 분명히 이해하려면 먼저 인간 마음의 조건들부터 탐색해야 한다.

학교와 교사는 끊임없이 교육 시스템을 괴롭히는 야만적인 불평등을 바로잡을 수 없다. 그 책임은 우리 사회 전체의 몫이다. 그리고 이를 위해서는 파커가《비통한 자들을 위한 정치학(Healing the Heart of Democracy)》에 썼듯이, '인간 영혼에 합당한 정치를 창조할 용기'를 지닌 능동적인 시민이 필요하다. 이는 우리가 긴박한 교육개혁의 필요성 아래에 깔린 진정한 문제, 즉 점점 심각해지는 빈부 격차를 정면으로 직시하지 못한 것처럼, 다른 위협에도 적절히 대처하지 못했거나 대처하길 꺼려 왔다는 사실을 상기시킨다. 긴박한 위협 중에는, 우리의 행동이 모든 생명이 의존하는 지구의 섬세한 생태계에 가하는 치명적인 위협도 포함된다.

지금 우리가 내리는 결정은 수십 년 후 우리의 후손이 역사의 이 순간을 되돌아보는 방식을 결정할 것이다. 인류가 지구의 생명 유지 시스템에 돌이킬 수 없는 해를 끼쳤다는 강력한 증거인 이 인류세(Anthropocene)를 돌아보며 우리 후손들은 무엇을 얻을까? 세계 공동체가 힘을 합쳐 효과적으로 대응했다는 역사적 사실을 배울까, 아니면 불안정한 미래를 앞두고도 스스로 눈을 가려 버린 우리의 맹목성과 자기 몰두를 이해해 보려고 암중모색할까?

파커 파머는 밝은 눈으로 세상을 바라보면서 분석적으로 평가하고, 내재한 역설을 꿰뚫어 보며, 이면의 어둠을 인식하고 그 아래 드리워진 그림자를 탁월하게 알아차린다. 그러나 타고난 교사인 그는 지식이 우리를 자유롭게 한다고, 유대감을 지속시키고 삶을 긍정하는 특별한 지식이라면 우리를 해방하기에 부족함이 없다고 주장한다. 파커는《가르칠 수 있는 용기》에서 이렇게 말한다. '사랑에서 솟아난 지식은 우리를 생명의 그물망과 연결해 줄 것이다. 인식하는 자와 인식되는 것을 연민으로, 변화를 일으키는 기쁨과 놀라운 책임감으로 감쌀 것이며, 우리를 참여와 이해, 책임감으로 이끌어 줄 것이다.'

이것이《가르칠 수 있는 용기》에서 시작되어《대학의 영혼(The Heart of Higher Education)》과《비통한 자들을 위한 정치학》으로 이어진 창조적인 저작들에서 말하는 사회 치유의 길이다. 미국과 호주, 캐나다, 라틴 아메리카, 영국, 스페인 등지에 있는 '용기와 쇄신 센터'의 적극적인 조력자 300여 명이 현재 이 길을 걷고 있다. '용기와 쇄신 센터'에서 훈련받은 이들은 파머의 말대로, '우리 모두 스스로를 극복하고 상처받은 세상의 치유자가 될 수 있도록' 많은 시민운동 단체와 세계 전역의 사회운동 네트워크로 연결망을 넓혀가고 있다.

이 희망적인 이미지를 마음에 품은 채, 나는《비통한 자들을 위한 정치학》의 마지막 페이지를 인용하는 것으로 《가르칠 수 있는 용기》 20주년 기념 판 출간을 축하하는 글을 맺고자 한다. 그 책에서 파커는 우리에게 다음과 같이 충고하고 예견한다. '고작 유효성이 우리의 실패나 성공의 궁극적인 척도가 되게 해서는 안 된다. 또한 만일 유효성이 척도가 된다면, 우리는 점점 더 작은 과업만 떠맡으려 할 것이고…거대하고 불가능하지만, 우리의 존재 이유이기도 한 핵심적인 과업은 포기하게 될 것이다.'

우리는 유효성보다 한 차원 높은 기준, 즉 충실함이라는 기준으로 자신을 판단해야 한다. 우리는 의지하는 공동체와 그 공동체의 긴급한 필요를 충족시키기 위해 우리가 할 수 있는 역할을 하는 데에 충실한가? 우리는 우리의 선한 본성이 우리에게 불러일으키는 느낌에 충실한가? 우리는 인간들 사이에 이루어지는 영원의 대화와 그 대화에 참여해 우리를 진리로 더 가까이 인도하는 방식으로 말하고 듣는 일에 충실한가? 우리는 엄청난 역경을 무릅쓰고라도 공동선의 증인이 되라고 호소하는 용기의 부름에 충실한가? 충실함이 우리의 척도라면, 우리가 결코 끝나지 않을 과업에 지속적으로 참여할 가능성 역시 더 커질 것이다. 즉, 우리는 공정을 실천하고, 자비를 사랑하고, 사랑하는 공동체를 형성해 나가는 일을 결코 멈추지 않을 것이다.

— 웰즐리 대학교 명예 총장, 다이애나 채프먼 월시Diana Chapman Walsh

10주년 기념 판을 출간하며

《가르칠 수 있는 용기》를 집필하는 10여 년 동안, 나는 지난 과거를 돌아보고 다가올 미래를 내다보면서 많은 시간을 보냈다. 불교 신자인 내 친구는 훌륭한 삶의 방식은 아니라고 했다. 모든 전통적인 지혜는 우리에게 과거나 미래라는 환영이 아닌 '영원한 현재'인 현실에 머물라고 충고한다. 그래도 과거와 미래는 그 어떤 작가도 소홀히 할 수 없는 의미의 원천으로, 기억과 공상으로 가득 차 있다. 그 기억과 공상은 내면의 삶, 특히 자신에 관해 글을 쓰는 사람들의 성실성과 신뢰성에 의문을 제기한다.

나는 교직에 몸담았던 지난 30여 년을 돌아보면서, 가르치는 일이 왜 항상 나를 설레거나 두렵게 했는지 이해하려 애쓰면서 이 책을 썼다. 나는 내면에서부터 우리의 일을 형성하거나 변형시키는 지적, 정서적, 영적인 역동성을 분명히 이해하길 바라며 교사라는 삶의 내면 풍경을 탐색했다. 나 자신을 깊이 이해할 방법을 찾고 싶었고, 이를 통해 나만큼이나 가르치는 일을 소중히 여기는 다른 사람들이 자기 이해와 실천을 심화할 수 있는 방법을 찾고 싶었다.

나는 또한 앞날을 내다보고 있었다. 내적인 삶을 평가 절하하는 문화의 한가운데에서, '좋은 교사는 검증된 삶을 살아야 하고, 무엇이 자신의 행동에 동력이 되는지 이해하려 애써야 한다'라고 주장하는 것 이상의 일을 하고 싶었다. 우리 사회가 무자비하고 무의미하게 표준화된 시험 같은 교육 외적인 요인에 점점 더 집착하는 것이 어떤 영향을 미칠지 예견하고 싶었다. 또한 진정한 가르침과 배움, 삶의 중심에서 이루어지는 내면의 여정을 옹호하고 지지할 수 있는 방법을 찾고 싶었다.

과거가 멀어지면 그 과거에 대한 관점을 얻을 수 있다.《가르칠 수 있는 용기》10주년 기념 판의 서문과 후기를 쓰는 동안, 나의 교육 경험에서 어떻게 이 책이 나오게 되었는지 더 명확하게 이해했다. 또한 나의 예견이 얼마나 정확했는지, 미래를 위한 나의 처방이 얼마나 적절했는지 확인하는 기회이기도 했다. 이 책이 처음 출간될 때만 해도 '아직 일어나지 않은' 일들이었다.[1]

과거를 돌아보며

——

나는《가르칠 수 있는 용기》가 출간되기 10년 전부터 이 책을 쓰기 시작했기 때문에, 출간 10주년이 내게는 마치 20주년처럼 느껴진다. 집필하는 10년 동안 이 책에 관해 너무 많은 이야기를 하는 바람에, 어떤 사람들은 책이 이미 출간된 것으로 알기도 했다. 그러나 그 기간 동안 내 수중에는, 책 제목과 설익은 생각들, 휘갈겨 쓴 문장으로 뒤덮인 메모 뭉치, 고작 몇 쪽의 쓸모없는 글 정도가 전부였다.

나는 도서관 사서들에게 전화를 받기 시작했다. "《가르칠 수 있는 용기》를 대출하고 싶다는 사람이 있는데, 어디서도 찾을 수가 없네요. 어떻게 하면 책을 구할 수 있을까요?" 전화한 사서들은 대체로, '나도 그 책을 원하지만, 책을 손에 넣으려면 내가 실제로 책을 다 쓸 때까지 우리 모두 기다려야 한다'라는 나의 답에 그다지 즐거워하지 않았다.

내가 이 책을 쓰는 데에 10년이나 걸린 것은 내가 아주 느리게 글을 쓰는 작가이기 때문이다. 사람들이 내게 무슨 일을 하냐고 물으면, '책 고쳐쓰기'라고 답한다. 여덟 번에서 열 번, 혹은 열두 번 정도 고쳐 쓰지 않고 책을 출간한 적이 있었는지 잘 모르겠다. 다른 작가들도 그렇겠지만, 나는 이미 정리된 생각을 종이에 옮겨 적는 식으로 작업하지 않는다. 글을 쓰는 행위 자체가 내가 느끼거나 아는 것을 새롭게 발견하게 하며, 매번 원고를 다시 쓸 때마다 그 발견이 조금씩 더 깊어지기 때문에, 나로서는 이 작업을 언제 멈춰야 할지 도무지 감을 잡을 수가 없다.

그렇다고 이 책을 쓰는 데에 10년이나 걸린 것이 나의 느린 손 때문만은 아니다. 실패와 성공이라는 경험을 쌓고 내 것으로 만드는 데에 시간을 허용한 관대한 섭리의 역할 또한 인정하지 않을 수 없다. 이런 경험이 없었다면 이 책은 근거가 부족하고 솔직하지도 않아서 별로 도움이 안 되는 책이 되고 말았을지도 모른다. 오늘날 나는 이 실패와 성공의 경험 모두를 축복으로 여긴다.

물론, 실패한 경험은 당시에는 축복으로 느껴지지 않았다. 《가르칠 수 있는 용기》가 출간되기 4년 전, 나는 켄터키주 베레아 대학에서 일라이 릴리 재단 방문 교수 자격으로 1년을 보냈다. 이 책이 아직 눈앞에 아른거리는 신기루 같던 시절이었는데, 그때그때 사정에 따라 신발 속에 든 돌처럼 느껴지기도 했다. 그해가 끝날 무렵, 나는 이 책과 관련된 두 가지 생각을 했다. 하나는 제목이 왜 중요한가(적어도 내게는) 하는 것이고, 다른 하나는 왜 내가 자신의 약점을 노출하면서까지 가르치는 일에 관한 글을 써야 하는가였다.

베레아 대학은 1855년부터 애팔래치아 지역의 젊은이들에게 봉사해 왔다. 이 대학은 미국에서 가장 빈곤한 지역 중 하나인 이곳의 학생들에게 무료로 인문 교육 프로그램을 제공한다. 이곳 학생들은 모두 대학 행정을 돕는 동시에 학비를 벌기 위해 캠퍼스 내에서 자리를 얻어 일을 했다. 나는 캘리포니아 대학 버클리 캠퍼스에서 대학원 생활을 하던 1960년대부터 베레아 대학에 매력을 느꼈다. 당시는 고등교육이 빈곤의 희생자들을 무시한다는 이유로 가혹하고 정당하게 비판받던 시절이었다. 사회정의에 헌신해 온 대학에서 가르치는 일은 나의 희망 직업 목록에서 오랫동안 상위에 있었다.

'네가 소망하는 것을 경계하라'라는 말은 상투적이지만 관심을 기울일 가치가 있다. 베레아 대학에서 가르친 그 해는 내 인생에서 가장 힘든 시기였다. 부유한 북부 지역 출신인 나는 애팔래치아를 잘 몰랐고, 학생들과 나 사이의 깊은 문화적 간극을 마주할 준비가 되지 않았다. 그런 탓에 간극을 넘어 가르침을 전달하는 데에 종종 어려움을 겪었다. 《가르칠 수 있는 용기》의 핵심 개념이자 내가 지닌 역량인 '유대를 맺는 능력'이 번번이 실패한 것은, 내게 '타자'에 대한 개인적인 지식이 없었기 때문이다. 그럼에도 나는 빠르게 나의 무지를 인정하고 개선하지 못했다.

이런 직업적인 어려움은 개인적인 상실로 증폭되었는데, 내가 이 책에서 주장했듯이, 개인적인 것은 결코 직업적인 것과 분리할 수 없다. 인생의 빛나는 시기뿐 아니라 어두운 시기에도, 우리는 결국 자신의 본래 모습을 가르치게 된다. 베리아에서 가르치던 영하의 1월 아침에, 나는 사랑하는 아버지가 갑작스럽게 돌아가셨다는 소식을 들었다. 너무 멀리 떨어져 있어 가족과 오랜 친구들의 위로조차 받을 수 없었던 나는, 도무지 충격에서 헤어날 수가 없었다.

베리아에서 보낸 두 학기 내내, 나는 나를 다시 교실에 끌어다 놓기 위해 개인적 슬픔과 직업적 실패라는 산을 올라야 했다. 그동안 '가르칠 수 있는 용기'는 내 안에서 빠져나갔다가 밀려들기를 반복했는데, 대체로 빠져나갈 때가 더 많았다. 명예나 돈을 얻는다고 해도 그해를 다시 반복하고 싶지는 않지만, 그 경험은 내게 엄청난 가치가 있는 진주 한 알을 남겼다. 힘들게 학생들을 가르치면서 날마다 산을 오르는 기분을 느끼는 교사들에게 더 깊이 공감하게 된 것이다.

《가르칠 수 있는 용기》를 집필하던 그 10년간, 나 때문이 아니라 함께한 사람들 덕분에 누렸던 자격 없는 성공도 경험했다. 페처 연구소(Fetzer Institute)의 요청으로 1994년부터 1996년까지 아낌없는 재정 지원과 연구원들의 도움을 받으면서 '가르칠 수 있는 용기'라는 프로그램을 계획하고 실행했다. 미시간주 남서부에서 온 22명의 교사와 일하는 동안, 나는 자기 삶의 내면 풍경을 탐색하도록 교사들을 돕는 '내면의' 안내자 역할을 담당했다. 이 프로그램은 계절의 순환에 맞게 분기별로 3일씩 여덟 차례 진행되었다.

엄밀히 말하자면, 프로그램 안내자는 나였지만 실제로는 그 교사들이 나를 이끈 것이나 다름없었다. 나는 그들에게서 수많은 공립학교 교사가 처한 실망스럽고, 강압적이고, 때로는 잔인하기까지 한 근무 환경에 관해 매우 중요한 정보를 얻었다. 또한 다른 사람이 도와줄 때까지 기다리기보다 자기 안에서 스스로를 지탱할 자양분을 찾는 이 훌륭한 사람들의 굳센 의지와, 거듭해서 그들을 교실로 돌아오게 하는 진심 어린 헌신도 배울 수 있었다. 그들은 아이들의 행복을 위해 진정으로 책임감 있게 헌신하고 있었다.

공립학교 교사들과 함께한 그 2년간의 여정은, 그들과 그 동료들이야말로 이 시대의 진정한 문화적 영웅이라는 확신을 심어 주었다. 그들은 매일 그 누구도 치유하려 하지 않는 사회적 병폐에 훼손당한 아이들을 돌봐야 했다. 그들은 매일 자신의 부족함과 실패를 단언하는 정치인과 대중, 언론에 질책당해야 했다. 그럼에도 그들은 자신이 아이들을 도울 수 있을 것이라는 희망을 품은 채, 가슴을 열고 매일 교실로 되돌아왔다.

《가르칠 수 있는 용기》를 집필하던 10년간, 내가 가르치면서 겪은 어려움과 교사들과 함께하면서 누린 좋은 시간은, 내면의 열정에서 우러나온 책을 쓰도록 나를 자극했다. '열정'이란 단어는 강렬한 사랑을 뜻할 수도, 강렬한 고통을 뜻할 수도 있으며, 둘 다를 뜻할 수도 있다. 사랑과 고통, 이 둘은 우리 삶과 마찬가지로 언어에서도 함께 가는 것이다.

미래가 여기에 있다

———

《가르칠 수 있는 용기》가 출간된 지 10년이 지난 지금, 교육의 미래와 교사들의 욕구, 그리고 이 책에 기대했던 역할과 관련해 내 예측은 과연 얼마나 정확했을까?

이렇게 말하게 되어 정말 슬프지만, 교육이 교육 외적인 요인에 더욱 집착해 교사와 학생의 내면생활을 지지하는 데에 필요한 공간을 위축시킬 것이라는 내 예감은 한 치의 오차도 없이 정확하게 들어맞았다. 물론, 그런 예측을 하기 위해 델피의 신탁에 의지할 필요는 없다. 지나치게 과도한 요구를 담은 '낙제 학생 방지법'은 의미 자체보다 수치와 평가를 더 중요시하는 사고방식의 필연적인 결과물이다. 재정 지원도 없고 심지어 근거조차 없는 이 연방 법안은, 교사의 사기를 꺾고 진정한 가르침과 배움을 질식시키는 데에 큰 역할을 했다.

교육에서의 책임감을 강화하기 위해 수치와 평가가 필요하다고 말하는 사람들에게 나는 이렇게 말하고 싶다. "그렇습니다, 물론 필요하지요. 하지만 오늘날까지 충족되지 않은 세 가지 조건이 반드시 먼저 갖추어져야 합니다." 그 조건은 다음과 같다. 첫째, 우리는 암기가 큰 몫을 차지하지 않는 진정한 교육이란 맥락 속에서 평가할 가치가 있는 것들을 평가해야 한다. 둘째, 우리는 우리가 평가하기로 한 것을 어떻게 평가해야 할지 알아야 한다. 셋째, 우리는 평가할 수 있는 것들을 더 중요하게 생각해서는 안 되며, 평가할 수 없더라도 대등하거나 더 중요한 것들이 있다는 사실을 명심해야 한다.

그렇지 않으면 우리는 존 듀이John Dewey가 70년 전에 풍자한 비극적이면서도 우스꽝스러운 상황 속으로 휘말릴 것이다. 언젠가 듀이는 아이큐 테스트를 어떻게 생각하는지 질문을 받았다. 그의 대답은 농장에서 보낸 어린 시절에서 힌트를 얻었는데, '낙제 학생 방지법'이 요구하는 '학습의 수치화'에 대한 답도 될 수 있을 것이다.

듀이는 아이큐 테스트를…시장에 내다 팔기 위해 돼지의 몸무게를 재는 상황에 빗댔다. 그의 가족은 돼지를 얼마에 팔지 결정하려고 시소의 한쪽 끝에 앉힌 뒤, 널빤지가 평형을 이룰 때까지 반대쪽에 벽돌을 쌓아 올렸다. 듀이는 "그런 뒤 우리는 그 벽돌들의 무게가 얼마나 되는지 알아내려 했지요"라고 말했다.[2]

오늘날 우리는 사실상, "이 아이의 언어 능력은 벽돌 76개만큼의 가치가 있지만, 저 아이의 능력은 벽돌 83개만큼의 가치가 있다"라고 말하는 것이나 다름없다. 하지만 우리는 아직도 그 벽돌의 무게가 얼마나 나가는

지 모른다. 게다가 우리가 사용하는 벽돌의 종류는 무게를 재는 환경에 따라 달라지기까지 한다! 1997년 이래로 내가 틀리기를 바랐지만, 우리가 교육 외적인 요인에 계속 집착할 것이라는 당시의 내 예측은 옳았다.

그나마 다행스러운 것은, 내면 작업이 학생과 연결될 수 있도록 교사를 도와 배움을 지원하고, 가장 최근 사례인 '낙제 학생 방지법'처럼 진정한 교육을 침해하고 위협하는 힘에 저항할 수 있도록 교사에게 힘을 불어넣을 것이라고 한 점에서는 내가 옳았다는 것이다. 이 책이 출간된 후 10년간 나는 많은 교사에게, 가르침에 대한 이 책의 접근법이 힘들었던 시기에 가르치는 일을 심화하고, 쇄신하고, 계속할 수 있게 해 주었다고 들었다. 이 글의 뒷부분에서 나의 이 경험을 뒷받침하는 몇몇 연구를 인용할 생각이다.

하지만 이 책의 잠재 독자층에 대한 내 예측은 잘못되었다. 이 책이 출간되기 전에 몇 년간 대학 이전 단계의 교육을 담당하는 교사들과 집중적으로 작업하긴 했지만, 나는 내 독자가 대학생이나 성인 교육을 담당하는 교사로만 한정되리라고 생각했다. 내가 30년간 일하면서 어느 정도 인정받은 영역이었고, 이 책에 실린 사례의 대부분도 거기서 왔기 때문이다. 많은 공립학교 교사와 행정 직원이 《가르칠 수 있는 용기》를 읽었다는 사실은 무척이나 놀랍고 기쁜 일이었다. 1997년 당시만 해도 나는 공립학교 교사와 행정 직원들 사이에서 신출내기나 다름없었다.

더 기쁘고 놀라웠던 일은 이 책이 의료, 법률, 정치, 인류학, 행정, 조직 리더십 등과 같이 다른 분야의 독자들까지 끌어들였다는 사실이다. 책이 출간된 후 사람들은 이렇게 물었다. "책에서 말씀하신 내용 중 많은 부분이 다른 직업에도 적용되는 것 같은데, 혹시 '이끌 수 있는 용기'나 '봉사할 수 있는 용기', '치유할 수 있는 용기' 같은 제목의 책을 써보실 생각은 없나요?" 소명 의식을 지닌 직업인을 끌어들이는 모든 직업 영역에서 의욕을 잃으면 자신과 하는 일 모두 고통을 겪는다. 교사들처럼 이들은 우리에게 묻는다. "다른 사람들과 마음을 나눌 수 있게 제 마음을 되찾으려면 어떻게 해야 할까요?" 사실 이것이 처음부터 그들이 그 일을 선택한 이유이다.

지난 10년간《가르칠 수 있는 용기》와 관련해 가장 기쁘고 놀라웠던 일은, 책에서 설명한 개념을 탐색하고자 하는 사람들을 실어 나를 이동수단을 만들어, 어느 정도 굴러갈 수 있도록 현실에 구현해 냈다는 사실이다.

여기서 '우리'란 첫 2년간 '가르칠 수 있는 용기' 프로그램에 참여한 후 나와 함께 '교사 양성 센터'를 만드는 일에 헌신한 사람들을 말한다. 훗날 이 센터는 점점 더 늘어나는 교육계 외부의 요구에 따라 '용기와 쇄신 센터'로 이름을 바꾸었다.[3] '우리'에는 센터 설립자이자 현재까지 공동 이사를 맡고 있는 마시 잭슨과 릭 잭슨을 비롯해, 톰 비치Tom Beech, 롭 리먼Rob Lehman, 미키 올리반티Mickey Olivanti, '페처 연구소'의 데이브 슬러터Dave Sluyter, 스미스 대학의 샘 인트라터Sam Intrator 교수, 프리랜서 편집자 메간 스크라이브너Megan Scribner 같은 사람들도 포함된다. 이들 모두가 우리 일을 널리 알리는 데에 큰 도움을 주었는데, 특히 편집자 메간은《가르칠 수 있는 용기》에서 파생된 편집본을 만드는 고된 일을 혼자 맡아 주었다.[4]

오늘날 '용기와 쇄신 센터'는 훈련받은 150명의 조력자들이 일하는 '용기 협력소(Courage Collaboration)'를 통해, 30개 주 50개 도시에 거주하는 다양한 계층의 사람들에게 '자신의 자아와 자신이 하는 일을 다시 연결하도록' 돕는 프로그램을 제공한다. 또한 '용기와 쇄신 센터'는 우리가 '신뢰 모임'(1994년에서 1996년까지 '페처 연구소'에서 만난 교사 모임과 기본 정신 및 진행 방식이 같은)이라 부르는 활동을 통해 의사, 변호사, 성 직자, 재단 이사, 정치인, 비영리 단체의 리더 등과 함께 일하면서, 교육 자가 주요 대상인 센터의 중심 업무를 끊임없이 확장해 나간다.[5]

'덧붙이는 글'에서 말했듯이, 지난 10년간 교사와 학생의 내면생활 을 강조한 이 책의 내용을 확인하고 발전시킨 많은 일이 있었다.《학교 에서의 신뢰-개선을 위한 핵심 자원(Trust in Schools: A Core Resource for Improvement)》이라는 제목으로 출간된 안토니 브리크Anthony Bryk와 바 바라 슈나이더Barbara Schneider의 2002년 연구도 그중 하나이다.[6] 러셀 세 이지 재단(Russell Sage Founndation)에서 후원받은 시카고 대학 출신의 이 학자들은 '학교의 권한을 크게 분산시킨 1988년도 법안이 효력을 발 휘하면서, 1990년대 초반에 시카고 지역의 학교에서 전개된 개혁운동의 역동성을 탐색하는 일에 착수'했다.[7]

'신뢰 관계'가 학교 교육이 성공하기 위한 중요 요소인데도 간과되었 다고 믿은 브리크와 슈나이더는, '신뢰 수준이 높은 학교와 그렇지 않은 학교를 비교'해, 이 요인이 표준화된 시험으로 측정한 학생의 성취도에 미치는 영향력을 조사했다. 〈에듀케이션 위크Education Week〉에 실린 내 용은 다음과 같다.

이 연구는 표준화된 시험에서 상위 25퍼센트에 속하는 성취도를 보인 학 교가 하위 25퍼센트에 속하는 성취도를 보인 학교보다 신뢰 수준이 높은 경우가 매우 많다는 사실을 밝혀냈다. 또한 1991년에서 1996년 사이에 시행한 표준화된 시험에서 연간 성적이 가장 높은 학교와 가장 낮은 학교 100곳을 검토한 결과를 교사를 대상으로 한 신뢰 관계 조사 결과와 대조하기도 했다.

연구자들은 1994년 당시 신뢰 관계가 강하다고 보고한 학교가 신뢰 관계가 낮았던 학교에 비해 읽기와 수학 점수가 향상될 가능성이 세 배나 더 높았다는 점을 발견했다. 1997년 무렵에 신뢰 수준이 높은 학교는 '향상' 범주에 속할 확률이 50퍼센트 정도였지만, 신뢰 수준이 낮은 학교는 14퍼센트에 그쳤다. 저자들에 따르면, 1994년과 1997년 모두 신뢰 수준이 낮다고 보고한 학교는 '읽기나 수학에서 향상될 가능성이 사실상 전무'했다고 한다.[8]

브리크와 슈나이더는 신뢰 관계(교사와 행정 직원, 교사와 교사, 교사와 부모 사이의 신뢰)가 학교의 역량을 결정하는 중요한 요소로 생각되는 외부적 요인을 상쇄할 힘이 있다는 사실도 발견했다. '빈곤과 인종적 소외가 심각하거나 학생이 빈번하게 들고 나는 학교는 학업 생산성이 향상될 가능성이 낮았다. 그러나 연구자들은 신뢰 관계와 학생 성취도 사이의 강력한 연관성이 그런 요인을 억제할 가능성이 있다고 보고했다.'[9]

학생들을 훌륭하게 교육하는 능력이 신뢰 관계에 크게 의존한다면, 신뢰 관계는 무엇에 의존할까? 그것은 분명 자기 삶의 '내면 풍경을 탐색'하는 교육자의 능력에 달려 있다. 이런 탐색을 통해 그들은 신뢰를 유지할 수 있는 방식으로 그 까다로운 영역과 관계 맺는 방법을 배워 나간다.

신뢰 관계는 공감이나 헌신, 연민, 인내, 용서하는 능력 등과 같은 인간 마음의 움직임을 바탕으로 구축된다. 이런 기질을 계발하고 방해물에 대응하는 내면 작업을 성공적인 교육을 위한 필수 요소로 간주하지 않는다면, 그리고 내면 작업에 대한 제도적 지원이 부족하다면, 이 핵심 요소는 개개인의 선택에 내맡겨질 것이다. 우리는 끊임없이 신뢰를 좀먹는 문화 속에서 그 운명이 어떻게 될지 잘 알고 있다.

브리크와 슈나이더는 연구를 통해 교육에 크게 공헌했다. 그러나 나는 《학교에서의 신뢰》가 훤히 보이는 곳에 숨겨진 비밀을 드러내 준 책이란 말을 덧붙이고 싶다. 이것은 그들의 연구가 아닌 우리의 사고방식에 대한 비판이다. 사실, 서로를 신뢰하지 않는 사람들에게 최상의 수단과 최신 설비, 엄청난 비용을 투자하고도 최악의 결과를 얻을 수 있다는 사실을 누가 모르겠는가? 서로를 신뢰하며 함께하는 사람들이 빈약한 재원으로 비범한 일을 해낼 수도 있다는 사실을 누가 모르겠는가?

우리는 모두 개인적으로 이런 진실들을 알고 있다. 하지만 공적인 생활에서는 아는 것을 인정하지 않는다. 게다가 우리는 인간 마음의 논리가 확실한 '결과'를 내도록 요구하는 '실제 세계'의 작용 방식과 무관하다는 제도적인 환상에 끊임없이 굴복하면서, 그 진실을 능동적으로 부인하기까지 한다. 이런 단절, 거부, 자기 패배 또는 어리석음, 비극, 바보 같은 헛소리를 나는 어떻게 불러야 할지 잘 모르겠다. 이 특별한 형태의 제도적 광기를 정확히 이름 붙이려면, 그 모든 단어에 더해 정말로 강력한 표현이 필요하다고 생각한다.

나는 교육 정책 담당자에게 '결과를 내는 문제에서 신뢰의 중요성'을 받아들이도록 조언함으로써, 그들의 연구 결과를 공공 영역으로 밀어 넣은 브리크와 슈나이더에게 깊이 감사한다. 그들은 '정책 수립의 관점에서, 우리는 새로운 제도가 학교 공동체 내부의 신뢰 관계를 증진하는지 아니면 저해하는지 끊임없이 물어야 한다'라고 썼다.[10]

우리는 '낙제 학생 방지법'이 학교 내의 신뢰 관계에 미친 영향력을 살펴보는 것으로 이 과정을 시작할 수 있을 것이다. 일단 '낙제 학생 방지법'이 끼친 해악을 이해하면, 그리고 우리가 마음의 역동성을 무시할 때

목적을 추구하는 제도권의 역량에 어떤 일이 벌어지는지 알면, 우리는 교육개혁의 진정한 약속을 담은 정책을 만드는 법을 배울 수 있을 것이다. 왜냐하면 이런 정책들은 세상이 작동하는 상식적인 방식에 근거한 '우리 본성의 더 나은 천사들'에게 호소하며, 교사와 학생들의 내면 풍경을 진지하게 받아들이기 때문이다.

감사를 전하며

———

마지막으로 독자들에게 감사의 말을 전하고 싶다. 《가르칠 수 있는 용기》초판을 30만 부 이상 구매해 학생, 동료, 친구들과 공유해 준 여러분에게 감사한다. 무엇보다, 가르침과 배움에 관한 이 책의 비전을 인쇄된 지면에서 끌어내 교육의 최전선에서 실천해 준 분들에게 감사한다.

요즘 나는 10년 전보다 교육개혁의 가능성을 훨씬 더 희망적으로 본다. 이 책은 나를 수많은 교사, 행정가, 개혁가와 연결해 주었다. 그들은 교육, 학교, 그들이 봉사하고자 하는 학생들에게 열정적으로 관심을 가질 뿐 아니라, 자신의 열정에 따라 행동하는 데에서 오는 위험까지도 기꺼이 감수한다.

그 희망을 바탕으로, 이 판본에 '새로운 전문인-변화를 위한 교육'이라는 글을 덧붙였다. 그 글에서 세상에 훌륭히 봉사할 수 있도록 모든 직종의 전문인을 교육하려면 어떻게 해야 하는지 탐색했다. 새로운 전문인은 교육, 의료, 법률 등과 같은 특정 분야의 핵심 역량을 숙달하는 데에서 그치지 않을 것이다. 자신이 일하는 영역에서 우리의 가장 높은 직업적 이상을 너무 자주 위협하는 제도권이 변할 수 있도록 도울 의지와 기술도 갖출 것이다.

많은 독자가 증언했듯이, '교사로 사는 삶의 내면 풍경을 탐색'하는 일은 우리가 내면에 뿌리를 둔 채 새로워져서 우리 삶의 외부 풍경으로 돌아가게 한다. 소명으로 받아들인 일에서 용기를 얻고 나면, 우리는 학생과 동료, 학교, 세상을 다시 사랑할 수 있다. 그러면 이 세상의 무자비함은 내면에서 비롯한 선물과 은총에 자리를 양보할 것이다.

내면으로부터의 가르침

· · ·

아, 절연되지 않기를,
그 어떤 사소한 간격으로도
별들의 법칙과 절연되지 않기를.
내면―그것은 무엇인가?
그것은 광대무변한 하늘,
새들이 힘차게 솟구치고
귀향의 바람(風)으로 출렁거리는
저 높고 그윽한 하늘.

― 라이너 마리아 릴케, '아, 절연되지 않기를' 중에서[1]

훌륭한 가르침은 자기 인식이 필요하다

나는 천직이 교사여서인지, 가끔 교실에서 기쁨을 주체할 수 없는 순간들을 경험한다. 학생들과 내가 탐험할 미지의 영역을 발견할 때, 우리 앞에 덤불숲을 벗어날 길이 펼쳐질 때, 우리의 경험이 마음의 번갯불로 환히 밝혀질 때, 그때 가르치는 일은 내가 아는 최고의 일이 된다.

하지만 어떤 때는 교실이 너무 생기가 없고, 고통스럽고, 혼란스러운데, 대응을 하기에는 나 자신이 너무 무력하다. 이런 순간에는 교사를 자처한 내가 여지없이 허풍쟁이처럼 느껴지기도 한다. 그때 적은 모든 곳에 있다. 외계 행성에서 온 듯한 학생들, 잘 안다고 생각했으나 난생 처음 본 듯한 교과 내용, 교직으로 생계를 꾸리게 만든 내 성격에도 있다. 이 심오한 직업의 예술에 통달했다고 생각한 나는 얼마나 어리석었던가! 찻잎으로 점치는 일보다 더 예측하기 힘들고, 보통 사람으로서는 그럭저럭 해내기조차 어려운 일이거늘!

당신이 이런 힘든 날을 겪어 보지 않았거나, 가끔 겪지만 별로 신경 쓰지 않는 교사라면, 이 책은 그다지 도움이 되지 않을 것이다. 이 책은 힘든 날과 좋은 날을 번갈아 겪는 교사를 위한 책이다. 그들이 힘든 날을 겪는 이유는 교직을 너무 사랑한다는 데에서 비롯하기 때문이다. 이 책은 학생, 학습, 교직을 사랑해서 열린 마음을 갖고자 하는 교사들을 위한 책이다.

많은 교사가 그렇듯, 당신이 교직을 그 정도로 사랑한다면 문제에서 빠져나오는 유일한 방법은 그 속으로 더 깊이 들어가는 것이다. 교직의 어려움을 더 잘 이해하고 문제를 더 우아하게 해결하려면, 얽히고설킨 문제를 회피하는 대신 그 속으로 뛰어들어야 한다. 그럴 때 교사의 영혼을 보호하고, 학생들에게도 더 잘 봉사할 수 있다.

교육의 어려움은 주로 세 가지 근본적인 문제에서 생긴다. 처음 두 가지는 아주 흔하지만, 가장 근본적인 세 번째는 제대로 인정받는 경우가 드물다. 첫째, 우리가 가르치는 과목은 삶만큼이나 광범위하고 복잡해서 우리의 지식은 언제나 부족하고 불완전할 수밖에 없다. 우리가 독서와 연구에 아무리 전념한다 해도, 교육은 항상 우리에게 그 이상의 것을 요구한다. 둘째, 우리가 가르치는 학생들은 삶보다도 더 광대하며 훨씬 더 복잡하다. 그들을 분명하고 온전하게 이해한 뒤 매 순간 현명하게 대응하는 것은, 프로이트와 솔로몬의 지혜가 동시에 필요한 극도로 힘든 일이다.

교직의 어려움이 학생과 교과에만 한정된다면, 최선을 다해 교과를 연구하고 학생의 심리를 앞서 파악하는 법을 배우는 것만으로도 충분할지 모른다. 하지만 교직의 어려움이 더 복잡해지는 데에는 다른 이유가 있는데, 우리가 자신의 본래 모습, 즉 자아를 가르친다는 것이다.

다른 진정한 인간의 행동이 그렇듯이, 가르치는 일은 싫든 좋든 우리 자신의 내면에서 나온다. 가르치는 동안, 나는 학생, 교과, 나와 학생의 관계에 내 영혼의 상태를 투영한다. 내가 교실에서 경험하는 어려움은 내 내면의 굴곡을 그대로 반영하는 경우가 많다. 이런 관점에서 보면, 가르치는 일은 자신의 영혼에 거울을 비추는 일이다. 그 거울에 비치는 풍경을 기꺼이 들여다보면서 도망치지 않으면 자신을 인식할 기회를 얻는데, 자신을 아는 것은 학생과 교과를 아는 것만큼이나 훌륭한 가르침에 필수이다.

사실, 학생과 교과를 잘 이해하는 것은 자신을 얼마나 아는지에 크게 좌우된다. 자신을 모르면 내 학생들이 누구인지도 알 수 없다. 검증되지 않은 내 삶의 그림자 속에서 어두운 유리를 통해 그들을 보게 될 것이고, 학생들을 제대로 보지 못하면 잘 가르칠 수도 없을 것이다. 나 자신을 모르면 내 교과도 제대로 알 수 없다. 구체적이고 개인적인 경험을 녹여낼 정도로 깊은 수준까지 이를 수 없기 때문이다. 나는 그 교과를 추상적이고 간접적으로만 알 것이고, 그 지식은 내가 개인적 진실과 괴리된 것만큼이나 세상과 멀리 동떨어진 개념의 무더기에 지나지 않을 것이다.

'나 자신을 아는' 일에 쏟는 노력은 이기적이거나 자아도취적인 것과는 거리가 멀다. 교사로서 얻는 모든 자기 인식은 학생들과 우리의 학문 활동에 큰 도움이 될 것이다. '훌륭한 가르침은 자기 인식이 필요하다.' 이 사실은 훤히 보이는 곳에 숨겨진 비밀이다.

안과 밖의 풍경들

———

이 책은 교사의 내면을 탐색하지만, 교사 개인의 고독한 영혼을 넘어서는 질문도 한다. '교사의 자아가 어떻게 학교 교육 및 교육개혁에 관한 공적 논의에서 타당한 주제가 될 수 있는가?'와 같은 것들이다.

교육과 학습은 개인과 집단의 생존 및 삶의 질에 매우 중요하다. 우리는 급격한 사회 변화로 복잡성과 혼란, 갈등 속에서 허우적거리게 되었는데, 만약 우리가 가르치고 배우는 능력을 확장하지 않는다면 진이 다빠져버리고 말 것이다. 동시에 '교사 때리기'는 인기 스포츠가 되었다. 시대의 요구에 압도당한 우리는, 해결할 수 없는 문제와 감당할 수 없는 죄에 대한 희생양이 필요한 것이다.

교사는 너무 흔하고 반격할 힘도 없는 존재이기 때문에 타깃이 되기 쉽다. 우리는 아무도 해결책을 모르는 사회적 병폐를 치유하지 못한다는 이유로 교사를 비난한다. 국가 기관이 만병통치약처럼 만들어 낸 최신 '해결책'을 즉각 수용하라고 교사를 윽박지른다. 그 과정에서 우리는, 길을 찾도록 도와주려는 교사들의 사기를 꺾어 무력하게 만들기도 한다.

우리는 교육개혁에 열을 올리는 동안 단순한 진실 하나를 잊어버렸다. 교사라는 핵심 인적 자원을 계속 비하하고 낙심시킨다면, 아무리 예산을 증액하고, 학교 구조를 개편하고, 교육 과정을 다시 짜고, 교과서를 개정해도 교육개혁은 결코 이룰 수 없다는 사실이다. 교사는 더 나은 보수를 받고, 관료적 괴롭힘에서 해방되고, 학업 관리에서 제 역할을 하고, 최고의 교육법과 교보재를 제공받아야 한다. 하지만 좋은 교육의 근원인 인간의 마음을 소중히 여기지 않는다면, 이 모든 지원책으로도 교육을 개혁하지 못할 것이다.

지금 우리는 교육개혁에 관해 중요한 공적 대화를 이어가고 있지만, 대화의 수준은 어떤 질문을 하는지가 전적으로 좌우한다. 이 책은 국가적 논의에서는 언급하지 않는 한 가지 의문을 제시하는데, 교사를 교육하고 채용하는 기관에서도 제기하지 않는 것이다. 그러나 좋은 교육이 중요한 곳에서는 반드시 이런 의문을 제기해야 한다. 그 의문이야말로 교사의 마음을 존중하는 동시에 거기에 도전하면서, 우리를 전통적인 질문보다 더 깊은 탐색으로 이끌기 때문이다.

- 우리가 가장 흔히 하는 질문은 '무엇'과 관련된다. 우리는 무슨 과목을 가르칠 것인가?
- 논의가 좀 더 깊어지면 '어떻게'와 관련된 질문을 한다. 제대로 가르치려면 어떤 방법과 기술이 필요한가?
- 논의가 더 깊어지면 우리는 '왜'와 관련된 질문을 한다. 우리는 왜, 어떤 목적으로 가르치는가?
- 하지만 우리는 '누구'와 관련된 질문은 거의 하지 않는다. 가르치는 사람은 누구인가? 그의 자아의식은 학생, 교과, 동료, 주변 세상과 교감하는 방식에 어떤 영향을 미치는가? 교육 기관은 어떻게 해야 좋은 교육의 근원인 자아의식을 유지하고 심화할 수 있는가?

나는 '무엇'이나 '어떻게', '왜'와 관련된 질문에 아무 불만이 없다. 이 질문들만 가치 있는 것처럼 제시되지만 않는다면 말이다. 이 질문들은 가르침과 배움에 관해 중요한 통찰을 주지만, 이 책에서 탐색하고자 하는 '가르치는 자아의 내면 풍경'을 열어 주지는 못한다.

　그 풍경을 완전히 드러내려면 지성, 감성, 영성이라는 세 가지 중요한 길을 거쳐야 하며, 이 중 어느 하나도 소홀히 해서는 안 된다. 교육을 지성으로 축소하면 차가운 추상적인 개념으로 전락한다. 교육을 감성으로 축소하면 자아도취로 변질되고, 교육을 영성으로 축소하면 세상과의 접점을 잃고 만다. 지성과 감성, 영성은 오직 서로 의지할 때에만 비로소 완전해질 수 있다. 이상적인 경우에는 이 셋이 인간의 자아와 교육 속에 한데 뒤얽혀 있으므로, 이 책에서는 이것들을 하나로 엮어내려 애썼다.

내가 말하는 지성의 길이란, 가르침과 배움에 대한 우리의 사고방식을 뜻한다. 사람들이 알고 배우는 방법, 그리고 학생과 교과의 본질에 대해 우리가 갖고 있는 개념의 내용과 형태를 말한다. 감성의 길은, 가르치고 배우는 동안 우리와 학생들이 느끼는 방식을 뜻한다. 교사와 학생의 교감을 확대하거나 축소할 수 있는 느낌을 말한다. 영적인 길이란, 삶의 광대함에 연결되고자 하는 가슴속 열망에 답하는 다양한 방식을 뜻한다. 사랑과 일, 특히 가르치는 일에 생기를 불어넣고자 하는 갈망을 말한다.

라이너 마리아 릴케는 '들어가는 글'의 도입부에 인용한 시에서 그 갈망을 잘 표현했다('아, 절연되지 않기를…'). 그는 연결되고자 하는 영적 탐색이 우리를 고립된 가슴에서 드넓고 생생한 세계로 이끌어 주리라고 암시한다('내면-그것은 무엇인가?/그것은 광대무변한 하늘/새들이 힘차게 솟구치고 귀향의 바람으로 출렁거리는/저 높고 그윽한 하늘').

릴케는 빼어난 이미지를 활용해 우리에게 온전함에 이르는 신비로운 지도를 제시한다. 그곳에서는 안과 밖의 현실이 뫼비우스의 띠처럼 서로를 향해 우아하게 흘러들면서 우리와 우리가 사는 세계를 끊임없이 창조한다. 비록 이 책은 교사의 내면에 중점을 두지만, 가르침과 배움이 필요한 공동체의 외부적인 형태와 끊임없이 소통하면서 전개된다. 다시 말해, 유대감을 향한 내면 탐구는 외부적인 관계를 향한 탐색으로 끊임없이 전환된다. 자신의 영혼 속에서 편안하면, 다른 사람에 대해서도 좀 더 편안해질 수 있기 때문이다.

많은 교사가 단순히 살아남기 위해 발버둥 치는 이때, 교사의 내면 풍경에 대한 내 관심이 지나쳐 보일 수도, 심지어 부적절해 보일 수도 있겠다. 가끔 내가 질문받는 것처럼, 평범한 교사가 일상생활에서 활용할 수 있도록 교실에서 살아남는 데에 도움이 되는 조언이나 요령, 기술 같은 것을 말해 주는 것이 더 실용적이지 않을까?

나는 이런 질문이 당혹스럽다. 지난 30년간 여러 갈래의 교육자를 위한 워크숍과 집중 강좌를 이끌면서 이 책에 제시한 접근법을 실용적으로 활용했기 때문이다. 나는 많은 교사와 작업했고, 그들 중 다수는 내가 경험한 것을 입증해 주었다. '방법도 중요하지만 함께하는 작업에서 얻을 수 있는 가장 실용적인 성과는, 학생들을 가르치는 동안 교사의 내면에서 무슨 일이 일어나는지 통찰하는 것'이라는 사실 말이다. 자신의 내면과 더 친밀해질수록 우리의 가르침과 삶 역시 그만큼 더 굳건해진다.

실용적인 기법을 다양하게 다루는 심리치료사 훈련 과정에 이런 격언이 있다고 한다. '기술은 진짜 치료사가 도착할 때까지만 사용하는 것이다.' 좋은 기술은 내담자의 문제를 찾도록 치료사를 도울 수는 있지만, 좋은 치료는 진짜 치료사가 내담자의 실제 삶에 참여한 후에야 비로소 시작된다는 것이다.

기술은 교사들이 진짜 교사가 도착할 때까지만 사용하는 것이며, 이 책은 그 진짜 교사가 모습을 드러내도록 돕는 것이다. 내면 작업이 실질적인 결과를 가져다준다 하더라도, 실용성과 관련해 이렇게 질문할 수도 있다. '교육 기관은 어떻게 교사의 내면의 삶을 지원할 수 있는가? 그렇게 기대해도 좋은가?'

이 질문은 사려 깊은 답변이 필요한 만큼, 6장에서 따로 다루었다. 여기서는 이 질문을 다음과 같이 뒤집어 보겠다. '교사의 내면의 삶을 지원하지 못한다면 학교가 어떻게 학생을 교육할 수 있겠는가? 교육은 학생이 세상을 더 진실하게 보고 경험하도록 내적 여정을 무사히 마칠 수 있게 안내하는 것이다. 그 내면 영역을 살피도록 안내자(교사)를 격려하지 않는다면, 학교가 어떻게 제 임무를 다할 수 있겠는가?'

인적이 드문 길

교육을 개혁하려면 가르치는 일을 걱정하는 대신 배움에 초점을 맞춰야 한다고 믿는 사람들은 교사의 역할을 강조하는 내가 시대에 뒤떨어진다고 생각할지도 모르겠다.

가르치는 교사가 아니라 배우는 학생이 교육의 궁극적인 목적이라는 사실은 의문의 여지가 없다. 배우는 학생이야말로 가르치는 교사가 얻을 수 있는 최상의 열매이다. 학생들이 다양하고 경이로운 방식으로 배운다는 사실도 의심의 여지가 없다. 그들은 교실에서 교사를 우회하기도 하고, 때로는 교실과 교사가 전혀 필요 없는 방식으로 배우기도 한다.

하지만 교사는 강의실이나 세미나실, 야외, 연구실, 화상수업 등 공식적인 교육 장소에서 학생들의 배움을 돕거나 방해하는 환경을 조성할 힘이 있다. 교육은 그런 조건을 창조하는 의도적인 행위이고, 좋은 교사가 되려면 우리의 의도와 행위의 내적인 원천을 이해해야 한다.

내 강의의 대부분은 대학과 성인 대상 프로그램에 집중되어 있었다. 하지만 최근에는 유치원부터 고등학교까지 공립학교 교사들과 함께하면서 교직 경험을 더 풍성하게 할 수 있었다. 다양한 연령대의 학생들을 가르치는 동료 교사들에게 많이 배웠는데, 다음 두 가지도 포함된다. 첫째, 어떤 단계의 학생을 가르치든 교사들은 우리가 생각하는 것 이상으로 공통점이 많다. 둘째, 그러니 '고등교육'이라고 해서 특별히 자랑할 것도 없다.

유치원 교사는 종종 박사 학위가 있는 교사보다 교직을 더 잘 이해한다. 아마도 학년이 낮은 학생들이 '벌거벗은 임금님' 속의 아이들과 비슷하기 때문일 것이다. 그들은 교사가 어느 대학원을 나왔는지, 누구에게 논문 심사를 받았는지, 책을 얼마나 많이 썼는지 관심이 없다. 하지만 당신에게 진정성이 있는지 재빨리 감지하고 그에 따라 반응한다. 어린 아이들의 이런 분별력 있는 순수함을 보면서 나는 모든 단계의 교육에서 교사의 자아의식이 그 무엇보다 중요하다고 더욱 확신했다.

'가르치는 자아는 누구인가?'라는 질문이 이 책의 핵심 주제이지만, 그 질문에 글로 답하는 일은 생각보다 훨씬 어려웠다. 지난 5년간 이 책을 집필하고 여러 차례 고쳐 쓰는 동안, 나는 '무엇'과 '어떻게', '왜'라는 질문에만 머물고 싶은 유혹이 얼마나 강력한지 느꼈다. 이런 질문은 글로 더 쉽게 답할 수 있으며, 무상교육 지원 신청서로 바꾸기도 더 쉽다.

그런데도 내가 '누구'라는 질문을 고수한 이유는, 그것이 교육개혁으로 나아가는 '인적이 드문 길'이며, 그 길이 좋은 교육에 필요한 내적 자원을 회복하는 과정이기 때문이다. 진정한 개혁이 너무도 절실한 만큼 (우리는 종종 그 머나먼 꿈과 무관한 방식으로 교육제도만 자꾸 바꿨다), 우리는 찾아내는 모든 길에 원정대를 파견해야 한다.

내가 그 질문을 고수한 더 직접적인 이유는, '가르치는 자아는 누구인가?'라는 질문이 내 소명의 핵심이기 때문이다. 나는 이 질문이야말로 학습의 질과 배우는 학생을 위해 교육과 교육자에게 할 수 있는 가장 근본적인 질문이라고 믿는다. 혼자서든 함께든 이 질문을 공개적으로 솔직하게 다룬다면, 학생들에게 더 충실히 봉사하면서 우리도 더 행복해질 것이다. 또한 대의를 위해 동료들과 연대하면서 교육이 세상에 더 많은 빛과 생명을 가져오게 할 수 있을 것이다.

1장

교사의 마음

교육에서의 정체성과 진실성

．
．
．

나 이제 내가 되었네.
여러 해, 여러 곳을 돌아다니느라
시간이 많이 걸렸지.
나는 이리저리 흔들리고 녹아 없어져,
다른 사람의 얼굴을 하고 있었네…

− 메이 사튼의 '나 이제 내가 되었네'[1]

테크닉 너머의 가르침

이 책을 쓰기 얼마 전, 여름이 끝나고 가을로 들어설 무렵에 나는 교사 생활 30년차를 맞으며 대학 강의실로 걸어 들어가고 있었다.

그날 나는 가르칠 수 있는 또 다른 기회를 얻은 것에 감사하며 강의실로 들어섰다. 교직은 내가 아는 그 어떤 일보다 내 영혼을 사로잡는다. 하지만 그날 저녁, 나는 이 당혹스러운 소명에 결코 완벽하게 능숙해지지는 못하겠구나, 다시 한 번 확신하면서 집으로 돌아와야 했다. 몇몇 학생에게 짜증이 났고, 내 실수에 당황한 나는 반복해서 떠오르는 질문을 곰곰이 곱씹어 보았다. '내 나이에 다른 직업을 찾을 수 있을까? 내가 할 수 있는 다른 일은 없을까?'

강의실 맨 앞자리에 앉은 학생들은 수도승처럼 조용했다. 부끄러움을 무릅쓰고 간청했지만, 그들에게서 반응을 이끌어낼 수 없었고, 나는 곧 오래된 공포 속으로 가라앉아 버렸다. '내가 학생들을 너무 지루하게 만드는 게 틀림없어. 조금 전까지만 해도 복도에서 생기 넘치게 수다를 떨던 이 젊은이들을 순식간에 마비시켜 버리다니!'

그 뒷자리에 앉은 학생들은 함께 토론했지만, 한 학생이 다른 학생의 관심사가 '사소'하며 주의를 기울일 가치가 없다고 하자 결국 말싸움으로 번지고 말았다. 나는 짜증을 감춘 채 다양한 견해에 귀 기울여 달라고 부탁했지만, 분위기는 이미 싸늘해졌고 토론은 그대로 중단되었다. 이 상황은 나를 또 다른 오래된 불안 속에 빠트렸다. '내 학생들이 드디어 토론을 시작하기로 결심했는데, 나는 갈등 하나도 제대로 해결하지 못하는구나!'

나는 수천 명의 학생을 가르쳤고, 교육 세미나에도 여러 번 참석했으며, 다른 사람들이 가르치는 것도 지켜보았다. 교육 관련 책도 수없이 읽었고, 교육자로서 나의 경험에 대해 반성도 많이 한 덕에 그간 쌓은 교육 방법론만 해도 상당히 풍부한 편이다. 하지만 새로운 교실로 걸어 들어갈 때마다 나는 마치 처음 시작하는 기분이었다. 모든 교사에게도 익숙한 이런 문제는 아주 고질적이어서 매번 나를 깜짝 놀라게 한다. 이런 문제를 맞닥뜨릴 때마다 나의 반응은 해가 갈수록 겉으로는 더 매끄러워졌지만, 초보 교사일 때만큼이나 서툴게 느껴진다.

이 테크닉을 익히려 애쓰며 30년을 보내고 나니, 나의 모든 수업은 결국 이렇게 귀결되었다. '학생들과 얼굴을 맞댄 채 교육이라는 아주 오래되고 힘겨운 의사소통 과정에 몰두하는 행위.' 내가 습득한 테크닉은 사라지지 않지만, 그런 테크닉만으로는 결코 충분하지 않았다. 학생들과 얼굴을 마주한 상황에서 내가 마음대로 쓸 수 있는 자원은 오직 하나뿐이다. 바로 나의 정체성, 나의 자아의식, 가르치는 '나'에 대한 인식이다. 이것 없이는 배우는 '상대'에 대한 감각도 있을 수 없다.

이 책의 전제는 단순하다. 좋은 교육은 테크닉으로 격하될 수 없다. 좋은 교육은 교사의 정체성과 진실성에서 나온다.

전제는 단순하지만, 담긴 의미는 다르다. 이 문장으로 내가 의미하거나 의미하지 않는 것이 무엇인지 드러나기까지는 시간이 좀 걸릴 것이다. 이렇게 표현할 수는 있겠다. '내가 하는 모든 수업에서 학생들과 교감하고 그들을 교과와 연결하는 나의 능력은, 테크닉보다 자아의식을 얼마나 발휘하느냐가 크게 좌우한다. 나의 자아를 알고 신뢰하면서 수업을 하는 동안 얼마나 자아의식을 발휘했느냐 혹은 위축시켰느냐에 따라 수업의 질이 결정된다.'

이런 주장은 여러 해 동안 학생들에게 자신이 경험한 훌륭한 선생님에 관해 물은 나의 경험에 근거한다. 그들의 이야기를 듣다 보면, 좋은 교사는 모두 비슷한 테크닉을 사용한다는 주장이 터무니없게 느껴진다. 쉴 새 없이 강의만 하는 교사가 있는가 하면 말수가 매우 적은 교사도 있고, 자료에 충실한 교사가 있는가 하면 상상력을 마음껏 풀어놓는 교사도 있으며, 당근을 활용하는 교사가 있는가 하면 채찍을 활용하는 교사도 있다.

하지만 내가 들은 모든 이야기에 등장하는 좋은 교사들은 한 가지 공통점이 있었다. 강렬한 개인적 정체성이 수업에 배어들어 있었다는 것이다. 학생들은 이렇게 말했다.

"A박사님은 가르칠 때 온전히 그 자리에 존재하세요."

"B선생님은 자신이 맡은 과목에 매우 열정적이세요."

"이것이 진정한 C교수님의 삶이란 걸 느낄 수 있어요."

내게 이야기를 들려준 한 학생은, 훌륭한 교사를 설명하기가 힘들다고도 했다. 교사마다 특징이 너무 달랐기 때문이다. 하지만 나쁜 교사의 특징은 말할 수 있다고 했는데, 그들은 모두 똑같았기 때문이다. "나쁜 선생님의 말은 만화에 나오는 말풍선처럼 얼굴 앞 어딘가에서 둥둥 떠다녀요."

그 학생은 탁월한 이미지 하나로 그 모든 것을 표현했다. 나쁜 교사는 스스로를 교과와 괴리시키며, 그 과정에서 자신의 학생들과도 괴리되고 만다. 반면에 좋은 교사는 자신과 교과, 학생들 모두를 삶이라는 직물 속에다 한데 엮어 넣는다.

좋은 교사는 유대감을 형성하는 능력이 있다. 그들은 자신과 교과, 학생을 활용해 복잡한 관계의 그물망을 엮어낼 수 있기 때문에, 학생들 역시 좋은 교사에게 하나의 세계를 혼자 힘으로 엮는 법을 배울 수 있다. 이 직공들이 활용하는 방법은 무수히 많다. 강의, 소크라테스적 변증법, 실험실 실습, 협업을 통한 문제 해결, 브레인스토밍 등이다. 하지만 좋은 교사가 만들어내는 연결망은 테크닉이 아닌 그들의 마음(인간의 지성과 감성, 영성, 의지가 모이는 지점을 나타내는 고대적 의미의 마음)에서 나온다.

좋은 교사가 자신과 학생들, 교과를 연결하는 직물을 짜는 동안 그들의 마음은 베틀이 된다. 그 위에서 온갖 실이 엮이고, 팽팽하게 긴장이 조성되며, 북(shuttle)이 좌우로 오가며 짜인 직물이 넓게 펼쳐진다. 이 작은 기적의 순간, 가르침은 학생들의 심장을 잡아끌어 마음을 열고 감동을 준다. 교사가 가르침을 사랑하면 할수록 그 울림은 더욱 깊어진다. 가르칠 수 있는 용기란 결국, 마음이 담아낼 수 있는 것 이상을 담아내도록 요구하는 순간에도 마음을 열 수 있는 용기이다. 그럴 때 교사와 학생, 교과는 배움과 삶이 요구하는 공동체라는 직물 속으로 한데 엮여든다.

교육이 테크닉 수준으로 떨어지면 안 된다는 것은 좋은 소식인 동시에 나쁜 소식이기도 하다. 좋은 소식은, 우리가 가르침을 '하나의 방법'으로 생각할 때 느끼는 권태감에서 해방된다는 것이다. 우리는 다른 사람들과 교육에 관해 깊이 있게 대화하는 경우가 거의 없다. 대화할 내용이 '조언, 요령, 테크닉'밖에 없다면 어떻게 깊이 있는 이야기를 할 수 있겠는가? 이런 종류의 대화는 교사가 하는 경험의 핵심을 건드리지 못한다.

더 좋은 소식이 있다. 만약 교육이 테크닉 수준으로 떨어질 수 없다면, 나는 내 고유한 재능을 가슴에 품은 채 누군가의 테크닉과 규범이라는 프로크루스테스(침대 길이에 맞춰 나그네의 몸을 잡아 늘이거나 잘라냈다는 그리스 신화 속의 인물 – 편집자)의 침대 속으로 쑤셔 넣어지는 고통을 더 이상 감내하지 않아도 된다. 다르게 가르치는 교사를 평가절하하고, 그들에게 규범에 충실하라고 요구하면서 인기 있는 방법만 예찬하는 오늘날의 교육 전반에 그런 고통은 만연하다.

교육에 관한 워크숍을 시작하기 몇 분 전, 내게 여러 해 동안 쌓인 워크숍에 대한 반감을 털어놓은 한 교수가 있었다. 나는 그의 말을 결코 잊지 못할 것이다. "나는 유기화학자요. 당신은 이틀 동안 내게 역할놀이 테크닉을 활용해 유기화학을 가르치라고 말할 작정이오?" 우리는 교사와 교과의 다양성을 존중하는 교수법을 찾아야 한다. 방법론적 환원주의로는 결코 다양성을 포용할 수 없다.

좋은 소식은 너무 좋지만, 나쁜 소식은 우리를 주눅 들게 한다. 만약 교사의 정체성과 진실성이 테크닉보다 더 근본적이라면, 그리고 교사로서 성장하길 바란다면, 우리는 교육계의 문화와는 다른 무언가를 시도해야 한다. 즉, 우리 내면의 삶에 관해 서로 이야기해야 한다. 개인적인 것을 꺼리고, 기술적·객관적·추상적인 것에서 안정감을 찾는 직종에서는 이런 주제가 위험하게 느껴질 것이다.

최근에 나는, 학생이 수업 중에 개인적인 경험을 공유할 때 어떻게 해야 하는지 교수들이 토론하는 것을 들으면서 그런 두려움을 확인했다. 물론 강의 주제와 연관이 있는 개인적인 경험이었지만, 몇몇 교수는 '대학 강의실보다는 심리상담소에 더 어울리는 얘기'라고 했다.

교수들은 곧 두 그룹으로 나뉘었다. 한 그룹은 수업이 먼저이니 학생의 경험 때문에 방해를 받아서는 안 된다고 주장했다. 다른 그룹은 설령 수업을 소홀히 하더라도 학생의 삶이 늘 우선이라는, 학생을 중시하는 교수들이었다. 자신들의 극단적인 견해를 더 열정적으로 주장할수록 이들은 더 적대적으로 변했고, 교육학이나 자신에 관해 배울 수도 없었다.

무엇이 그런 견해 차이를 만드는지 이해하기 전까지는 이 관점들 사이의 간극은 메울 수 없어 보인다. 그런데 사실, 이들은 교육 방법에 관해 논쟁하는 것이 아니다. 그들은 자신의 다양한 정체성과 진실성을 드러내면서, 다음과 같은 말을 다양한 방식으로 하고 있었다. "교과와 학생의 삶과의 관계를 다룰 때 여기까지가 내 한계이고 재량입니다."

만약 우리가 서로의 교육학적인 관점을 강요하지 않고, 교사로서 우리가 진정 누구인지에 관해 이야기한다면, 놀라운 일이 벌어질 것이다. 우리가 교육학의 어떤 제한된 관점만을 고집하는 대신, 우리 안에서 그리고 우리의 관계에서 정체성과 진실성이 자라날 것이다.

가르침과 진정한 자아

———

진정한 가르침이 교사의 정체성과 진실성에서 나온다는 주장은 뻔한 말처럼 들릴지도 모른다. 심지어 '좋은 가르침은 좋은 사람에게서 나온다'라는 식의 경건한 설교처럼 들리기도 한다.

그러나 내가 말하는 정체성과 진실성은 우리의 고상한 특성과 선행, 혼란함과 복잡한 내면을 감추기 위한 대범한 표정 같은 것만을 뜻하지는 않는다. 정체성과 진실성은 강점이나 잠재력과 관계되는 것만큼이나 그림자와 한계, 상처, 두려움과도 관계가 깊다.

내가 말하는 정체성이란, 내 삶을 구성하는 모든 힘이 자아라는 신비 속에 하나로 모여들며 진화하는 내면의 연결점을 뜻한다. 여기에는, 내게 생명을 준 남성과 여성의 본성에 해당하는 유전적 기질, 내가 자란 문화적 환경, 나를 지지하거나 내게 해를 입힌 사람들, 다른 사람과 자신에게 행한 선과 악, 사랑과 고통의 경험 등과 같은 무수한 요인이 포함된다. 이 복잡한 장의 한가운데에서, 정체성은 인간 존재라는 불가해한 신비 속에 하나로 수렴하면서 나의 본질을 구성하는 내적, 외적 힘들이 움직이는 교차점이다.

내가 말하는 진실성이란, 정체성의 요소가 삶의 패턴을 형성하고 재형성하는 동안 그 안에서 내가 찾을 수 있는 모든 형태의 온전함을 뜻한다. 진실성은 내 자아의식에 무엇이 필수인지, 내게 맞고 맞지 않는 것은 무엇인지 구별한 뒤, 내 안에 모여드는 힘과 생명을 주는 방식으로 관계 맺기를 요구한다. 이를 위해서는, '나는 그들을 환영하는가 두려워하는가, 그들을 거부하는가 수용하는가, 그들과 동행하는가 회피하는가'라고 질문해야 한다. 진실성을 선택함으로써 나는 더 온전해지지만, 온전함이 곧 완전함을 뜻하지는 않는다. 온전함은 나의 전부를 온전히 인정함으로써 나다운 나, 진정한 내가 되는 것을 뜻한다.

정체성과 진실성은 허구의 영웅을 조각하는 화강암 같은 것이 아니다. 이 둘은 자기 발견이라는 복잡하고, 힘들고, 평생에 걸친 과정에서 발견되는 미묘한 차원이다. 정체성은 내 삶을 구성하는 다양한 힘의 교차점에 존재하며, 진실성은 파편화나 죽음보다는 나에게 온전함과 생명을 가져다주는 힘들과 연결해 준다.

이것은 내가 내린 정의이지만, 아무리 최선을 다해 다듬으려 애를 써도 언제나 부자연스럽다. 정체성과 진실성은 그 누구도 완전히 묘사하거나 알 수 없는데, 그 둘을 지닌 사람도 마찬가지이다. 정체성과 진실성은 가끔 곁눈질로만 포착되는 애매모호한 현실로, 우리가 무덤까지 가지고 가야 하는 낯설면서도 익숙한 어떤 것이다.

이런 현실을 구체적으로 설명하는 가장 좋은 방법은 이야기이다. 그래서 두 교사의 이야기를 해보려 한다. 이 이야기는 내가 아는 사람들의 삶을 바탕으로 한 것인데, 정체성과 진실성이라는 미묘한 문제를 그 어떤 이론보다 잘 설명해 준다.

앨런과 에릭은 둘 다 솜씨 좋은 공예가 집안에서 태어났다. 그들의 부모는 교육을 거의 받지 못한 시골 사람들이었지만, 손재주만큼은 뛰어났다. 두 소년은 어려서부터 뛰어난 손재주를 보였고, 자라면서 점점 능숙해졌다. 두 사람은 수공예에 자부심을 느끼면서 자아의식을 키워 나갔다.

이 두 소년은 또 다른 재능을 공유했는데, 모두 학업 성적이 우수해 노동자 계층의 가정에서 대학에 진학한 최초의 인물이 되었다. 둘 다 학부 성적이 우수했고, 둘 다 대학원에 합격했으며, 둘 다 박사 학위를 받았고, 둘 다 학자로서의 길을 선택했다.

하지만 그들의 길은 여기서부터 갈렸다. 공예의 재능이 두 사람의 자아 감각에 핵심적인 역할을 담당했지만, 앨런은 그 재능을 자신의 학자적 소명에 튼튼하게 엮어 넣은 반면, 에릭의 삶을 구성하는 직물은 일찍부터 풀려나가기 시작했다.

열여덟 살에 시골 공동체에서 명문 사립대학으로 옮겨 간 에릭은, 문화적 충격으로 고통받았고, 그 충격에서 벗어나지 못했다. 그는 동료 학생들과 원만히 지내지 못했고, 나중에는 자신보다 '교양 있는' 배경을 가진 학자 동료들과 어울리는 데에도 어려움을 겪었다. 그는 지식인처럼 말하고 행동하는 법을 배웠지만, 자신보다 출신 성분이 더 좋아 보이는 사람들 사이에 있으면 늘 스스로 사기꾼 같다는 느낌에 시달렸다.

하지만 이런 불안감은 에릭의 인생행로를 바꾸지도, 그를 자기 성찰로 이끌지도 못했다. 대신 그는 공격이 최선의 방어라는 이론대로 주변 사람들을 괴롭히기 시작했다. 탐색하기보다는 일방적으로 선언했고, 다른 사람의 의견에서 장점보다는 단점에 더 귀를 기울였다. 모든 것에 관해 모든 사람과 언쟁을 벌였고, 상대가 뭐라고 답하든 은근한 경멸조로 반응했다.

교실에서 에릭은 지나치게 비판적이었고, '멍청한 질문'은 즉시 깔아 뭉갰으며, 교묘한 질문으로 학생을 궁지에 몰아넣길 즐겼고, 잘못된 답변은 무자비하게 조롱했다. 그는 자신이 자아를 제대로 정립하지 못해 당혹스러웠던 것과 똑같은 상처를 학생들에게 되돌려주기로 작정한 사람 같았다.

하지만 작업대가 있는 집으로 되돌아와 공예 작업에 몰두할 때면, 에릭은 다시 자신을 되찾았다. 그는 따뜻하고 개방적인 사람이 되었고, 주변 세상을 편안하게 받아들였으며, 다른 사람에게 친절을 베푸는 데에서 기쁨을 느꼈다. 자신의 뿌리와 다시 연결되고 진정한 자아에 중심이 잡힌 상태일 때는, 에릭 역시 고요하고 자신감 있는 정체성을 되찾을 수 있었던 것이다. 그러나 이런 느낌은 그가 캠퍼스로 다시 돌아가자마자 즉시 사라져 버렸다.

앨런의 이야기는 이와 사뭇 다르다. 시골에서 캠퍼스로 옮겨간 경험은 그에게 문화 충격을 주지 않았는데, 비슷한 배경을 가진 학생이 많은 인근의 주립대학으로 진학한 것도 하나의 이유였다. 그는 자신의 공예 재능을 숨길 필요가 없었고, 오히려 학문 영역에 응용해 재능을 완전히 다른 방식으로 탈바꿈시킬 수 있었다. 자신의 선대先代가 금속과 나무에 적용하던 것과 똑같은 기술을 자신의 연구 및 교육 활동에 적용하기 시작한 것이다.

그가 가르치는 모습을 보면 일에 몰두하는 장인의 모습을 보는 듯한데, 그의 배경을 아는 사람이라면 이 느낌이 단순한 비유가 아니라는 것을 알 것이다. 앨런이 강의 시간에 하는 모든 행동은, 주어진 재료를 존중하면서 세부적인 것에 주의를 기울이는 장인 정신에서 왔다. 그는 부재를 맞춤으로 끼워 넣을 때의 정확성으로 개념들을 연결했으며, 공예 작업을 마감하듯 세련되게 요약하면서 강좌를 마무리했다.

하지만 앨런의 가르침에 담긴 힘은 공예의 재능을 훨씬 넘어서 있었다. 그의 학생들은 제자가 되길 바라는 모두에게 앨런이 자신의 모든 것을 내줄 것이란 사실을 알았다. 가족 내의 어른들이 어린 앨런에게 공예 기술을 전수하기 위해 전심전력을 다했던 것처럼 말이다.

앨런의 가르침은 분열되지 않은 자아(좋은 교육의 필수 요소이자 이 책의 핵심 개념인 '통합된 존재 상태')에서 나왔다. 분열되지 않은 자아에서는 삶의 경험을 구성하는 모든 실 가닥이 존중되면서 교사, 학생, 교과를 한데 아우르는 일관성과 결속력의 직물을 엮어낸다. 이렇게 내적으로 통합된 자아는 좋은 가르침에 필수인 외부적 연결망을 만들어 낸다.

그러나 에릭은 그의 정체성을 구성하는 주요 가닥들을 학자로서의 삶 속에 엮어 넣는 데에 실패했다. 그의 자아는 내전에 휩싸인, 분열된 자아였다. 그는 그 내전을 밖으로 투사했고, 그의 가르침은 공예 작품이 아니라 전투로 변질되었다. 분열된 자아는 항상 스스로를 다른 사람과 격리하려 하며, 자신의 연약한 정체성을 보호하기 위해 그들을 공격하기까지

한다.

만약 에릭이 학부생 때 소외되지 않았다면, 또는 소외의 경험이 그를 자기방어 대신 자기 성찰로 이끌었다면, 그 역시 앨런처럼 학자로서의 삶에서 진실성을 발견하고 자기의 일에 정체성의 핵심 가닥들을 엮어 넣을 수 있었을 것이다. 하지만 자아의 신비스러운 측면 중 하나는 한 가지 자아가 모든 사람에게 동등한 영향을 미치지는 않는다는 사실이다. 한 사람에게는 완전한 것을 다른 사람은 결핍으로 경험할 수도 있다. 에릭은 일생 동안 학계가 자신의 삶을 제약한다는 사실을 알리는 단서들과 끊임없이 마주해야 했다. 학계는 그의 진정한 자아를 건강하고 온전하게 표출할 수 있는 환경이 아니었고, 그의 고유한 본성을 실현하는 데에 도움이 되지도 않았다.

자아는 무한히 유연할 수 없으며, 나름의 잠재력과 한계가 있다. 우리가 하는 일에 진실성이 부족하다면, 자신과 일 그리고 우리의 동료는 고통받을 수밖에 없다. 앨런의 자아는 학자로서의 삶을 통해 확장되었고, 그가 일하는 모습은 정말 보기 좋았다. 반면, 에릭의 자아는 학자가 되면서부터 오히려 축소되어 버렸다. 아마 그에게는 다른 직업을 선택하는 것만이 잃어버린 진실성을 회복하는 유일한 길이었을 것이다.

간디는 자신의 삶을 '진리 실험'이라고 불렀다. 사실 우리는 자신의 삶에 영향을 미치는 복잡한 힘들의 장에서 실험을 함으로써 자신의 진실성에 관해 더 많은 것을 배울 수 있다.[2] 우리는 자신이 어떤 관계에서는 번성하는 반면, 다른 관계에서는 시들고 만다는 사실을, 우리를 살아나게 하는 관계를 선택함으로써 자신의 진실성을 키우고, 그렇지 못한 관계를 용인함으로써 진실성을 훼손한다는 사실을 실험을 통해 배운다.

실험은 위험한 작업이다. 우리는 무엇이 우리를 살아나게 하고, 무엇이 우리를 시들게 하는지 미리 알 수 없다. 하지만 자신의 진실성을 더 깊이 이해하고자 한다면, 실험을 하고 그 후에 실험 결과를 검토하면서 기꺼이 선택할 줄도 알아야 한다.

마르틴 부버Martin Buber는 '모든 진정한 삶은 만남이다'라고 했다. 사실 교육은 끊임없는 만남이다.³ 새로운 만남에 마음을 열고, 진실성 있는 것과 그렇지 않은 것을 구분하려 애쓰는 일은 피곤하며, 때론 두렵기조차 하다. 나는 종종 내 자아감을 지위나 역할이라는 장벽 뒤에 숨긴 채, 나 자신을 동료와 학생, 개념 그리고 우리가 마주칠 수밖에 없는 의견 충돌로부터 보호하려는 유혹에 휩싸인다.

내가 그 유혹에 굴복할 때, 내 정체성과 진실성은 축소되며, 가르치고자 하는 열의도 잃고 만다.

교사가 가르치려는 마음을 잃는 때

많은 교사가 가슴에서 우러나온 이유로, 특정 교과에 대한 열정이나 사람들의 배움을 돕고 싶다는 열망으로 교사가 되었다. 하지만 그중 많은 이가 시간이 지남에 따라 점차 자신감을 잃어버린다. 그렇다면, 좋은 교사들이 항상 그렇듯, 학생들에게 열성적으로 마음을 쏟을 수 있도록 다시 기운을 북돋으려면 어떻게 해야 할까?

우리가 용기를 잃는 이유는, 교직이 매일 마음에 상처를 주는 직업이기 때문이다. 반드시 교실에서 알몸으로 서 있는 기분을 느껴야만 용기를 잃는 것은 아니다. 칠판 위에서 문장을 분석하거나 수학 문제를 증명하는 동안 학생들이 졸거나 쪽지를 돌리기만 해도 교사는 낙담한다. 내가 가르치는 과목이 아무리 기술적이라 하더라도 내가 가르치는 것은 결국 내가 가장 소중하게 여기는 것이고, 그것이 나의 자아를 규정한다.

많은 직업과는 달리, 가르치는 일은 항상 개인 생활과 공적 생활이 교차하는 위험한 지점에서 이루어진다. 훌륭한 심리치료사는 개인적인 방식으로 일하면서 그 내용은 절대 공개하지 않는다. 내담자의 이름을 노출하는 심리치료사는 즉시 자격을 잃는다. 훌륭한 법정 변호사는 공적인 재판장에 나가 변호하지만, 개인적인 의견에 영향받아서는 안 된다. 의뢰인의 죄에 사적인 감정을 품고 재판을 불리하게 몰아가는 변호사는 업무상 과실죄를 면하지 못한다.

그러나 훌륭한 교사는 공과 사가 만나는 교차로에 서서 몰려드는 교통의 흐름에 대처해야 한다. 이곳에서는 '연결망을 짜는 일'이 걸어서 고속도로를 건너는 것처럼 위태롭게 느껴진다. 자신과 교과, 학생을 연결하려 애쓰는 동안, 교사는 교과는 물론 자신을 무관심, 비판, 조롱에 내맡기게 된다.

이런 취약성을 줄이기 위해 우리는 학생이나 교과와의 연결을 단절시키며, 심지어 우리 자신과의 연결마저도 끊어 버린다. 우리는 내적인 진실과 외적인 행동 사이에 벽을 세우고 교사의 역할을 연기하다시피 한다. 마음이 담기지 않은 말은 '만화 속 말풍선 대화'가 되고, 우리는 자신을 희화화한다. 이렇게 우리는 위험을 최소화하기 위해 학생들과 교과로부터 우리를 분리하지만, 그 거리감이 우리의 자아를 고립시켜 삶을 더욱 위태롭게 만든다는 사실은 잊어버린다.

이런 '자기방어적' 분열 현상은 개인적 진실을 불신하는 학계의 분위기가 더욱 부추긴다. 다양한 앎의 방식을 존중한다지만, 학교는 오직 하나의 방식, 즉 '우리 자신에게서' 우리를 꺼내어 '실제' 세계로 인도하는

'객관적인' 앎의 방식만을 중시한다.

이런 문화에서는 객관적인 사실만 순수하다고 생각하며, 주관적인 느낌은 의혹과 평가절하의 대상으로 전락한다. 이런 문화에서 자아는 영감의 원천이 아닌 억눌러야 할 위험이며, 성취해야 할 잠재력이 아닌 극복해야 할 장애물이다. 이런 문화에서는 자아와 단절된 병적인 화법을 보상할 가치가 있는 미덕으로 본다.

자아의식에 대한 학계의 편견을 이렇게 설명한 것이 과장돼 보인다면, 몇 년 전 어느 대학 강의실에서 겪은 내 경험담에 귀를 기울여 주기 바란다.

당시 나는 우리가 읽을 텍스트의 주제와 연관된 짧은 분석적 에세이를 써 오라고 학생들에게 숙제를 주었다. 그런 뒤에 그 주제와 연관된 자전적 이야기 몇 편을 함께 써내라고 학생들을 독려했다. 학생들이 교과서의 개념과 자기 삶의 연관성을 이해할 수 있도록 돕기 위해서였다.

첫 수업이 끝난 후, 한 학생이 내게 찾아와서 이렇게 물었다. "교수님이 써내라고 하신 그 에세이에 '나'라는 표현을 사용해도 되나요?"

나는 웃어야 할지 울어야 할지 알 수 없었지만, 내 반응이 방금 조롱을 자처한 그 젊은 학생에게 상당한 영향을 미칠 것 같았다. 나는 그에게, '나'라는 표현을 써도 될 뿐 아니라 그 단어를 자유롭게, 자주 사용했으면 좋겠다고 답한 뒤, 왜 그런 질문을 하는지 물어보았다.

"제 전공이 역사인데요, 리포트에다 '나'라는 표현을 쓸 때마다 교수님들이 점수를 반 토막 내시더라고요." 그가 말했다.

주관성에 대한 학계의 편견은 학생들에게 형편없는 글을 쓰게 만들 뿐 아니라('나는…믿는다' 대신 '그것은…믿어진다'라고 쓰는 학생도 있다), 학생 자신과 세계에 관한 그들의 생각까지도 왜곡한다. 우리는 학생들을 현혹해, 나쁜 문체를 사용하면 의견을 사실로 바꿀 수 있다고 믿게 만들며, 이 과정에서 학생들을 내면적인 삶과 단절시킨다.

교수들은 종종 학생들이 교육의 진정한 결실인 통찰과 이해를 무시한다고 불평한다. '이 전공이 취업에 도움이 될까?'라든가 '이 과제가 실생활에 유익할까?'와 같은 질문만 하며, 오직 '현실' 세계의 단기적인 보상에만 신경 쓴다는 것이다.

그러나 이런 질문은 학생들의 가슴 깊은 곳에서 우러나온 것이 아니다. 자식의 취업을 바라는 부모가, 내면의 진실을 불신하고 평가절하하는 학계의 분위기가 학생들에게 주입한 질문에 지나지 않는다. 물론 학생들도 교육의 내면적인 결실에 냉소적인 태도를 보인다. 우리가 그들에게 주관적 자아는 가치가 없으며 심지어 비현실적이기까지 하다고 가르쳤기 때문이다. 그들의 냉소주의는, 학계가 내면적 진실을 무시하고 외부 세상만 존중할 때 교사는 물론 학생도 마음을 잃게 된다는 사실을 보여주는 하나의 증거일 따름이다.

교사인 우리가 학생들과 자신 그리고 교육개혁을 위해 다시 마음을 되찾으려면 어떻게 해야 할까? 이 단순한 질문은 기존의 교육개혁 사상에 강하게 도전한다. 의미 있는 변화는 인간의 마음이 아니라, 예산이나 방법론, 교육과정, 구조조정 등과 같은 외부 요인에서 온다고 생각했던 것이다. 더 깊은 수준에서, 이 질문은 서구 문화를 추진해 온 현실성과 권력의 개념에도 도전한다.

모든 문화의 기반은 '리얼리티와 권력은 어디에 있는가?'라는 질문에 답하는 방식에서 발견할 수 있다. 이 질문의 답은 어떤 문화에서는 신, 다른 문화에서는 자연, 또 다른 문화에서는 전통이다. 우리 문화의 경우에는 답이 아주 명백하다. 리얼리티와 권력은 대상과 사건이라는 외부 세계와 그 세계를 연구하는 과학에 있으며, 마음이라는 내면 영역은 낭만적인 환상이거나 가혹한 현실에서 도피하는 것일 뿐, '실제' 세계에 영향력을 미치는 원천은 아니라는 것이다.

우리는 외부 세계를 조종하는 일에 사로잡혀 있는데, 현실을 지배하는 힘과 현실적 제약에서 벗어나는 자유를 얻는다고 믿기 때문이다. 그 일을 해주는 것처럼 보이는 기술에 매료된 나머지, 우리는 내면세계를 무시해 왔다. 직면하는 모든 문제를 해결해야 할 객관적 문제로 만들어 버리고, 모든 객관적인 문제는 반드시 기술적인 해결책이 있다고 믿었다. 그렇게 우리는 영혼을 존중하는 대신 몸을 '수리'하도록 의사를 훈련하고, 영적 안내자 대신 CEO가 되도록 성직자를 교육하며, 학생의 영혼을 참여시키는 대신 테크닉에만 숙달하도록 교사를 단련한다.

그러나 대다수가 느끼듯이, 외부의 '해결책'은 교육에 관심 있는 사람들의 깊은 열망에 부응할 만큼 빨리 나타나지는 않을 것이다. 제도는 천천히 개선되며, 다른 사람이 해주기를 기다리기만 한다면, 개혁을 늦출 뿐 아니라 수많은 교사를 서서히 냉소주의에 빠지게 만드는 셈이다.

기다리는 것 외에 다른 대안이 있다. 우리 스스로 일과 삶을 변화시킬 내면의 힘이 있다는 신념을 회복하는 것이다. 한때 우리는 우리의 아이디어와 통찰이 적어도 우리를 둘러싼 세상만큼이나 실제적이고 강력하다는 신념을 품었기 때문에 교사가 되었다. 이제 우리는 우리 내면의 힘이 사물과 사건의 영역에 영향력을 행사할 수 있다는 사실을 다시 기억해야 한다.

시인 겸 정치가이자 러시아로부터 체코를 해방한 벨벳혁명의 리더 바츨라프 하벨Vaclav Havel의 증언에서 그 기억에 도움이 되는 자료를 찾을 수 있다. 벨벳혁명은 교육개혁을 방해하는 장애물보다 훨씬 더 큰 장애물을 극복하고 성취해 낸 혁명이었다.

체코 공화국 초대 대통령을 지낸 하벨은, 1968년 일어난 공산주의 쿠데타 이후 몇 년간 체코 국민을 괴롭힌 제도적 압제와 고립의 삶을 설명한 적이 있다. 그는 인간 의식의 내면적 씨앗이 어떻게 겨우 20년 만에 전체주의라는 단단한 바위를 산산조각 내고 개혁의 꽃으로 피어났는지 이야기한다. "지금 내가 말하는 이 경험은 내게 한 가지 확신을 심어주었다. 인간 세상의 구원은 인간의 마음속에, 스스로 성찰하는 인간의 능력과 온유함과 책임감 속에 있다는 사실이다. 전 지구적인 인간 의식의 혁명 없이는 아무것도 개선되지 않을 것이고, 이 세계가 마주한 재앙 역시 피할 수 없을 것이다."[4]

하벨은 체코 국민에게 그들이 누구인지, 인간이 어떤 존재인지 상기시켜 그들의 정체성을 회복하게 했다. 그의 눈에 그들은 외부적인 힘의 희생자가 아니라 결코 빼앗을 수 없는 내면의 힘을 지닌 사람들이었다. 비록 우리가 그 권리를 스스로 포기할 수도 있고, 실제로 그렇게 하기도 하지만 말이다.

우리 자신과 우리의 힘을 기억하는 것은 혁명으로 이어질 수 있지만, 몇 가지 단편적인 사실을 기억하는 것 이상이 필요하다. 이 기억 또는 재구성(re-membering)의 과정에는, 정체성과 진실성을 회복하고 우리 삶의 온전성을 되찾아 자신을 재구성하는 과정이 따른다. 자신이 누구인지 망각할 때, 단지 자신에 관한 몇 가지 정보만 잃어버리는 것이 아니다. 정체성을 잃어버리면 자신을 공동체와 단절시키고, 우리의 정치와 일과 마음에 모두 불행한 결과를 불러온다.

학자들은 종종 분열의 고통을 겪는다. 겉으로는 학자들의 공동체에 속한 것처럼 보이지만, 결국 자신이 동료나 학생과 소원하고 경쟁적이며 무심한 관계를 맺고 있다는 사실을 깨닫는 사람들의 고통이다. 더 깊이 파고들면 이 고통은 사회적인 것이라기보다는 영적인 성격을 띤다. 그 고통은 자신의 진실과 우리를 교직으로 이끈 열정, 그리고 모든 선한 일의 근원인 가슴과 단절된 데에서 온 고통이기 때문이다.

만약 우리가 가르치고자 하는 마음을 잃어버렸다면, 어떻게 해야 되찾을 수 있을까? 자신과 학생들을 위해 우리가 누구인지 다시 기억하려면 어떻게 해야 할까?

우리를 일깨운 멘토들

—

우리 삶 속으로 모여드는 힘들이 만나는 지점에서 정체성과 진실성을 발견할 수 있다면, 우리를 교직으로 이끈 몇몇 교차점을 다시 검토하는 것만으로도 좋은 가르침의 근원인 자아의식을 다시 회복할 수 있을 것이다. 이 부분과 다음 부분에서 그런 만남을 되새겨볼 생각이다. 우리를 일깨운 멘토들과 우리를 사로잡은 교과들 말이다.

멘토가 지닌 힘이 반드시 그들이 우리에게 준 가르침의 모델 속에 있는 것은 아니다. 가르침의 모델은 교사의 자아의식과 무관할 때가 많다. 그들의 힘은 우리 내면의 진실을 일깨우는 능력에 있다. 몇 년이 지난 후 그들이 우리 삶에 미친 영향력을 돌이켜볼 때에야 비로소 알게 되는 그런 진실들 말이다. 훌륭한 스승을 만난 덕분에 내면에 잠재된 교사의 마음을 발견했다면, 그 만남을 회상해 보는 것이 가르치고자 하는 마음을 되찾는 데에 도움이 될지도 모른다.

나는 교사 워크숍에서 자기소개로 자신의 삶을 바꿔 놓은 교사에 관해 들려 달라고도 한다. 이야기를 듣다 보면 좋은 가르침이 무엇인지 여러 가지를 깨닫게 된다. 좋은 가르침의 유형은 다양하고, 비록 구체적인 내용은 잊었더라도 그 영향력은 오래간다는 사실이다. 또한 아무리 늦어도 멘토에게 감사하는 것이 중요하다는 것도 알게 된다. 우리는 그들에게 감사를 빚졌고, 우리 학생들의 고마워할 줄 모르는 태도를 너그럽게 받아들이는 힘도 되기 때문이다.

그러고 나서 나는 이 워크숍의 주제와 깊이 관련된 질문을 한다. '당신의 멘토는 어떤 점이 위대했습니까?'라고 묻는 대신, '멘토는 당신의 어떤 점 때문에 훌륭하게 멘토링할 수 있었습니까?'라고 묻는다. 사실 멘토링은 올바른 스승을 만나는 것 이상이 필요한, 일종의 상호작용이다. 교사 입장에서도 올바른 학생을 만나야 하는 것이다. 이 만남에서는 멘토의 자질이 전면에 드러날 뿐 아니라, 학생의 자질 역시 못지않게 노골적으로 드러난다.

나의 기억에 남는 멘토 중 한 명은 좋은 가르침의 모든 '규칙'에 어긋나는 것처럼 보이는 남성이었다. 그는 엄청난 열정으로 긴 시간 강의했기 때문에, 질문과 답변을 할 새가 없었다. 생각의 세계에 완전히 사로잡힌 나머지, 학생들의 말에 좀처럼 귀를 기울이지 않았다. 학생들을 업신여겨서가 아니라, 지식과 열정의 공유라는, 자신이 아는 유일한 방법으로 학생들을 가르치고 싶어 했기 때문이다. 그의 수업은 대체로 독백이었고, 학생들은 그저 청중일 뿐 다른 역할은 할 수 없었다.

이렇게 말하면 그가 '교육학적 악몽'쯤으로 느껴지겠지만, 어째서인지 나는 당시에 그의 가르침에 강력하게 이끌렸다. 아니, 사실 그는 내 삶을 뒤바꿔 놓았다. 몇 년이 지난 후에야 내가 왜 그토록 매혹되었는지 이해할 수 있었는데, 이 경험은 내 정체성을 확립하는 하나의 계기가 되었다.

당시 우리 가족 중에서 대학에 진학한 사람은 내가 처음이었다. 우리 가족은 교육을 중시했지만, 훗날 나의 타고난 재능으로 밝혀진 지적인 삶의 본보기를 보여주지는 못했다. 나는 고등학교 기간 내내 그 재능을 상자에 봉인한 채 학업 외의 활동에만 관심을 쏟았고, 그 결과 반에서 중간도 안 되는 성적으로 졸업했다. 그 상자를 열어본 것은 대학에서 한 학기를 보낸 후였다. 나는 그 속에 든 내 재능에 흥분했고, 학업에 흥미를 느껴 좋은 성적을 거두었으며, 이후 대학원에 진학해 결국 학자의 길을 걸었다.

　말수가 많아 일방적으로 강의하던 그 교수는 나의 지적 재능을 처음으로 돌아보게 해준 스승이었다. 그의 강의를 듣는 동안 나는 흥분했는데, 강의 내용도 흥미진진했지만 그보다는 내 정체성의 잠재된 부분을 발견했기 때문이었다. 그가 바람직한 그룹 활동의 규칙과 사려 깊은 인간관계의 규칙을 위반했다는 것은 내게 그리 중요하지 않았다. 중요한 것은 그가 학자적 재능을 마음껏 발휘하면서, 내게 자신의 정신적 삶을 아낌없이 나눠 주었다는 점이다. 완전히 확신하기까지는 몇 년이 더 걸렸지만, 내 안의 무언가는 내게도 그런 재능이 있다는 사실을 알고 있었다.

　사회생활을 시작한 이후 한동안, 나는 사색이나 독서, 집필 같은 활동은 내가 좋아하지만 '진정한 일'은 아니라는 은밀한 생각을 하고 있었다. 나는 가르치고 글을 썼지만, 다양한 기관과 연구 프로젝트의 관리자로 일하면서 스스로 '합리화'해야 했다. 내 가족들이 그랬던 것처럼, 이런 일이야말로 실용적이고 가치 있다고 생각한 것이다. 사십 대 중반이 되어서야 나는 정신적인 삶이 내 일의 중심이라고 선언할 수 있었고, 내 영혼의 부름을 더욱 깊이 신뢰하게 되었는데, 이 믿음은 대학 초기의 그 멘토링 경험을 해독하면서 더욱 깊어졌다.

각자의 멘토를 떠올리면서 자신에 관해 얻는 모든 통찰이 내가 방금 들려준 것처럼 만족스러운 것만은 아니다. 우리는 때때로 젊고 영향받기 쉬운 나이에 우리를 사로잡은 멘토에게서 그릇된 교훈을 얻기도 한다.

몇 년 전, 내가 이끈 교사 워크숍에서 나는 그런 사례를 보았다. 당시 워크숍 주최자는 내게, 학문적으로는 뛰어나지만 심술궂고 인기 없는 A교수를 조심하라고 신신당부했다. 주최자는 A교수가, 워크숍에 참석한 나머지 40여 명과는 달리, 배우기 위해서가 아니라 우리가 하는 일이 잘 못되었다고 폭로하기 위해 등록했을 것이라고 말했다.

나는 겁먹은 상태로 워크숍을 시작했다. 먼저 자신의 멘토에 관해 이야기하자면서 '부드럽게' 자기소개를 했다. A교수 차례가 올 때까지 6~8명의 참가자가 감동과 통찰이 넘치는 자기소개를 마쳤고, 방 안은 솔직한 교감의 분위기로 가득했다. 그가 입을 열었을 때, 나는 이 분위기가 깨질까 봐 잔뜩 긴장했지만, 그 역시 다른 사람들의 솔직한 이야기에 감동했다는 것을 곧 알 수 있었다.

그는 신성한 어떤 것을 처음 말하는 사람처럼 약간 주저하면서 자신의 멘토 이야기를 했고, 그 멘토를 본받으려 얼마나 애썼는지 말하는 부분에서는 울컥하기까지 해서 자신과 우리를 모두 놀라게 했다.

나중에 그와 개인적으로 대화하면서, 나는 그가 감정에 겨워한 이유를 이해했다. 지난 20여 년간 A교수는 멘토의 교육 방식과 존재 방식을 그대로 모방하려 애썼지만, 그 결과는 재앙에 가까웠다. 멘토와 그는 너무 다른 사람이었고, 멘토의 방식을 그대로 모방하려 한 A교수의 시도는 자신의 정체성과 진실성을 심각하게 왜곡하고 말았다. 그는 자신의 것이 아닌 정체성 속에서 스스로를 잃어버린 것이다. 받아들이기엔 아주 큰 용기가 필요한 고통스러운 통찰이었지만, 동시에 성장을 약속하는 귀중한 통찰이기도 했다.

A교수의 이야기는 나 자신을 돌아보게 했는데, 우리가 자신의 내적인 역동성을 기꺼이 함께 탐색할 때 종종 일어나는 공동 각성의 사례이다. 나 역시 교직 생활 초기에 쉴 새 없이 강의를 이어가던 내 멘토의 방식을 똑같이 모방하려 애쓴 적이 있다. 이런 흉내 내기는 학생들이 내 값싼 모방 행각에 별다른 감흥을 느끼지 못한다는 사실을 깨닫기 전까지 계속되었다.

나는 내 본성에 더 적합하고, 나의 정체성을 가장 잘 드러낼 수 있는 교수법을 찾기 시작했다. 나의 멘토가 지닌 힘은 그의 교수법과 그 자신이 일치하는 데에서 나왔기 때문이다. 나는 교사로서의 내 본성을 이해하려 노력하면서, 그 본성을 북돋는 데에 도움이 되는 교수법을 배워 나가는 기나긴 과정을 시작했다.

나는 가끔 일방적인 강의를 하고 심지어 즐기기도 하지만, 계속 떠들어대기만 하는 강의는 나를 지루하게 만들 뿐이다. 수업에서 내가 무슨 말을 할지 대개 짐작하는데, 그 모든 말은 이미 들어본 것들이다. 하지만 자연스럽게 대화를 끌어내는 교수법은 나를 살아 있게 한다. 듣고, 반응하고, 즉흥적으로 대처할 수밖에 없는 상황에서는, 나와 학생들에게서 예상하지 못한 통찰력 가득한 말을 들을 가능성이 훨씬 높다.

그렇다고 일방적인 강의가 잘못된 교수법이라는 말은 아니다. 내 멘토와는 달리, 그저 내 정체성이 대화 속에서 더 큰 충족감을 느낀다는 뜻일 뿐이다. 나를 잘 몰랐던 어린 시절에, 나는 내 안에 잠재된 학자적 재능의 본보기가 돼줄 누군가가 필요했다. 하지만 중년의 나이가 되어 나를 더 잘 알게 된 지금, 나는 내 정체성을 살리기 위해서라도 다른 사람과 교감하는 내 재능을 더 적극적으로 활용해야 한다.

내가 생각하기에, 교수법의 진정한 역할은 이런 것이 아닌가 한다. 자신의 본성에 관해 더 많이 알게 될 때 교수법은 좋은 가르침의 근원인 우리의 자아의식을 은폐하기보다 더욱 드러내 준다는 것. 우리는 더 이상 학계의 문화가 요구하듯이, 주관적 자아를 은폐하기 위해 테크닉을 구사할 필요가 없다. 이제 우리는 오히려 테크닉을 활용해 훌륭한 가르침의 근원인 우리의 자아의식을 더 온전히 드러낼 수 있게 되었다.

이런 성찰에서 온 자기 인식은 내 가르침의 필수 요소인데, 나와 학생들의 내면에 존재하는 복잡성을 드러내 주기 때문이다. 내 경우, 가르침을 펴는 '나'는 학자적인 삶의 방식에 겁먹는 동시에 이끌리기도 한다. 오랫동안 그 '나'는, 지적인 일을 천직으로 느끼면서도 지적 작업은 일종의 사기일지도 모른다는 느낌 때문에 몹시 괴로웠다. 한때 이 '나'는 지식에 엄청난 흥미를 느끼면서도 자신에 대한 확신이 너무 없어서 일방적으로 강의만 하는 멘토를 기꺼이 받아들여야 했다. 하지만 이제 똑같은 '나'는 자신의 강의를 지루해 하면서, 학생들과의 대화에서 영양분을 공급받으려 한다.

나의 내면적인 다중성과 자아의식을 향한 길고 부단한 여정을 망각하면, 학생들에게 과도하고 비현실적인 기대를 품게 된다. 하지만 내 영혼의 얼굴이 얼마나 다양한지, 내 자아의식이 얼마나 천천히 꽃을 피웠는지 기억한다면, 학생들의 삶이 펼쳐지는 과정을 존중하면서 그들 내면의 다양성에 더 잘 헌신할 수 있을 것이다. 우리의 멘토를 기억하면서 자신을 기억하고, 자신을 기억하면서 우리 학생들을 기억하게 되는 것이다.

돌이켜보면, 나는 청소년기, 대학 시절, 대학원 시절, 사회 초년생 등 삶의 모든 중요한 단계와 내 정체성이 성장해야 했던 모든 지점마다 멘토를 만나는 축복을 누렸다. 하지만 완전한 성년기에 가까워질수록 기이할 정도로 더 이상 멘토가 나타나지 않았다. 나는 몇 년 동안 헛되이 다음 멘토를 기다렸고, 그동안 성장하지 못하고 정체되었다.

그때 나는 무슨 일이 일어나고 있는지 깨달았다. 나는 더 이상 수습생이 아니었기 때문에 더 이상 멘토가 필요하지 않았던 것이다. 이제는 내가 다른 누군가에게 멘토 역할을 해줄 차례였다. 나는 어린 시절 내가 받은 선물을 나보다 더 젊은 사람들에게 나눠 주기 위해, 내 뒤에서 모습을 드러내는 새로운 생명들과 마주해야 했다. 실제로 그렇게 하면서 내 정체성과 진실성은 학생들과의 새로운 만남 속에서 다시 새롭게 진화할 수 있었다.

멘토와 수습생은 인류가 고대로부터 이어온 춤의 파트너이다. 교육의 위대한 보상 중 하나는 상대에게 받은 것을 되돌려줄 기회가 날마다 주어진다는 사실이다. 나선형을 그리며 끊임없이 상승하는 세대들 간의 이 춤에서 연장자는 젊은이에게 경험을 제공하고, 젊은이는 연장자에게 새로운 삶을 제공한다. 이 춤은 서로 몸을 부딪치고 자리를 바꿔가며 인류 공동체라는 연대를 더욱 새롭고 단단하게 엮어 준다.

우리를 사로잡은 교과들

―――

우리 중 다수는 멘토를 만나 특정한 학문 분야를 알게 되면서부터 교사의 길을 걷기 시작했다. 우리가 어떤 지식 체계에 이끌린 것은, 그 분야가 세상뿐 아니라 우리의 정체성에도 빛을 비춰 주었기 때문이다. 단순히 우리가 가르칠 교과를 발견한 것이 아니라, 그 교과 역시 우리를 발견한 셈이다. 그래서 잠재해 있던 우리의 정체성과 자아 감각을 그 교과가 어떻게 일깨웠는지 돌이켜보는 것만으로도 우리는 가르치고자 하는 열의를 되찾을지도 모른다.

불문학 교사 앨리스 카플란Alice Kaplan은 《프랑스어 수업(French Lessons)》에서 이런 경험을 회상했다. 그녀는 자신이 교사가 되기까지의 여정을 요약하면서 말한다. "왜 사람들은 다른 문화를 배우고 싶어 할까? 자신이 속한 문화는 그들을 대변해 주지 않고, 그 문화 속에는 그들이 좋아하지 않는 무언가가 포함되어 있기 때문이다."[5] 프랑스 문화는 카플란에게 그녀의 정체성과 진실성을 드러내는 방식을 보여 주었는데, 그녀가 태어나고 성장한 문화에서는 찾을 수 없었다.

카플란은 편견에 찬 젊은 학생을 외국어 사용자와 만나게 해 이방인을 존중하는 법을 가르친 자신의 수업을 회상하면서 이렇게 말한다. "이런 순간을 겪다 보면, 외국어를 배우는 것이 선입견과 편견의 추함에서 벗어나 성장하고 자유로워질 수 있는 기회인 것 같다."[6]

카플란은 빌려온 정체성의 부정적인 면도 이해하고 있었다. "프랑스어를 배우는 것은 내게 숨을 곳을 제공하면서 약간의 악영향도 미쳤다. 삶이 엉망이 될 때면, 나는 언제든 두 번째 세계로 도망쳐 버릴 수 있었다." 그녀는 덧붙였다. "그 경험을 글로 쓰면서 내 사정을 전혀 몰랐던 사람들에게 의혹이나 분노, 갈망 등을 털어놓을 수 있었다."[7] 왜 프랑스어에 끌렸는지 스스로 되물으면서 얻은 자기 인식 덕분에, 카플란은 삶에서 맞닥뜨린 혼란스러운 사건과 관계를 돌이켜 만나고 씨름하면서 문제를 해결해 냈다. 가르치고자 하는 열의를 되찾은 것이다.

위에서 간단히 소개한 것보다 훨씬 더 명과 암이 풍성한 카플란의 회상을 읽는 동안, 나는 내 삶을 돌이켜보았다. 내 학부 전공은 철학과 사회학이었는데, 이 분야에서 내가 알았던 수많은 세부 지식은 서서히 잊힌 지 오래였다. 그래도 35년이 지난 지금까지 찰스 라이트 밀즈c. Wright Mills의 '사회학적 상상력'[8]이라는 개념을 처음 접한 그 순간만큼은 생생히 기억한다. 나는 그 개념에 단순히 마음이 끌리기만 한 것이 아니라 완전히 마음을 빼앗겨 버렸다.

그 개념의 핵심은 간단했지만, 내게는 아주 급진적으로 느껴졌다. 우리는 그저 주위를 둘러보는 것만으로는 '저 밖에' 무엇이 있는지 알 수 없으며, 모든 것은 우리가 어떤 렌즈를 끼고 세상을 바라보느냐에 달려 있다는 것이다. 그러니 새로운 렌즈로 바꿔 끼면 전에는 볼 수 없었던 새로운 것을 볼 수 있다고 했다.

밀즈는 내게 사회학 이론의 렌즈를 통해 세상을 바라보는 방법을 가르쳐 주었다. 내가 그 렌즈를 처음 사용한 순간, 당시에 할리우드가 홍보하던 3D 안경을 착용하기라도 한 것처럼 세상은 나를 향해 불쑥 솟아올랐다. 그러면서 우리의 사회적 삶을 형성하고 우리에게 영향력을 행사하는 보이지 않는 구조와 비밀스러운 신호를, 전에는 오직 직접적인 인간관계 속에만 존재한다고 생각했던 신호를 알아볼 수 있었다. 나는 삶을 바라보는 이 새로운 시각에 충격을 받았다. 이 관점에 따르면, 사람들은 내가 예전에 알던 것처럼 자유롭게 사는 것이 아니었다. 눈에 보이지 않는 조종자가 그들의 마음과 가슴에 붙여 둔 끈으로 통제하고 있었다.

나는 사회학적 상상력이라는 이 개념에 왜 그토록 깊이 끌렸을까? 왜 그 개념이 내 세계관을 정의하는 특징이 되었을까? 이 질문을 곱씹으면서 내가 누구인지를 말해 주는 몇 가지 특징을 다시 기억해 낼 수 있었다.

지적인 관점에서 볼 때, 사회학적 상상력이라는 개념이 내게 호소력이 컸던 이유가 있었다. 나는 열여덟 살에 처음으로 사물의 겉과 속이 반드시 일치하지는 않는다는 사실을 이해했다. 나는 화려하고 현란했던 1950년대에 청소년기를 보냈기 때문에, 성년이 되어서야 비로소 개인과 집단의 외적인 행위는 '무대 앞'의 겉모습에 불과하며, 현실의 '무대 뒤'에는 겉으로 드러난 것보다 훨씬 더 영향력 있는 힘이 존재한다는 사실을 깨닫기 시작했다.

내가 밀의 개념에 끌린 것은 지적인 이유가 전부는 아니었다. 그 개념은 내 가장 깊은 곳에 자리한 개인적인 두려움에 대처할 수 있도록 도와주었다. 어린 시절, 나는 무대 앞의 세상이 매혹적인 동시에 위협적이라는 느낌이 있었다. 그곳은 사람들 앞에서 공연을 하면서 나를 알리는 장소인 동시에 내 부족한 재능이 드러나는 시험장이기도 했다. 하지만 사회학적 상상력이 보여준 무대 뒤의 현실을 이해하면서 나는 내 공연 불안증을 어느 정도 털어 낼 수 있었다.

무대 뒤를 넘겨다보고 공연의 기술적인 면이 얼마나 인간적이고, 서투르고, 평범한지 알게 된 것이다. 무대 앞 공연의 현란함이나 화려함과는 너무나 대조적인 현실을 이해하면서 나는 '저들도 하는데 나라고 못 하겠어?'라고 자문할 수 있었다. 모든 영웅은 인격적인 결함이 있다는 사실을 아는 데서 오는 편안함이나, 초조해 하는 대중 강연자가 '청중이 벌거벗었다고 상상해 보라'라는 조언을 듣고 느끼는 안도감과 비슷했다.

사회학적 상상력에 대한 나의 몰입은, 지적인 흥미나 공연 불안증을 넘어 내 영혼의 틈새로까지 스며들었다. 무대 위의 쇼와 무대 뒤의 현실이라는 밀의 구분은, 나의 내면에서 벌어진 커다란 균열을 그대로 드러내 주었다. 내 공연이 겉으로는 비교적 매끄럽고 능숙해 보이게 만드는 법을 터득했지만, 나는 속으로 여전히 불안정하고, 어색하고, 서투르다고 느꼈다.

내가 경험하는 나와 다른 사람이 바라보는 나의 끊임없는 모순은, 내가 사기꾼인 것 같다는, 고통스럽고 때로는 감당하기 힘든 느낌을 안겨 주었다. 그러나 사회의 이중성을 바라보는 사회학적 상상력 덕분에 나는 마음의 짐을 크게 덜었다. 그런 모순이 인간 조건의 기본이라고 할 만큼 얼마나 흔한지 이해했기 때문이다.

나는 밀즈의 통찰을 우리 사회에 대한 분석에서 나 자신에 대한 이해로 변형시키기까지 오랜 시간이 걸렸다. 사회학적 상상력이란 개념은 사회과학자가 애용하는 '폭로' 수단의 하나이다. 이런 도구는 화려한 축제 행렬이 지나가는 동안 우리는 초연한 듯 길옆에 비켜서서 그 어리석음과 우스꽝스러움을 비난할 수 있게 만든다.

오랫동안 나는 비평가 혹은 재판관 역할을 하면서 길옆에 비켜서 있었는데, 왜 그랬는지 이해할 수 있었다. 나는 내면에서 감지하고도 스스로 직면하고 싶지는 않았던 나의 모든 기만성을 사회에 투사하면서 내면의 진실을 회피하는 수단으로 활용했던 것이다. 더 이상 그렇게 살고 싶지는 않아서, 지금 이 글을 쓰면서도 나는 사회학적 상상력의 진실에 맞서는 균형을 취하고자 애쓰는 중이다.

이 장의 앞부분에서, 우리의 내면세계는 상황의 희생자가 되지 않도록 우리를 보호하고, 자신의 삶에 책임을 지도록 우리를 자극하는 현실성과 힘이 있다고 말했다. 사회적 구조와 신호로 구성된 외부 세계가 우리 삶을 지배하도록 놔둘 필요는 없다고, 젊은 시절에 나를 완전히 매료한(지금까지도 나를 사로잡은) 사회학적 상상력이란 개념 속에 모든 답이 있는 것은 아니라고 주장한 셈이다. 이처럼 나는 이 장을 쓰면서도 내 교과와 나 자신을 새롭게 만나는 중이다. 나는 사회적 사실의 힘을 여전히 존중하지만, 그 지식을 개인적인 책임을 회피하는 수단으로 활용하고 싶지는 않다.

이렇게 기억을 재구성하면서 교사로서의 내 정체성을 알게 된 것은 고무적이다. 내가 무대 앞과 뒤의 삶을 어느 정도 일치시키지 못했다면, 내면의 힘을 지지하는 사람이 되지는 못했을 것이기 때문이다.

그러나 나는 무대 앞과 뒤의 현실의 갈등이 결코 완전히 해결되지 않는다는 것도 알게 되었다. 사실 그런 갈등은 나의 교직 생활에서 계속 모습을 드러낸다. 이 장의 도입부에서 이야기한 경험담의 주제이기도 하다. 교실에서 일어난 사건에 대한 나의 외적인 반응과 나의 내면에서 일어나는 무능감 사이의 갈등 말이다.

나는 교육 에세이 중에서 제인 톰킨스Jane Tompkins가 쓴 '고통받는 사람들의 교육학(Pedagogy of the Distressed)'[9]을 가장 좋아한다. 이 에세이는 나의 분열된 내면을 그대로 보여 주는 것만 같다. 톰킨스는 놀라울 정도로 솔직하게 자신이 교직에 사로잡힌 이유를 고백한다. '학생들이 원하거나 그들에게 필요한 것을 배울 수 있게 돕기 위해서가 아니라, (1)내가 얼마나 똑똑한지, (2)내가 얼마나 박식한지, (3)내가 수업 준비를 얼마나 철저히 하는지 학생들에게 보여 주기 위해서였다.' 그녀는 덧붙여 말한다. '말하자면 나는 공연을 한 셈인데, 그 공연의 진정한 목적은 학생들의 학습을 돕는 것이 아니라, 학생들이 나를 훌륭하게 생각하도록 만드는 것이었다.'

이어서 그녀는 묻는다. '학자인 우리는 어쩌다가 연기자가 되어 버렸을까?' 그녀의 답은 내게 진실로 와 닿았는데, 바로 '두려움'이었다. '우리는 우리의 진정한 모습이 노출되는 것을, 기대에 부응하지 못하는 사기꾼, 멍청이, 무식쟁이, 돌대가리, 얼간이, 약골 등으로 인식될까 봐 두려워한다.'

나도 가끔 비슷한 느낌에 휩싸인다. 무대 뒤의 서툰 모습이 드러날까 봐 겁에 질려 무대 위의 공연을 더 번지르르하고 매끈하게 만들기 위해 분투하다 보면, 학생들은 이 과정에서 은폐하고 과시하는 방법만 배울 뿐이다. 이렇게 내 마음을 감춰서는 가르침과 배움에 필수 요소인 연결의 그물망은 짤 수 없다.

다시 반복하지만, 나의 정체성과 진실성을 추구할 때 항상 자랑스럽고 빛나는 것들만 발견하는 것은 아니다. 나의 자아의식을 형성하고 드러내 준 만남을 회상할 때, 발견한 내 모습이 때로 당혹스러울 수도 있지만, 어찌 되었든 그것은 진실이다. 그 당혹감의 대가가 무엇이든, 내 안에서 작용하는 힘들을 기꺼이 인정해야 한다. 그 힘들이 내 교사 생활을 부지불식간에 파괴하도록 두어서는 안 된다. 이 과정에서 자신을 더 잘 알게 되고, 더 훌륭한 교사가 될 것이다.

플로리다 스콧 맥스웰Florida Scott-Maxwell은 팔십 대 중반에 쓴 글에서 이점을 다음과 같이 강력하게 주장했다. "당신을 당신의 것으로 만들려면, 자신의 삶에 일어난 사건들을 있는 그대로 인정하기만 하면 된다. 당신이 자신의 모든 과거 행적을 진정으로 소유할 때…당신은 더없이 진실해진다."10

내면의 교사

멘토 및 교과와의 만남은 자아의식을 일깨우고, 우리가 누구인지에 대한 단서를 얻을 수 있다. 그러나 교직에 대한 소명 의식이 외부적인 만남에서만 오는 것은 아니다. 내 영혼이 동의하기 전까지는, 그 어떤 멘토나 가르침도 별다른 영향력을 행사하지 못한다. 진정한 소명 의식은 궁극적으로 자신의 진정한 자아를 존중하라고 요구하는 내면의 교사의 목소리에서 나온다.

여기서 말하는 내면의 교사의 목소리는, 도덕적인 중재자나 내면화한 재판관에 해당하는 양심이나 초자아 같은 것과는 다르다. 사실, 상식적인 의미의 양심은 심각한 직업상의 문제를 불러올 수 있다.

살면서 '해야 하는' 것에만 주로 관심을 기울이면, 자신의 정체성과 진실성을 왜곡할 수 있는 외부의 기대에 사로잡혀 괴롭다. 관념적, 도덕적 규범 때문에 하기 싫은 일을 억지로 해야 하는 경우가 많다. 그러나 그것이 과연 나의 천직일까? 나는 그 일에 재능이 있거나 그 일을 하도록 부름을 받았는가? 그 특정한 의무는 나의 내적 자아와 외부 세상이 교차하는 지점인가, 아니면 단지 내 삶이 어떠해야 한다고 누군가가 설정한 이미지에 불과한가?

오직 의무만 따른다면 윤리적으로는 칭찬받을 만하지만, 진정한 내 일이 아닌 일을 해야 할지도 모른다. 세상이 아무리 가치 있게 평가하는 일이라도 진정한 나의 직업이 아니면 나의 자아에 해를 입힌다. 어떤 관념적인 규범 때문에 내 정체성과 진실성을 정면으로 거스른다는 뜻에서 말이다. 이런 식으로 내가 나를 해치면, 결국 함께 일하는 다른 사람에게도 해를 입힌다. 자신의 진정한 직업과는 거리가 먼 일을 하는 고통을 자기 학생들에게 전가하는 교사가 세상엔 얼마나 많은가?

긴장과 폭력성을 동반한 '의무감'으로서의 직업 개념의 대안으로, 프레드릭 비크너Frederick Buechner는 '자기 자신의 깊은 기쁨과 세상의 깊은 굶주림이 만나는 장소'라는 보다 관대하고 인간적인 정의를 내렸다.[11]

때때로 일과 고통을 동일시하는 우리 문화에서, 소명을 알려 주는 가장 좋은 내면의 표식이 깊은 기쁨이라는 그의 주장은 가히 혁명적이며 또한 진실이다. 어떤 일이 진정한 나의 일이라면, 그 과정은 힘들지라도 궁극적으로는 나를 기쁘게 할 것이다. 심지어 그 고된 날들조차 결국에는 나를 기쁘게 하는데, 힘든 시간 속에서 맞닥뜨린 문제들이 나를 성장시켰기 때문이다.

어떤 일을 하면서 기쁘지 않다면, 그 일을 내려놓는 문제를 진지하게 고민해야 한다. 나의 정체성에서 흘러나오지도 않았고, 나의 본성에 필요하지도 않은 무언가에 자신을 바친다면, 아마도 세상의 허기를 달래기는커녕 더 심화할 것이다.

물론 의미보다는 돈을 위해 일해야 할 때도 있고, 일에서 기쁨을 느끼지 못한다고 그만둘 만큼 사치를 부릴 수 없을지도 모른다. 하지만 이런 사정이, 자신의 영혼에 해를 끼치는 일을 하면서 자신은 물론 남들에게 가하는 폭력에서 우리를 해방하지는 못한다. 또한 진실성을 지키려는 것이 과연 사치인지 자문해야 한다. 멀리 내다보았을 때 어떤 결정이 더 큰 안정감을 줄까? 이 일을 고수하는 것인가, 아니면 내 영혼을 존중하는 것인가?

우리 내면의 교사는 양심이 아닌 정체성과 진실성의 목소리이다. 그것은 무엇을 해야 하는지가 아니라, 우리에게 무엇이 실제이고 진실인지를 이야기하면서 이렇게 말을 걸어온다. "이건 네게 맞고, 저건 맞지 않아." "이건 너의 진정한 본성이고, 저건 아니야." "이건 네게 생명을 불어넣지만, 저건 네 영혼을 죽이는 거야. 차라리 죽는 게 낫다고 생각하게 만들지." 내면의 교사는 자아의식의 관문 앞에서 보초를 서면서, 우리의 진실성을 모욕하는 것은 무엇이든 쫓아버리고, 긍정하는 것은 무엇이든 받아들인다. 내면의 교사의 목소리는, 인생이라는 힘들의 각축장에서 협상하는 동안 내게 나의 진실을 상기시킨다.

나는 내면의 교사란 관념이 몇몇 학자에게 낭만적인 환상으로 느껴진다는 사실을 알게 됐다. 하지만, 왜 그런지는 도무지 이해할 수가 없다. 우리 삶에 그런 내적인 현실이 존재하지 않는다면, 여러 세기에 걸친 교육의 목적에 관한 서양의 담론은 무의미한 말장난이 되고 만다. 전통적으로 교육은, 거짓에 저항하면서 진실의 빛 속에 머물 힘을 지닌 지혜의 정수를 내면에서 '끌어 내려는' 시도로 정의한다. 그런데 이 과정은 외적인 규범이 아니라 이성적이고 반성적인 자기결정을 통해 이루어져야 한다. 내면의 교사는 그 이름에 어울리는 진정한 교육으로 일깨우고 북돋는, 우리 삶의 살아 있는 중심인 것이다.

이 개념이 인기가 없는 이유는, 교육에 관한 가장 어려운 진실 두 가지와 대면하게 만들기 때문일 것이다. 첫째는 우리가 가르치는 모든 것이 학생들 내면의 살아 있는 중심인 내면의 교사와 연결되지 않는 한, 학생들은 결코 '받아들이지' 않을 것이라는 사실이다.

우리는 학생의 내적인 진실에 호소하지 않고 사실을 반복해서 암기하도록 강요하면서 교육을 전적으로 내면과 무관한 외적인 활동으로 만들 수 있다. 실제로 그렇게 해 왔으며, 너무 뻔한 결과를 얻었다. 학생들 대부분이 일단 학교에서 벗어나면 더 이상 지적인 자극이 되는 책을 읽거나 창의적인 생각을 하고 싶어 하지 않는다. 이렇게 학생들의 내면의 교사를 무시한다면, 그들의 삶을 뒤바꿔 놓는 가르침은 이루어지지 않는다.

두 번째 진실은 우리를 더 주눅 들게 한다. 우리가 자신의 내면의 교사와 교감할 때만, 학생들 내면의 교사에게 말을 건넬 수 있다는 사실이다.

나쁜 교사의 말이 하나같이 만화에 등장하는 말풍선 같았다던 그 학생은, 내면의 안내자의 말에 귀를 닫아 버린 교사를 적절히 표현한 셈이다. 그런 교사는 자신의 내적인 진실과 외적인 행동을 완전히 단절시킨 나머지 진정한 자아 감각을 상실한 사람이다. 깊은 것끼리는 서로 통하는 까닭에, 우리가 자신의 내면에 깊이 귀를 기울이지 못하면, 학생들의 삶에도 깊이 귀를 기울일 수 없다.

그렇다면 내면의 교사의 목소리를 감지하려면 어떻게 해야 할까? 나는 상식적인 것 외에 추천할 만한 다른 방법은 모른다. 고독과 침묵, 명상적인 독서, 숲속 산책, 일기 쓰기, 귀를 기울여 주는 친구 찾기 등이다. 나는 그저 '자신에게 말을 거는' 방법을 되도록 많이 찾으라고 권하고 싶다.

이 표현은 마음의 불균형 상태를 나타낼 때 흔히 사용하는데, 우리 문화가 내면의 목소리라는 개념을 어떻게 받아들이는지 바로 보여 준다. 그러나 자신에게 말을 거는 법을 배우는 사람들은 곧 내면의 교사가 그 누구보다 가장 온전한 대화 상대라는 사실을 알고 기뻐할 것이다.

우리는 그 목소리에 귀 기울이고 조언을 진지하게 받아들이기 위해 할 수 있는 모든 방법을 찾아내야 한다. 우리의 직업뿐 아니라 건강을 위해서도 중요한 일이기 때문이다. 세상의 누군가가 우리에게 중요한 말을 건네려 하는데 그의 존재를 무시한다면, 그는 대화를 포기하고 말을 중단하거나, 우리의 주의를 끌기 위해 점점 더 난폭해질 것이다.

마찬가지로, 우리가 내면의 교사의 목소리에 반응하지 않는다면, 그 목소리는 이야기를 중단하거나 폭력적으로 변하고 말 것이다. 우리를 파괴한다고 위협하면서 관심을 끌고자 애쓰는, 오랫동안 무시당한 내면의 교사는 특정한 유형의 우울증을 부른다. 나는 개인적인 경험으로 이 사실을 확신했다. 그러나 우리가 그 목소리에 관심을 기울이며 존중한다면, 그 목소리는 더 부드럽게 말을 건네면서 생명을 불어넣는 영혼의 대화로 우리를 초대할 것이다.

그 대화가 반드시 어떤 결론에 이르러야만 가치가 있는 것은 아니다. 우리는 자신과의 대화에서 분명한 목표나 목적, 계획 등을 얻지 않아도 된다. 구체적인 결과로 내면의 대화에 가치를 매기는 것은, 친구를 만나서 해결한 문제의 건수로 우정의 가치를 매기는 것과 다를 바 없다.

친구끼리의 대화에는 고유한 만족감이 있다. 친구와 함께할 때 우리는 걱정 없이 편안하게 신뢰를 주고받는 데에서 오는 단순한 기쁨을 누린다. 마찬가지로 우리가 내면의 교사에게 귀를 기울이는 것은 문제를 해결하기 위해서가 아니라, 더 깊은 자아와 사귀면서 어디서든 편안한 느낌을 갖게 해 주는 정체성과 진실성의 느낌을 키우기 위해서이다.

내면의 교사에게 귀를 기울이는 행위는 교사들이 직면한 가장 근본적인 질문에 답을 주기도 한다. 어떻게 하면 교사로서의 권위를 확립할 수 있을까? 교실과 내 삶에 작용하는 복잡한 힘들의 한가운데에서 흔들림 없이 서 있으려면 어떻게 해야 할까?'

테크닉을 중시하는 문화에 익숙한 우리는 종종 권위와 권력을 혼동하지만, 둘은 결코 같지 않다. 권력은 밖에서 안으로 작용하는 반면, 권위는 안에서 밖으로 뻗어 나간다. 그러므로 집단과정(사회 집단에서 사람들의 심적 상호 작용 또는 거기에서 전개되는 지속적·동적 인간 문제를 통틀어 이르는 말-편집자)을 제어하는 미묘한 기술이든 등급 매기기 같은 사회적 제재이든 우리 바깥에서 권위를 찾으려 한다면 방향을 잘못 잡은 것이다. 교육을 바라보는 이런 시각은 교사를, 길모퉁이에 서서 모든 것을 원만하게 유지하려 애쓰지만 결국 합의된 법의 강제력에만 의존하는 경찰관처럼 만든다.

외부에 있는 권력의 도구가 교육에서 유용하게 쓰이기도 하지만, 교사의 내면생활에서 나오는 권위를 대체할 수는 없다. 이것을 해석하는 실마리는 권위(authority)라는 단어 자체에 있다. 권위는 마음에 들지 않는 주어진 역할을 건성건성 연기하는 사람보다는, 그들 자신의 말과 행위와 삶을 써내는(authoring) 사람에게 주어진다. 따라서 교사가 규칙의 강제력이나 테크닉에만 의존하려 한다면, 결국에는 권위를 완전히 잃어버릴 것이다.

나는 수업 중에 내면의 교사와 단절된 채 나의 권위와도 멀어졌던 순간들을 고통스럽게 기억한다. 그럴 때마다 나는 교단과 내 지위를 방패 삼고 점수를 무기처럼 휘두르면서 권력을 얻으려고 애썼다. 그러나 내면의 교사가 내 가르침에 권위를 부여했을 때는 무기도 갑옷도 필요 없었다.

내가 정체성과 진실성을 되찾고, 자아의식과 소명 의식을 기억할 때 권위는 주어진다. 그때 가르침은 자신의 깊은 진실에서 우러나오며, 학생들 내면의 진실은 그 가르침에 응답할 기회를 얻는다.

2장

두려움의 문화

교육과 단절된 삶

:
:

나는 매일 날갯짓하네
진실이 요구하는 모든 부드러움을 담아.
내가 멈출 때마다 학생들은
어깨를 들썩이며 내 목소리를 기다리네.

그들은 진실을 인정하고 열렬히 요구하네.
나는 오류의 가족을 향해 춤추듯 날아가서
오래전 잃어버린 아이를 보듬어 안듯
내 날갯짓으로 오류를 바로잡네.

퍼덕이는 나의 날갯짓은 진실을 주장하네.
톱날이 휜 소나무를 파고들 듯이.
나는 진실을 가르치지만, 학장에게 설명하기란…아!
진실은 길고도 복잡한 이름을 가졌으니.

진실을 말하는 것은 외로운 일이지.

— 윌리엄 스태퍼드의 '문학 강사'[1]

두려움의 해부

좋은 교사가 될 수 있도록 유대감을 쌓는 능력을 계발하고 심화하려면, '단절된' 삶을 살고자 하는 삐딱하면서도 강력한 유혹을 이해하고 거기에 저항해야 한다. 학원 문화는 연결된 삶을 살고자 하는 우리의 의욕을 왜, 그리고 어떻게 꺾어 버리는가? 대체 왜, 그리고 어떻게 학생들과 교과로부터 멀어지게 만들어 우리의 마음에서 멀찍이 떨어져서 가르치고 배우도록 부추기는가?

겉으로 볼 때 답은 분명한 것 같다. 우리는 학생과 교사를 분리하는 점수 매기기, 지식의 영역을 조각조각 나눈 분과 제도, 학생과 교사 모두 동료를 경계하게 만든 경쟁, 그리고 교사와 행정 직원 간의 불화를 불러온 관료 체제 때문에 서로 멀어졌다.

교육제도는 분명히 분열을 조장하는 구조로 가득하다. 그러나, 우리의 내면 사정을 그 탓으로 돌리는 태도는 외부 세계가 내부 세계보다 더 강력하다는 신화를 굳힐 뿐이다. 교육의 외적인 구조가 우리 내면 풍경의 특징 중 하나인 '두려움'에 뿌리내리지 않았다면, 이처럼 심각하게 우리를 분열시킬 수 없었을 것이다.

우리가 교육 분야에서 벨벳혁명(체코슬로바키아에서 일어난 비폭력 혁명으로, 피를 흘리지 않고 시민혁명을 이룩한 것을 비유할 때 사용함-편집자)을 일으키듯 이 구조를 지지하지 않는다면, 외부적 구조는 순식간에 무너져 내릴 것이다. 그러나 우리는 기존의 구조와 야합하면서도 종종 교육 구조 '개혁'에 조바심을 내는데, 그 구조가 우리의 두려움을 너무도 성공적으로 이용하기 때문이다. 두려움은 동료, 학생, 교과 그리고 자신에게서 우리를 소외시키는 주범이다. 두려움은 연결의 그물망을 더 넓게 짤 수 있는 '진리 실험'의 가능성을 차단하며, 이 과정에서 교사로서 우리의 능력마저도 차단해 버린다.

초등학교 이후부터 교육은 두려운 모험으로 다가온다. 학창 시절에 나는 두려움으로 가득한 교실을 너무 많이 겪었다. 그런데 이런 두려움은 배움에 대한 열정을 안고 태어난 아이들에게 학교에 대한 반감만 심어줄 뿐이다. 교사로서의 나는, 학생들에게 두려움을 느껴서든 나에 대한 그들의 두려움을 이용하려 해서든 간에, 두려움에 주도권을 넘길 때 최악의 교사로 전락한다. 동료 교사와의 관계도 두려움 때문에 종종 위축된다. 두려움은 교사와 행정 직원의 관계를 거의 지배하며, 많은 행정기관에서도 두려움을 관리의 수단으로 이용한다.

교직에 몸담은 지 삼십 년이 넘었지만, 내 두려움은 여전히 가까운 곳에 있다. 교실에 들어설 때마다 마음 한구석에서 두려움이 고개를 쳐든다. 학생들에게 질문했는데 마치 친구를 배신하라고 요구한 것처럼 학생들이 차갑게 침묵할 때 온갖 두려움이 몰려든다. 두려움은 내가 통제력을 상실한 것 같다고 느낄 때마다 거기에 있다. 학생이 내가 상상도 못한 질문을 하거나, 말도 안 되는 갈등을 빚거나, 내가 혼란에 빠지는 바람에 학생들도 헤매는 강의를 할 때가 그렇다. 형편없는 강의를 운 좋게 마무리했을 때도 나는 오래도록 두려움에 사로잡힌다. 내가 가르치는 능

력은 물론 인간성마저 부족한 사람은 아닌지 두려운 것이다. 내 자아의
식과 일은 그 정도로 긴밀하게 얽혀 있다.

나의 두려움은 학생들 내면의 두려움과 공명을 일으킨다. 하지만 교사
생활 초기에는 편리하게도 그 사실을 잊고 있었다. 교실 앞에서 불안정
하게 노출돼 있던 내게는, 집단의 익명성 속에 파묻힌 채 노트북 뒤에 얼
굴을 숨긴 학생들이 부러울 정도로 안전해 보였다.

나는 경험을 바탕으로 학생들 역시 두려워한다는 사실을 기억해 냈어
야 했다. 학점을 따지 못할까 봐, 강의 내용을 이해하지 못할까 봐, 피하
고 싶은 문제에 휘말릴까 봐, 무지가 폭로되거나 편견을 지적받을까 봐,
친구들 앞에서 바보처럼 보일까 봐 두려워하는 것이다. 학생들과 나의
두려움이 한데 뒤섞일 때 두려움은 기하급수적으로 증폭되며, 교육은 완
전히 마비되어 버린다.

우리가 외부의 개혁에 쏟는 에너지의 일부만이라도 두려움이라는 내
면의 악마를 퇴치하는 데에 쏟는다면, 가르침과 배움의 쇄신을 향한 중
요한 한 걸음을 내딛게 될 것이다. 그렇게 되면 우리는 더 이상 구조적인
변화를 기다리느라 삶을 낭비하지 않아도 된다. 또한 자신의 두려움을
이해하는 자기 인식의 힘으로 단절의 구조를 극복할 수 있다.

그렇다면 단절의 구조에 의지하도록 우리를 압박하는 두려움은 과연
무엇일까? 여기서도 답은 명백해 보인다. 제도적 권위를 따르지 않으면
나의 직장, 이미지, 지위를 잃을지도 모른다는 두려움이다. 그러나 이런
대답은 문제의 본질을 충분히 꿰뚫지 못한다.

우리가 단절의 구조와 협력하는 이유는, 인간의 내면 깊숙이 자리 잡
은 두려움으로부터 우리를 보호해 주기 때문이다. 여기서 깊은 두려움이
란, 학생이든 동료든 교과든 내면에서 솟아나는 반대의 목소리든, 낯선

'타자성(otherness)'과 직접적으로 대면하는 두려움을 말한다. 우리는 타자가 본연의 자신으로 존재하면서 자신의 진실을 말하고, 우리가 듣고 싶지 않은 말을 건네는 상황을 두려워한다. 우리는 만남의 결과를 통제하고자, 그리고 상대가 우리의 세계관과 자아를 위협하지 못하도록 만남을 자신만의 방식에 꿰맞추고 싶어 한다.

교육 기관은 생생한 만남의 위협으로부터 우리를 보호하는 수많은 방법을 제공한다. 학생들은 교사들과의 생생한 만남을 피하려고 노트북과 침묵 뒤로 숨어 버린다. 교사들은 학생들과의 생생한 만남을 피하려고 교단, 경력, 권위 뒤로 숨어 버린다. 또한 동료들과의 생생한 만남을 피하려고 자신의 전공 분야 뒤로 숨어 버린다.

교과와의 생생한 만남을 피하려고 교사와 학생 모두는 객관성의 허울 뒤로 숨어 버린다. 학생은 이렇게 말한다. "이 주제에 관해 생각하라고 요구하지 말고, 그냥 제게 사실만 전달해 주세요." 교사는 이렇게 말한다. "여기 사실이 있으니, 그것에 관해 생각하지 말고 그냥 받아들이거라." 우리는 자신과의 직접적인 만남을 피하고자 자기 소외의 기술을 배우고, 단절된 삶을 살아가는 방법을 익힌다.

생생한 만남을 두려워하는 것은 사실 다양성을 두려워하는 것에서 온다. 다름을 인정하지 않는 동일성의 우주에만 산다면, 우리는 자신과 세계에 대한 진실을 확보했다는 환상을 품을 수 있다. 우리에게 도전할 '타자(other)' 같은 것은 없으니 말이다! 하지만 다양성을 인정하는 순간, 우리의 것이 유일한 관점도, 유일한 경험도, 유일한 방식도 아니라는 사실을 인정할 수밖에 없다. 이때부터 우리 삶의 기반을 이루는 진실이 허술하게 느껴진다.

다양성을 받아들이면, 우리는 그 다음에 나타나는 두려움의 문턱에 발을 올려놓게 된다. 서로 다른 진실이 마주칠 때 일어나는 갈등에 대한 두려움이다. 학원 문화는 경쟁이라는 한 가지 유형의 갈등만 아는 탓에, 우리는 생생한 만남이 한쪽은 승리하고 다른 쪽은 패배나 치욕을 맛볼 것이라며 두려워한다. 이런 위험스러운 차이를 공개적으로 다루지 않게 은밀히 감춰 보지만, 결과적으로는 차이가 더해져 분열만 초래할 뿐이다.

갈등의 두려움을 극복하면, 두려움의 세 번째 층인 정체성 상실의 두려움을 만난다. 우리 중 다수는 자신의 견해와 너무 깊이 일체화되어 있기 때문에, 경쟁 상대와 마주칠 때마다 논쟁에서 지는 것 이상의 위험, 즉 자신의 정체성을 잃어버릴 위험까지 감수해야 한다.

물론, 승패가 뚜렷이 갈리는 경쟁보다 더 창의적인 유형의 갈등도 있다. 이런 유형의 갈등이야말로 자아의 성장에 꼭 필요하다. 그 누구도 패배할 필요 없이 모두 승리하고, 논쟁의 결과로 더 큰 자아를 형성하는 것을 '승리'로 규정하며, 자아는 지켜야 하는 영토가 아니라 확장해야 할 역량이라는 사실을 배우는 것 말이다. 하지만 학원 문화는 교감과 합의를 통한 의사결정 같은 대안적 유형의 갈등을 거의 인식하지 못한다.

다양성과 창의적 갈등, 정체성의 두려움을 모두 극복하더라도, 마지막으로 남은 또 하나의 두려움과 직면해야 한다. 타자와의 생생한 만남이 우리에게 생활의 변화를 요구하거나 강요할지도 모른다는 두려움이다. 이것은 편집증이 아니다. 세상은 정말로 우리를 성가시게 한다! 타자는 새로운 사실, 이론, 가치뿐 아니라 삶을 사는 새로운 방식까지 받아들이라고 우리를 압박한다. 이것은 모든 위협 가운데 가장 감당하기 힘들다.

여러 층으로 구성된 이 생생한 만남에 대한 두려움은, 교사와 학생이 교실에서 느끼는 개인적인 감정에 불과한 것이 아니다. 우리 일상생활의 모든 영역에서 작용하는 문화적인 특징이다. 우리는 인종과 계급에 대한 유권자의 불안을 이용하는 후보가 당선되는 두려움의 정치에 일정한 역할을 한다. 또한 이웃에게 뒤처질지 모른다는 소비자의 걱정이 '수입과 지출'의 동력으로 작용하는 두려움의 경제 속에서 사업 활동을 한다. 그리고 죽음과 저주의 공포를 이용하는 두려움의 종교를 믿음의 대상으로 삼는다. 두려움이 숨 쉬는 공기나 다름없는 이런 문화 속에서는, 우리 교육이 두려움에 얼마나 깊이 물들어 있는지 알기 어렵다. 그러니 우리가 가르치고 배우는 다른 방식을 상상하기 힘든 것도 놀라운 일은 아니다.

이 장은 병적인 두려움에 초점을 맞추고 있으니, 두려움이 건강한 역할을 할 수 있다는 사실도 기억하자. 어떤 두려움은 우리의 생존을 돕고, 두려움을 해석하는 방법만 안다면 우리를 배우고 성장하게 한다. 내 가르침이 형편없다는 나의 두려움은 실패의 증거가 아니라, 내가 교수법에 관심이 많다는 증거일지도 모른다. 수업 중에 어떤 주제가 입 밖으로 쏟아질지 모른다는 나의 두려움은, 그 주제에서 도망치라는 경고가 아니라 그 주제를 제대로 다뤄야 한다는 신호일 수도 있다. 공과 사의 위태로운 교차점에서 수행하는 교직에 대한 나의 두려움은 비겁함이 아니라, 내가 좋은 가르침에 필요한 위험을 감수하고 있다는 증거일지도 모른다.

두려움은 학생의 삶에서도 긍정적인 역할을 할 수 있다. 알베르 카뮈는 '여행을 가치 있게 하는 것은 두려움이다'라고 썼다. 이 말은 학생들과 함께 낯선 진실의 땅으로 떠나는 좋은 교사들의 여정에도 그대로 적용된다.[2] 카뮈는 우리가 이질적인 것과 만나서 생각과 정체성, 삶을 확장하는 도전에 맞닥뜨렸을 때 느끼는 두려움을, 우리가 진정한 배움의 벼랑 끝에 와 있다는 것을 알게 해 주는 두려움을 말하고 있다. '어느 시점엔가, 우리의 땅에서 너무 멀리 와 있다고 느낄 때…우리는 모호한 두려움에 사로잡히고, 오래된 습관의 품으로 돌아가고자 하는 본능적인 욕구를 느낀다.…그 순간, 우리는 몹시 흥분하는 동시에 온몸이 열려 사소한 접촉에도 전율하며, 우리 존재의 깊은 곳에까지 이른다. 마침내 우리가 빛의 폭포와 만날 때, 영원은 그곳에 있다.'[3]

진정한 배움에 대해 '온몸을 열게' 만드는 두려움은 교육 효과를 높이는 건강한 두려움이니 권장해야 한다. 그러나 우리를 투과성 없고 둔감하게 만드는 두려움에는 먼저 대처해야 한다. 이 두려움은 유대감을 쌓을 가능성을 차단하며, 배우고 가르치는 능력을 파괴하기 때문이다.

지금부터는 그런 폐쇄 지점을 학생의 삶, 교사의 닫힌 마음, 권위주의적인 학문의 방법 등으로 나누어 살펴보려 한다. 우리는 교육의 테크닉이나 구조적 개혁을 통해서가 아니라, 두려움이 왜 그리고 어떻게 우리 삶을 지배하게 되었는지 통찰함으로써 이런 병폐에서 벗어날 것이다.

지옥에서 온 학생

연결의 가능성을 가로막는 두려움은 종종 학생들에게도 영향을 미친다. 이 사실을 분명하고 일관되게 볼 수 있다면, 그리고 학생들의 불안을 이용하는 것이 아니라 해결해 준다면 더 나은 교육을 향해 한 걸음 나아갈 것이다. 그러나 제대로 보는 일은 결코 간단하지 않으며, 요즘 많은 교사가 학생을 바라볼 때 사용하는 렌즈는 진정한 모습을 왜곡하곤 한다.

교사에게 좋은 교육을 가로막는 가장 큰 장애물이 무엇이냐고 물을 때, 가장 흔히 듣는 답은 '학생들'이다. 왜 그렇게 생각하는지 물으면, 장황한 불평을 듣게 된다. "우리 학생들은 말이 없고 시무룩하고 소극적입니다. 대화 능력이 떨어지고, 주의 집중 시간도 짧으며, 관념을 다루는 데에도 서툴죠. 게다가 '현실성'이나 '실용성' 같은 협소한 개념에만 집착하면서 관념의 세계를 무시해 버려요."

내 이야기가 과장되게 들린다면, 교육과 학습에 관한 콘퍼런스를 알리는 책자에 실린 다음 내용을 읽어보자.

> 많은 학생이 방향감각이 없고 동기 유발이 되지 않습니다. 이 학생들은 팀 작업과 협력에 필요한 사회적 기술을 잘 모릅니다. 그들은 행동해야 할 때는 소극적이고 지루해 하며, 성찰해야 할 때는 적대적이고 파괴적인 태도를 보입니다.

이런 문제의 원인이 무엇인지 물으면, 이번에는 주로 사회적 병폐와 관련된 또 다른 장광설을 듣는다. 무책임한 부모와 결손가정, 무기력한 공교육, 텔레비전과 대중문화의 통속성, 약물과 알코올 남용, 이 모든 것을 학생의 삶과 마음을 피폐하게 만든 원흉으로 지목한다.

이 목록이 인상적이기는 하다. 그러나 요즘 학생들이 이전 세대보다 대체로 열등하다고 몰아붙이는 주장을 들으면, 이렇게 극적으로 질이 저하된 이유를 단지 사회적 변화로만 설명할 수 있을지 의구심이 생긴다. 어쩌면 지난 25년간 인류가 유전적으로 거듭 퇴보했는지도 모른다!

학생들에 관한 이런 고정관념은 얼마나 진실에 가깝든 현실을 심각하게 왜곡하고, 학생과 교사 사이의 단절감만 심화할 뿐이다. 이런 논평은 기성세대를 야만적인 젊은이에 비해 훨씬 고상한 존재로 만들기는 했다. 그러나 학생들이 겪는 문제를 실제의 장소, 즉 학생들과 교사의 삶이 서로 만나는 곳보다 훨씬 위에서 찾는 어리석음을 범한다. 흔히 궁지에 몰린 사업가가 비난의 화살을 고객에게 쏘듯, 교사는 이런 고정관념을 근거로 학생이 겪는 문제와 해결법에 대한 책임을 손쉽게 면제받는다.

몇 년 전, 나는 어느 명문대학에서 2년간 교육개혁 프로젝트를 이끌던 학장을 만났다. 그는 교수회의를 막 끝낸 참이었는데, 얼굴을 보니 일이 잘 안 풀린 것이 분명했다.

"무슨 일입니까?" 내가 물었다.

"교수들이 오전 내내 학생들의 수준에 대해 불평했습니다. 더 나은 젊은이를 뽑지 않는 한, 이 프로젝트는 결코 성공하지 못할 거라더군요."

"그래서 뭐라고 하셨나요?"

"최대한 참고 들으려고 애썼습니다." 그가 말했다. "하지만 그들은 학생에 대한 비난을 멈추지 않더군요. 그래서 결국 제가 그들을 병원 의사에 빗댔지요. '더 이상 우리에게 병든 사람을 보내지 말라. 우리는 그들을 치료하는 법을 모른다. 건강한 환자를 보내야 우리가 좋은 의사인 양 행세할 수 있지 않겠는가'라고 말하는 의사 말이에요."

그의 비유는 내게 교육에 관한 중대한 사실 하나를 일깨워 주었다. 우리가 학생들의 상태를 진단하는 방식이 우리가 제공하는 치료의 종류를 결정한다는 사실이다. 그러나 교사는 학생의 상태를, 교육이 치유책을 제시해야 마땅한 그 병폐를 생각하는 데에 시간을 거의 할애하지 않는다. 병원에서 의사, 간호사, 치료사가 한데 모여 환자의 증상을 파악하고 치료법을 논의하는 절차인 '병례 검토회(grand rounds)'와 비교할 만한 제도가 없다. 대신 우리는 교사들 사이에 떠도는 학생에 대한 몰지각한 고정관념에 따라 '치료법'이 결정되도록 방치한다.

솔직히 말하면, 교사들이 내리는 대개의 진단은 우리의 '환자'가 뇌사 상태라는 것이다. 그렇게 진단했으니, 우리는 학생의 혈관 속으로 지식의 부스러기를 주입하고, 의식불명인 그들에게 이런 저런 정보를 들이대면서 치료 과정이 끝나기만을 기다린다. 마침내 그들이 졸업을 하고 등록금을 다 낼 때까지만이라도 생체 신호를 유지하기에 충분한 지적 영양분을 공급받길 바라는 것이다.

이 만화적인 풍자는 한 가지 진실을 드러낸다. 우리가 학생들이 뇌사 상태라고 가정함으로써 그들의 뇌를 죽이는 교육에 끌린다는 사실이다. 우리가 수동적인 자세의 학생들에게 지식을 주입하는 식으로 가르친다면, 건강하게 살아 있는 채로 교실에 들어온 학생들은 지식의 수동적 소비자가 되어, 결국에는 지적으로 반쯤 사망한 채로 학교를 떠날 것이다. 그러나 우리는 이 자기충족적인 예언의 힘을 제대로 이해하지 못하는 것 같다. 이미 죽어 있다고 가정했기 때문에, 학생들이 교실에서 죽어 나갈 가능성은 거의 생각지도 못하는 것이다.

언젠가 내가 이끈 교사 워크숍에서는, 대화 주제가 학생들로 향하자 많은 참가자가 학생들의 침묵과 무관심에 대해 불평하기 시작했다. 워크숍은 새로 지은 강의동에 있는 유리 벽으로 된 회의실에서 열렸는데, 커튼을 닫지 않아 주변 복도가 훤히 보였다. 학생들에 대한 맹비난이 이어지는 가운데 종이 울렸고, 회의실 주변의 교실에서 학생들이 쏟아져 나오기 시작했다. 복도는 곧 엄청난 에너지와 활력을 발산하며 서로 대화를 나누는 젊은이들로 가득했다.

나는 교사들에게 우리 눈앞의 증거를 보라고 한 뒤, 그들이 말한 학생들과 지금 우리가 본 학생들의 차이를 설명해 보라고 했다. "여러분의 학생들은 뇌사 상태가 아닐 수도 있지 않을까요? 학생들이 의식불명 상태인 것은 교실의 환경 때문이지 않을까요? 교실 문턱을 넘어 다른 세계로 건너가자마자 생기를 되찾는 그들을 어떻게 설명해야 할까요?"

우리는 학생들의 내면을 새롭게 진단해야 한다. 무엇이 필요한지 더

주의 깊게 살피고, 곤경에 처할 때 우리의 책임을 회피하지 않으며, 보다 창의적인 교수법을 끌어내야 한다. 새로운 진단은 어떻게 해야 하는지 나의 경험을 한 가지 소개하겠다.

당시 나는 중서부의 한 대학에서 이틀간 진행한 교사 워크숍을 막 끝낸 참이었다. 참가자들은 이 워크숍에서 교육에 관해 깊은 통찰을 얻었다고 칭송했다. 워크숍이 끝난 후, 나는 '일일교사'를 하기로 하고 정치학과 강의를 맡았다. 지금 생각하면 떠나는 것이 좋을 때 떠나야 했는데, 그러지 못한 것이 후회된다.

교실에는 30명가량의 학생이 앉아 있었다. 그들 중 29명은 배울 준비가 되어 있었는지도 모르지만, 나는 그들에게 관심조차 주지 못했다. 내가 '지옥에서 온 학생'이라고 부르는 유령 같은 존재가 맨 뒷줄 구석진 곳에 구부정하게 앉아 있었기 때문이다.

이 '지옥에서 온 학생'은 남자일 수도, 여자일 수도 있는데, 내 경우는 남학생이었다. 모자를 푹 눌러쓰고 있었기 때문에, 그가 눈을 떴는지 감았는지조차 알 수 없었다. 노트북이나 필기구는 온데간데없었다. 화창한 봄날인데도 그는 재킷 단추를 목까지 꽉 채우고 있었는데, 언제든지 뛰쳐나갈 준비가 되어 있다는 암시였다.

가장 생생히 기억하는 것은 그의 자세이다. 책상들이 촘촘히 붙어 있는 교실에서 의자 위에 앉아 있으면서도 그는 해부학적으로 도저히 불가능해 보이는 자세를 하고 있었다. 바로 앞에 책상이 있는데도 그의 몸은 바닥과 거의 평행을 이루었다. 눈앞에 앉은 그 유령에게서 좋은 점을 한 가지라도 찾아내려 고심하면서, 그가 몸을 마음대로 구부릴 수 있도록 요가를 배우는 것이 아닐까, 생각하기도 했다.

그 무렵, 나는 교직 생활 25년 차로 접어든 상태였다. 그러나 그 지옥에서 온 학생과 마주하는 동안, 나는 풋내기들이나 저지르는 가장 초보적인 실수를 하고 말았다. 그 학생에게 완전히 사로잡힌 나머지, 교실 안의 다른 학생들을 시야 밖으로 밀어내 버린 것이다.

길고 고통스러운 시간 동안, 나는 그 젊은이에게 모든 관심을 쏟으면서 완고한 무기력에서 일깨우기 위해 갖은 애를 썼다. 하지만, 그럴수록 그는 더 멀어지는 것 같았다. 다른 학생들은 일종의 암호가 되어 버렸는데, 내가 그 학생에게만 집착하느라 나머지 학생들은 돌보지 않은 채 완전히 망각해 버렸기 때문이다. 그날 나는 블랙홀이 무엇인지 실감했다. 중력이 너무 강력해서 모든 빛이 흔적도 없이 사라져 버리는 지점이었다.

그날 나는 자기연민, 내가 사기꾼 같다는 느낌, 분노가 뒤섞인 감정의 소용돌이에 휩싸인 채 강의실을 나섰다. 엄청난 찬사를 받은 교육 워크숍을 끝낸 직후에, 나는 충격적일 정도로 서투른 강의를 하고 말았다. 담당 교수가 강의를 넘기자마자 자리를 비운 덕에 내 졸렬한 모습을 동료들에게 보이진 않았다. 그러나 내 자존감은 심각한 상처를 입었고, 나는 누구를 비난해야 할지 잘 알았다. 모든 것은 지옥에서 온 그 학생 탓이었다. 자기연민과 투사된 비난이야말로 웰빙의 비결 아니겠는가!

나는 간절히 그 도시에서 벗어나고 싶었지만, 다른 일정이 남아 있었다. 학장의 자택에서 몇몇 교수들과 저녁 식사를 하기로 했던 것이다. 그 자리에서 또 다시 워크숍에 대해 찬사를 들었지만, 나는 정말 고통스러웠다. 나 자신이 사기꾼 같다는 느낌 속으로 더 처박히는 기분이었기 때문이다. 학장이 나를 공항으로 바래다줄 차가 도착했다고 알리고서야 나는 깊은 안도의 숨을 쉴 수 있었다.

나는 진입로로 다가가 가방을 뒷좌석에 던져 넣은 뒤, 조수석에 힘겹게 올라타면서 운전사에게 인사를 건네려고 고개를 돌렸다. 맙소사! 그는 '지옥에서 온 학생'이었다. 종교적인 사람인 나는 기도하기 시작했다. '저는 죄를 범했고, 지금도 범하고 있으며, 유혹에 휘말리면 앞으로도 범하게 될지 모릅니다. 하지만 제가 지금까지 저지르거나 계획한 그 어떤 일도 이 징벌은 합당치 않습니다. 지옥에서 온 학생과 단둘이 차 안에서 1시간 반을 보내라니요!'

진입로를 빠져나와 인근 지역으로 들어서는 동안, 우리는 침묵 속에서 앞만 응시했다. 고속도로에 들어섰을 때, 그 학생이 갑자기 말을 걸었다. "파머 박사님, 대화를 좀 나눠도 될까요?" 내 몸의 모든 세포는 '안 돼!'라고 비명을 질렀지만, 사교적으로 훈련된 내 입은 "물론이지. 얼마든지."라고 내뱉었다.

그 후 이어진 대화를 나는 결코 잊지 못할 것이다. 실직한 인부이자 술꾼이었던 그의 아버지는 대학을 마치고 전문가로 일하고 싶다는 아들의 소망을 실없는 소리로 치부했다. 그는 아버지와 함께 살고 있었는데, 아버지는 날마다 아들의 어리석음을 꾸짖었다. "세상은 우리 같은 사람을 상대로 사기를 치려 하지. 대학은 그 사기극의 일부일 뿐이야. 자퇴한 뒤 패스트푸드점에서 일하면서 돈을 모으거라. 그냥 그렇게 살아. 우린 지금까지 그래왔고, 앞으로도 그럴 게다."

그는 날이 갈수록 대학을 졸업하고 싶다는 열망이 희미해지는 것을 느꼈다. "박사님도 이런 상황을 겪어 본 적 있으신가요?" 그가 물었다. "제가 어떻게 해야 한다고 생각하세요?"

우리는 비행기 이륙 시간이 될 때까지 대화를 나누었고, 그 후로도 한동안 편지를 주고받았다. 내가 그에게 도움이 되었는지는 잘 모르겠지만, 그가 내게 도움을 준 것은 확실하다. 그는 조용하고 시무룩해 보이는 학생들은 뇌사 상태라서가 아니라 두려움에 떨고 있다는 사실을 이해할 수 있게 해 주었다.

'지옥에서 온 학생'은 그렇게 태어나는 것이 아니라, 그들의 통제를 벗어난 환경이 만들어 내는 것이다. 그들 중 한두 명은 우리가 사랑하는 서구 문명을 파괴하기 위해 사탄이 직접 보낸 악마인지도 모른다. 그러나 지금 말하는 이 젊은이는 학생들이 처한 상황을 더 깊이 이해하도록 나를 자극했고, 덕분에 나는 내 교육 방식을 서서히 바꿔가고 있다.

학생은 우리 사회의 약자들이다. 우리가 교실에서 마주하는 침묵은, 힘 있는 사람을 두려워해야 하고, 입을 다무는 쪽이 더 안전하다는 사실을 배워야 했던 사회적 약자가 늘 선택해 온 침묵과 다르지 않다.

오랫동안 아프리카계 미국인은 백인 앞에서 침묵했다. 그들은 자신의 진정한 생각과 느낌을 숨겨 왔다. 오랫동안 여성은 남성 앞에서 비슷한 방식으로 침묵을 지켰다. 그런데 오늘날에는 이 모든 상황이 변하고 있다. 소수 인종과 여성이 사회의 변방에서 중심부로 옮겨 가면서 나 같은 사람이 들어야 할 진실을 말하기 시작했기 때문이다.

하지만 젊은이들은 여전히 우리 사회의 변방에 머물러 있다. 게다가 1960년대 이래로 우리가 젊은이들을 점점 더 두려워하고 경멸하면서, 그들은 더욱 곤경에 처했다. 암묵적으로든 직접적으로든 젊은이들은, '너희에게는 가치 있는 경험도, 귀 기울일 목소리도, 중요한 미래도, 떠맡을 역할도 없어!'라는 말을 들어 왔다.

수많은 매체를 통해 그런 메시지를 들어 온 학생들이 교실에서 또 다른 멸시나 꾸짖음의 위험을 감수하는 대신 그냥 침묵하는 것은 어찌 보면 당연하지 않을까? 그들의 침묵은 어리석음이나 따분함이 아니라, 스스로 보호하고 살아남고자 하는 욕망에서 나온 것이다. 그것은 낯설고 위압적인 세상에 대한 두려움이 낳은 침묵이다.

개중에는 나이가 많은 학생도 있다. 중년의 나이에 학교로 돌아온 몇 학생은 교사보다 나이가 더 많을지도 모른다. 하지만 젊은 학생들이 겪는 불안은 나이 든 학생들도 마찬가지이다. 그들은 종종 이혼, 사업 실패, 배우자의 죽음처럼 변방으로 내몰린 경험 때문에 학교로 돌아온다. 이런 학생들은 젊은 학생보다 더 적극적이고 자신감 있을 것으로 생각하기 쉽다. 그러나 그들은 사회적 경험 덕분에 자신의 두려움을 교묘하게 더 잘 감출 뿐이다. 이 학생들은 자신보다 나이 어린 교사를 '연장자'로 대한다. 그들 역시 젊은 학생 못지않게 교사의 반응을 걱정하는 것이다.

두려움에 사로잡힌 학생들을 제대로 가르치려면, 그들의 마음속에 자리 잡은 두려움을 꾸준히, 분명하게 알아차려야 한다. 그 어떤 수업 테크닉을 동원해도 '지옥에서 온 학생'이 있는 교실 풍경을 바꾸어 놓지는 못한다. 그 모든 문제는 좀 더 다루기 어려운 내면의 문제, 즉 그의 마음과 행동을 섬세하게 읽어 내지 못한 내 무능력에서 왔기 때문이다. 나는 그의 조건을 고려하지 않고 나의 조건에 사로잡힌 채 그의 마음을 읽으려 했고(이 문제는 잠시 후에 다시 다룬다), 나의 자기중심적인 오독은 교사 생활에서 최악의 순간으로 남았다.

두려움이 만들어 내는 침묵, 침잠, 냉소는 무지에서 온 행동과 아주 비슷해서, 내가 본 것이 따분함보다는 두려움에 더 가깝다는 사실을 믿기가 늘 쉽지는 않다. 이런 겉모습 때문에 길을 잘못 들지 않으려면, 학생들의 진정한 상황을 예리하게 살피는 안목을 갖추어야 한다.

이 일은 어렵지만, 확실히 보람이 있다. 나는 학생의 두려움을 이해하고 나서야 가르침의 방향을 새롭게 정립할 수 있었다. 나는 더 이상 그들에게 덧씌워진 무지를 상대로 가르치지 않는다. 그런 평가가 부정확하고 자기변명이라는 사실을 알았기 때문이다. 대신에 나는 그들의 마음속에 자리 잡은 두려움을 상대로 가르치려고 노력하며, 그럴 때 그들의 마음은 내게 호응해 온다.

우리 시대의 중요한 과제 중 하나가 '사람들이 말할 수 있도록 귀를 기울이는 것'이라고 한 넬 모튼Nelle Morton의 말이 무슨 뜻인지, 나는 이제 이해한다.[4] 학생들은 두려움에 찬 침묵 뒤에서 자신의 목소리를 찾고, 자신만의 목소리를 내길 바란다. 좋은 교사는 목소리가 채 나오기도 전에 그 목소리에 귀를 기울일 수 있는 사람이다. 그런 교사는 학생들이 진실하고 자신감 있게 발언할 수 있도록 동기를 부여할 것이다.

미처 나오지도 않은 목소리에 귀를 기울인다는 것은 무슨 뜻일까? 타인을 위한 공간을 마련하고, 타인의 존재를 알아차리고, 타인에게 관심을 기울이고, 타인을 존중한다는 뜻이다. 학생들의 침묵을 메우기 위해 초조하게 서두른다는 뜻도, 우리가 듣고 싶은 말을 하도록 학생들을 압박한다는 뜻도 아니다. 학생들이 당신을 다른 사람의 진실에 귀를 기울이는 사람으로 느끼도록 학생들의 세계로 들어가 공감한다는 뜻이다.

'지옥에서 온 학생'의 이야기는, 학생들이 말할 수 있도록 귀를 기울이는 법에 대해 중요한 실마리를 제공한다. 그 학생은 문자 그대로 '운전대 앞에' 있을 때 자신의 고유한 목소리를 되찾았다. 강의실에서 내 수업을 들으며 수동적으로 앉아 있을 때, 그는 침묵 속으로 오그라들었다. 그러나 내 스케줄과 안전을 담당하는 실질적인 책임이 주어지자, 그는 목소리를 되찾고 중요한 것들에 관해 이야기할 수 있었다.

나는 학생들을 운전대 앞에 앉히는 방법을 모색하면서, 그들이 자신만의 고유한 목소리를 되찾고 자기만의 생각을 자유롭게 말하도록 권장한다. 이 일에 도움이 되는 몇 가지 방법이 있는데, 이 책의 뒷부분에서 탐색할 생각이다. 그 방법을 효과적으로 온전히 사용하려면, 먼저 학생과 교사의 가슴 속에 자리 잡은 두려움부터 제대로 이해해야 한다.

교사의 두려움

우리는 왜 학생을 있는 그대로 보지 못할까? 왜 학생의 조건을 병적으로 진단하며 해로운 교육법을 양산해 낼까? 왜 무지하거나 무기력하다고 비난할까? 왜 학생의 두려움을 알아보고 극복하도록 돕지 못할까?

어떻게 보면 답은 아주 간단하다. 피해자에게 책임을 전가하는 기존의 진단 방식은 교사에게 실패를 외면하도록 면죄부를 주기 때문이다. 그러나 우리가 학생의 두려움을 알아보지 못하는 데에는 우리를 주눅 들게 만드는 더 큰 이유가 있다. '우리가 자신의 두려움을 알아보기 전까지는 학생들의 두려움도 알아볼 수 없다'라는 사실이다. 자신의 조건을 부정하면, 자신의 진정한 모습을 끊임없이 상기시키는 다른 사람의 조건도 알아보지 못한다.

'지옥에서 온 학생' 이야기에는 두 가지 교훈이 있다. 하나는 그 학생의 두려움에 관한 것이고, 다른 하나는 나의 내면에 자리 잡은 두려움에 관한 것이다. '객관적으로' 보면 내가 그 젊은이를 두려워했다는 것은 믿기 힘든데, 이런 관점은 객관성의 한계를 드러낸다. 당시 나는 중서부의 자그마한 대학에서 워크숍을 진행했고, 주최 측의 찬사를 받았으며, 곧 그곳을 떠날 예정이었다. 오십 대 초반의 나는 경력이 최고점을 찍었고, 일에 보람을 느꼈으며, 건강이나 가족 및 친구 관계에서도 축복을 누리고 있었다. 반면, 내가 마주한 사람은 의지할 곳 없는 데에다 아무런 힘도 없는 이십 대 초반의 젊은이였다. 그런데도 나는 그가 너무 두려워서

평상시의 차분한 태도와 교수로서의 능력, 자아의식, 자기효능감까지 그 모두를 송두리째 잃고 말았다.

친구와 편안한 대화를 나눌 때 교사는 다양한 종류의 두려움을 토로한다. 성과를 인정받지 못하는 두려움, 보수가 적다는 두려움, 직업을 잘못 골랐을지도 모른다는 두려움, 사소한 일에 인생을 낭비하는 듯한 두려움, 사기꾼 같다는 느낌에 휩싸이는 두려움 등등. 그러나 많은 교사가 평소에는 입 밖에 내지 않는 또 다른 두려움을 경험한다. 젊은이들은 우리를 어떻게 평가할까에 대한 두려움이다.

우리는 매일 그리고 매년 교실에 들어가서, 미묘하게 때로는 노골적으로 이런 신호를 보내는 젊은이들과 마주한다. '당신은 이미 한물갔어. 당신이 뭘 가치 있게 생각하든 우린 상관 안 해. 어차피 당신은 우리가 가치 있게 생각하는 걸 이해 못 할 거니까, 굳이 얘기하고 싶지도 않아. 그럼 우리가 왜 여기 있냐고? 그러라고 강요하니까. 그러니까 당신 일은 빨리 좀 끝내주고, 우리는 우리 삶을 살게 내버려 두면 좋겠어.'

이것이 우리가 학생들이 보내는 신호를 해석하는 방식이다. 사실 그들이 보내는 신호는 대체로 경멸이 아닌 두려움에서 왔는데도 말이다. 이 메시지 해독법을 배우지 않는 한, 우리는 수많은 학생을 '지옥에서 온 학생'으로 섣불리 단정한다. 그리고 젊은이들이 우리를 어떻게 평가할지에 대한 두려움을 이해하지 못하는 한, 우리는 그 메시지 해독법을 절대 배우지 못할 것이다.

에릭 에릭슨Erik Erikson은 성인의 발달을 성찰하면서, 사람은 중년에 이르면 '정체감(stagnation)'과 '생산성(generativity)' 둘 중 하나를 선택해야 한다고 했다.[5] 이 개념은 젊은 교사에게도 유용하다. 교사는 아주 빨리 나이를 먹는다는 사실을 이해한다면 말이다. 아마도 교사들 대부분은 스물아홉이면 벌써 중년이 되었다고 느낄 것이다. 매번 가을학기에 캠퍼스로 돌아와 학생들의 나이는 작년과 똑같다는 사실을 깨달으면, 중년은 때 이르게 찾아올 수밖에 없다.

정체감은 학생들에게 너무 위협을 느낀 나머지, 경력, 교단, 지위, 연구 실적 뒤로 자신을 숨기는 교사가 주로 선택하는 심리 상태이다. 그런데 역설적으로, 교사가 정체감을 선택하면 교사가 두려워하는 학생들 역시 더 움츠러든다. 교사를 두려워하며 거리를 두는 젊은이들에게 상처받아 본 교사는 겁에 질린 나머지 학생들을 회피하려 든다. 이렇게 두려움의 악순환은 계속되는 것이다.

중년의 교사가 학생과 교육에 냉소적인 모습은 쉽게 볼 수 있다. 냉소주의는 한때 교육에 품었던 큰 희망이 경험이나 경험에 대한 잘못된 해석 때문에 무참히 깨지는 순간 나타난다. 나는 항상 이런 강렬한 냉소주의가 안타깝다. 냉소주의의 이면에는 이들을 교직으로 이끈 강렬한 희망이 숨 쉬고 있기 때문이다. 강렬함이 여전히 살아 있는 만큼, 희망은 되살아날 수도 있다. 제대로만 이해한다면, 이런 종류의 냉소주의는 희망을 되살리는 씨앗이 되기도 한다.

에릭슨은 이 재생 방식을 '생산성'이라고 불렀다. 이 말은 정확하고도 멋진 용어인데, 성인의 건강한 정체성을 이루는 두 가지 측면을 아우르고 있기 때문이다.

생산성은 한편으로 창의성을 나타낸다. 여기서 창의성이란, 나이에 상관없이 세상을 함께 창조해 나갈 수 있다는 지속적인 가능성을 뜻한다. 다른 한편으로는 새로운 세대의 끊임없는 출현을 예고한다. 여기에는 연장자가 젊은이를 돌보면서 그들이 미래를 개척할 수 있도록 도울 의무가 있다는 사실도 포함된다. 두 가지 이미지를 합치면, 생산성은 '젊은이를 위한 창의성'이라고 정의할 수 있다. 이것은 선배가 후배에게 봉사하는 방법일 뿐 아니라 선배들 자신의 안전을 도모하는 방법이기도 하다.

비판적인 젊은이와 마주할 때, 교사는 학생과 거리를 두는 대신 학생에게 적극적으로 다가서야 한다. 이런 태도는 이렇게 말하는 것과 같다. "우리 사이에는 엄청난 간극이 있지만, 나는 그 틈이 얼마나 넓고 위험하든 틈을 메우는 일에 전념할 생각이다. 왜냐하면 너희는 내 도움이 필요하고, 나 역시 내 삶을 새롭게 하기 위해 너희의 통찰과 에너지가 필요하기 때문이다."

나는 '지옥에서 온 학생'에 대한 나의 두려움을 깊이 성찰해 보았다. 그 두려움은 두 부분으로 구성된 것 같다. 한 부분은 조만간 떨쳐내길 바라지만, 다른 부분은 오래도록 마음속에 간직하고 싶다.

내가 떨치고 싶은 두려움은 젊은이들에게 인기 있는 교사가 되고 싶다는 욕망에서 왔다. 교사라면 누구에게나 이런 마음이 있지만, 사실 학생들에게 제대로 봉사하는 데에 방해만 될 뿐이다. 두려움의 이 측면은 명백히 병적이다. 이런 두려움은 학생들의 비위를 맞추도록 나를 부추겨, 내 위엄과 존재 방식 모두를 잃게 만든다. 앞서 보았듯이, 나는 뒷줄에 구부정하게 앉은 그 학생이 나를 싫어할까 봐 지나치게 걱정한 나머지, 그 학생과 교실 안의 다른 학생들을 가르치는 데에 실패하고 말았다.

그러나 두려움의 다른 측면인, 내가 젊은이들과 생생하게 교감하지 못할 때 느끼는 두려움은 결코 잃고 싶지 않다. 나는 교실 맨 뒷줄에 앉은 소외된 학생과 마주할 때, 그가 존재하지 않는 것처럼 무시하고 싶은 생각이 추호도 없다. '지옥에서 온 학생'이 내게 의미 있는 존재가 되지 못하면, 내 삶의 의미 역시 그만큼 줄어들기 때문이다.

'지옥에서 온 학생'과 나눈 경험을 숙고하는 동안, 나는 교사 역할을 제대로 하지 못한 나 자신을 꾸짖었다. 하지만, 그 젊은이는 교실에서 내가 한 무언가를 계기로 몇 시간 후 내게 삶의 가장 깊은 딜레마를 상담했고, 그것 역시 진실이다. 나의 어떤 행동이 그 젊은이가 속내를 터놓고 이야기할 수 있게 이끈 것이다.

나의 두려움과 부족한 역량에도 그의 마음이 움직인 것은, 아마도 '단절되지 않기를 바라는' 나의 열망 덕분이었을 것이다. 한 명의 학생과 연결되고자 하는 내 열망이 어떻게든 그에게 닿아 결국 속내를 터놓게 했다는 사실을 생각하면, 나머지 학생들을 소홀히 한 나를 용서하기가 한결 쉬워진다. 그가 마침내 입을 열었을 때, 그는 자신의 욕구를 충족시켰고, 새로운 세대의 삶과 교감하길 바라는 나의 욕구도 함께 충족되었다.

좋은 교육이란 결국 젊은이들을 환대하는 행위인데, 친절한 태도는 받는 사람보다 베푸는 사람에게 훨씬 이롭다. 이런 친절의 개념은 호혜주의가 성했던 고대에 생겨났다. 유목 문화에서 내가 어제 손님에게 내준 음식과 잠자리는 내일 내가 손님이 되어 받길 바라는 것과 같다. 개인은 친절을 베푸는 것으로 모두 서로 의지하는 사회조직의 무한한 연결망에 참여한다. 손님에게 베푼 음식과 잠자리라는 선물은 주인에게는 희망의 선물이 된다. 교육도 마찬가지이다. 교사가 학생에게 친절을 베풀면 결국 교사도 더 좋은 세상에서 살게 된다.

교사 생활의 축복 중 하나는 젊은이들과 끊임없이 만날 수 있는 기회가 있다는 것이다. 이 축복이 처음에는 저주처럼 느껴질 수도 있다! 그러나 학생들이 우리를 두려워하듯 우리도 학생들을 두려워하는지도 모른다는 사실을 이해한다면, 학생들과 우리의 두려움을 해독하는 법을 배운다면, 그 저주를 극복하고 젊은이들에게 창의적으로 봉사하는 축복을 누릴 가능성이 더 높아진다.

두려움에 찬 인식 방법

학생과 교사가 교실에서 느끼는 개인적인 두려움은, 교육이 두려움이라는 땅에 깊이 뿌리박고 있다는 사실 때문에 더욱 증폭된다. 여기서 땅이란 우리의 '지배적인 인식 방법'을 말하는데, 평소에 우리는 이 주제를 거의 언급하지 않는다. 이 방법은 아주 오만해서 그 뒤에 가려진 두려움을 알아보기 어렵게 만든다. 그러나 그 오만이 두려움을 감추는 가면이라는 사실을 알면 실상을 쉽게 파악할 수 있다.

인식 방법은 교육의 핵심 질문 두 가지에 어떻게 답하느냐에 따라 결정된다. 두 가지 질문이란, '우리가 안다는 것을 어떻게 아는가?'와 '우리는 어떤 근거로 우리의 지식을 진실이라고 생각하는가?'이다. 이 질문에 대한 답은 대체로 암묵적이며 무의식적이지만, 우리가 가르치고 배우는 방식에 끊임없이 영향을 미친다.

만약 진실을 높은 권위에서 전달된 정보라고 인식한다면, 교실은 독재 체제가 될 것이다. 진실을 개인적인 변덕으로 결정되는 허구라고 인식한다면, 교실은 무정부 상태가 될 것이다. 그러나 우리가 진실을 토론이라는 복잡한 과정의 결과물로 인식한다면, 교실은 지적이고 상호의존적인 공동체가 될 것이다. 지식에 대한 우리의 전제조건이 좋은 교육의 밑바탕인 상호연결의 가능성을 열기도 하고 막기도 한다.

현재 교육 분야를 지배하는 인식 방법은 두려움에 뿌리내리고 있기 때문에 교사와 교과, 학생 사이의 단절을 조장한다. '객관주의'라는 이 방법에 따르면, 진실은 우리가 알고자 하는 것과 우리를 신체적, 정서적으로 분리해야만 얻을 수 있다.

왜 그럴까? 사물에 너무 가까이 다가가면, 우리의 주관이라는 불순물이 사물과 그에 관한 우리의 지식을 오염시킨다고 믿기 때문이다. 알고 싶은 것이 역사적 사실이든, 야생 동물이든, 위대한 문학 작품의 한 구절이든, 인간의 행동이든, 객관주의는 오직 거리를 두어야만 대상을 제대로 알 수 있다고 주장한다.

주관적 자아는 객관주의에서 가장 두려워해야 할 적이다. 주관은 우리의 지식을 왜곡하는 의견이나 편견, 무지 등이 담긴 판도라의 상자와 같다. 따라서 주관적 욕망에 좌우될 수 없는(또는 그렇다고 믿을 수 있는) 이성과 사실, 논리, 정보에만 의존하면서 상자의 뚜껑이 열리지 않도록 단단히 붙잡아야 한다. 이 관점에 따르면, 마음과 감각의 역할은 우리를 세상과 연결하는 것이 아니라, 세상에 관한 우리의 지식이 오염되지 않도록 세상과 거리를 두는 것이다.

주관은 사물을 오염시킬 뿐 아니라 사물과 인간의 관계를 새롭게 창조하고, 또 그 관계는 우리의 인식을 오염시킬 수 있다. 그래서 객관주의는 주관을 철저히 배제한다. 예술 작품이든, 오지의 원주민이든, 생태계이든 하나의 사물이 대상으로만 존재하지 않고 생생하게 상호작용하는 우리 삶의 한 부분이 된다면, 우리에게 영향력을 행사하고 편견을 조장해 지식의 순수성을 위협할지도 모른다.

그러므로 두려움이 만들어 낸 객관주의는 우리가 세상의 사물과 관계 맺지 못하도록 방해한다. 객관주의의 운영 방식은 아주 단순한데, 이런 식이다. '우리가 대상과 거리를 두어 객관화하면 더 이상 생명을 지니지 못한다. 생명력이 없는 대상은 우리에게 영향을 미치거나 변화를 줄 수 없으므로 대상에 관한 우리의 지식은 순수하게 유지된다.'

객관주의는 인식하는 자와 인식 대상 사이에 주관이 개입되는 방식을 원시적이고, 믿을 수 없고, 심지어 위험한 것으로 간주한다. 직감은 비합리적이라고 비웃음을 사고, 진정한 느낌은 감성적이라고 멸시당하며, 상상력은 혼란스럽고 제멋대로인 것으로 폄하하고, 이야기는 개인적이고 무의미하다고 배척당한다.

음악과 예술, 무용은 학문적 서열에서 맨 밑이지만, '객관적' 과학은 맨 꼭대기를 차지하는 이유가 바로 이것이다. 그리고 '주관적' 학문을 연구하는 학자들이 객관적인 연구에 더 열을 올리는 것 역시 같은 이유이다. 의미를 탐색하기보다 부사의 개수를 세는 문학자나, 인간의 내면이 스티로폼처럼 비어 있기라도 한 듯 인간 행동의 데이터 분석에만 몰두하는 심리학자가 그렇다.

몇 년 전, 영국의 철학자이자 수학자인 앨프리드 노스 화이트헤드 Alfred North Whitehead는 '비활성의 아이디어'야말로 교사와 학생들의 교육 및 학습 과정을 맥 빠지게 만드는 고등교육의 골칫거리라고 선언했다.[6] 그러나 객관주의의 관점에서는 비활성의 아이디어를 가장 좋은 아이디어로 본다. 클로로포름 용액에 담근 뒤 핀을 꽂아 상자에 분류한 곤충학자의 나비처럼, 더 이상 살아 있지도 않고 날지도 못하는 그런 아이디어들 말이다. 이런 인식 방법은 세상을 활력 없는 장소로 만들기 쉽지만, 객관주의 지지자들은 객관적인 진실을 위해 치러야 할 작은 대가에 불과하다고 주장한다.

객관주의는 무모한 주관주의의 해악에서 우리를 구제하기 위해 출현했다. 흑사병 희생자들은 그들의 고통이 종교적 죄악이 아니라 감염된 쥐와 벼룩 때문이라는 객관적 지식에서 심리적 위안을 얻었을 것이다. 누군가가 마녀라고 불렀다는 이유만으로 화형대에서 불타 숨진 당대의 수많은 여성들 역시 주관성의 잔악상을 묵묵히 증언한다.

진리를 가르는 기준으로 왕과 성직자들의 기분 대신 더 확고한 기초를 세웠다는 점에서 우리는 객관주의에 감사해야 한다. 그러나 역사는 아이러니로 가득하다. 객관주의가 그토록 교정하려 애썼던 그 해악을 똑같이 저질렀다는 것이다. 두 가지 사례를 들 수 있는데, 다시 부상하는 현대적인 독재 정치와 잔인하기 그지없는 오늘날의 전쟁이다.

객관주의는 원래 우리를 독재 권력의 손아귀에서 해방하고자 했지만, 때로는 다른 힘들과 공모해 현대인들을 오히려 전체주의의 손아귀로 몰아넣었다. 모든 질문에 객관적으로 답할 수 있다고 확신하면서, 그리고 그런 답을 제공한다고 자처하는 전문가가 나타나면서 사람들은 자신의 지식을 불신하고 그럴듯한 권위에 의존하기 시작했다. 그러면서 사회적으로 불안한 시기에 정치적 선전에 능한 '권위자'가 나타나 권력을 장악할 수 있는 무대가 마련되었다. 그들은 이렇게 선언한다. "당신들을 구원할 수 있는 진리는 오직 나만이 알고 있으니, 눈 딱 감고 나를 따르라!"

마녀사냥의 잔혹성이 광기 어린 주관성의 결과이듯, 현대전의 잔혹성은 미쳐 날뛰는 객관주의의 또 다른 결과이다. 1차 걸프전을 받아들일 수 있다거나 타당하다고 생각하는 미국인이 많았는데, 고도의 기술로 원거리에서 안전하게 공격할 수 있는 최첨단 전쟁이었기 때문이다. 걸프전에서 수만 명의 이라크인을 죽였지만, 우리가 본 것은 희미한 파괴의 이미지들뿐이었다. 미국 전역의 사람들은 마치 원거리 살상력을 지닌 것에 감사하듯 텔레비전 앞에서 이 이미지들을 보며 박수갈채를 보냈다.

이 전쟁과 베트남전을 대비시켜 보자. 베트남전은 '주관적'인 근접전이어서 걸프 해협에서 치러진 '객관적' 전쟁보다 훨씬 부정적인 평가를 받았다. 베트남에서 우리 군인들은 적과 직접 대면해야 했고, 민간인들은 5만여 명의 미국인 병사가 죽어 나가는 광경을 직접 목격해야 했다. 미국 전역은 죄책감과 슬픔의 구렁텅이에 빠졌다. 부시 대통령은 '걸프

전의 승리로 마침내 베트남전의 후유증을 털어냈다'라고 선언했다. 그는 주관적인 친밀감보다는 객관적인 초탈의 우월성을 자축한 셈이다.

그렇다면 객관주의는 대체 왜 전체주의나 폭력과 공모하는 것일까? 처음부터 객관주의적 충동에는 진실 탐구 이상의 목표가 있었다. 근대 이전의 세계를 위험에 빠뜨린 주관주의를 과하게 두려워한 나머지, 지나치게 억압하려 한 것이다. 객관주의는 주관주의의 확산을 막기 위해 미리 격리하는 것으로 만족하지 못하고, 객관적 진실을 확보하기 위해 '자아'의 씨를 말리려 했다. 독재자가 '공공질서'를 확립하기 위해 반대자를 처형하고, 전사들이 '평화'를 확보하기 위해 적을 죽이듯이 말이다.

'자아의 씨를 말린다'라는 이미지는 내가 만들어 낸 것이 아니라, 객관주의를 표방하는 핵심 문헌에서 얼마든지 찾아볼 수 있다. 1세기 전 객관주의가 무르익었을 당시, 철학자 칼 피어슨Karl Pearson은《과학의 문법 (The Grammar of Science)》이라는 영향력 있는 책을 펴냈다. 이 책에서 그는 객관적 지식의 정당성을 옹호하는 고전적 주장을 펴면서 이렇게 말했다. '개인적 감정에 영향받지 않은 사실에 근거해 판단하는 습관이야말로 과학적 마음가짐의 특징이라고 할 수 있다.'[7]

그런데 유감스럽게도, 피어슨은 자신의 고전적인 주장에 프로이트의 말실수(Freudian slip)를 덧붙여 놓았다. '과학적인 사람은 판단을 내릴 때 무엇보다 자아를 제거하려 애써야 한다.'[8] 어떤 사람은 이 말을 애매모호하다고 하겠지만, 나는 피어슨의 말이 예언이라고 생각한다. 실제로, 피어슨이 책을 펴낸 후 백여 년간 객관주의는 자아를 제거하는 목표를 꽤 성공적으로 달성했다. 학생이 교사에게 자전적 에세이에 '나'라는 단어를 써도 되는지 질문할 지경에 이르렀으니 말이다.

객관주의에 반대하는 지금까지의 내 주장은 규범적이었다. 자아와 사물 모두를 두려워하는 객관주의는, 세상에서 자아를 분리해 교과, 학생, 교사 사이의 관계를 왜곡했다. 그러나 객관주의에 훨씬 강력하게 반대할 수도 있다. 객관주의는, 실제로 우리가 어떻게 알게 되는지 과학에서조차 믿을 만한 설명을 하지 못한다는 것이다.

그 어떤 과학자도 세상과 단지 거리를 두는 것만으로는 세상을 이해할 수 없다. 인식하는 자와 인식 대상 사이에 객관주의의 장벽을 세운다면, 그 벽 외에는 아무것도 알 수 없을 것이다. 과학은 세상에 참여하기를 요구할 뿐 아니라 인식하는 자와 인식 대상의 생생한 만남도 필요하다. 만남은 때로 객관적인 거리도 필요하지만, 친밀한 교감의 순간이 없다면 생생한 만남은 불가능하다.

모든 지식은 관계에 기초한 것으로, 인식 대상과 더 깊이 교감하려는 우리의 욕망을 통해 얻는다. 역사학자는 왜 '죽은' 과거를 연구하는가? 얼마나 많은 과거가 오늘날 우리 내면에 살아 있는지 알기 위해서이다. 생물학자는 왜 '말 없는' 자연 세계를 연구하는가? 우리가 생명의 생태계와 한데 뒤얽혀 있다고 말하는 자연의 목소리를 들려주기 위해서이다. 문학자는 왜 '허구'의 세계를 연구하는가? 상상력과 교감하지 않고서는 객관적 사실을 제대로 이해할 수 없다는 것을 보여 주기 위해서이다.

지식은 다가서기 힘든 타자와 일체감을 이루는 방식이자, 서로 연결되어 있지 않기 때문에 우리에게서 자꾸 달아나는 실체를 파악하는 방식이다. 지식은 관계를 추구하는 인간적인 방식이고, 그 과정에서 반드시 우리를 변화시키는 만남과 교류를 경험하는 방식이다. 가장 깊은 차원에서 볼 때, 지식은 항상 관계의 성격을 띤다.

바버라 매클린톡Barbara McClintock의 유명한 이야기는, 우리가 세상과의 단절이 아닌 연결을 통해 지식을 얻는다는 사실을 분명히 보여 준다.

1992년, 92세의 나이로 세상을 떠난 매클린톡은, 학자가 된 직후부터 유전자 자리바꿈의 신비에 매료되었다. 비전통적이라고 무시당하면서도 연구를 계속해 현대 유전학의 지형도를 바꿔놓은 발견을 이끌었고, 그 결과로 1983년에 노벨상을 받았다.

매클린톡은 자신의 연구 대상을 객관화하지 않았고, 대상을 데이터 조각으로 분석하는 것이 과학자의 일이라는 교과서적 개념에 충실하지도 않았다. 대신 유전 물질을 하나의 공동체 현상으로 보아야 한다는 자신의 가정을 토대로 연구 대상에 접근했다. 이블린 폭스 켈러Evelyn Fox Keller라는 작가는 매클린톡에 관해 이렇게 말했다. "매클린톡은 유기체의 유전자가 생각보다 더 복잡하고 상호의존적이란 점을 인정함으로써 중요한 발견을 할 수 있었다. 유전자를 독립된 개체로 취급하지 않고 환경 속에서 상호작용하는 개체로 바라봄으로써, 유전자 조각이 염색체 위에서 이리저리 옮겨 다닌다는 사실을 발견했다."9

켈러가 매클린톡의 전기를 쓰려고 그녀를 인터뷰할 무렵에는, 유전자는 상호의존적이라는 매클린톡의 가설이 유전자 간의 관계에만 적용되는 것이 아니라는 것을 알 수 있었다. 그녀가 가정한 공동체적 성질에는 유전자와 그것을 연구하는 과학자의 관계까지 포함되었다.

켈러는, 매클린톡이 동료들보다 유전자의 신비를 더 깊이 들여다볼 수 있었던 이유는 무엇인지 물었다. 켈러에 따르면 매클린톡의 답변은 간단했다. "그녀는 우리에게, '대상이 하고자 하는 말에 귀를 기울이는' 시간과 인내심을 가지라고, '그것이 당신에게 다가오도록 허용할 수 있는' 개방성을 지니라고 거듭거듭 강조한다. 무엇보다 연구자는 '유기체와 교감'할 줄 알아야 한다."10

물론 매클린톡의 과학은 정확한 분석적 사고와 흠잡을 데 없는 데이터가 뒷받침되었다. 이런 측면이 없었다면 노벨상을 받을 수 없었을 것이다. 하지만 데이터와 논리, 객관적 거리는 위대한 과학의 역설을 구성하는 한 축일 뿐이다. 우리 시대의 위대한 생물학자 중 한 명인 매클린톡은, 그녀가 지닌 지식의 핵심이 무엇이냐는 질문을 받을 때마다 관계와 유대감, 공동체를 언급했다. 한 평론가가 말했듯이, 매클린톡은 '옥수수 유전자와 공감하고, 그 세계에 완전히 몰입하고, 관찰자와 관찰 대상의 경계를 허물어뜨림으로써 가치 있는 지식을 얻어 낸' 인물이었다.[11]

켈러는 매클린톡의 천재성을 다음과 같은 간단명료한 문장으로 요약했는데, 사실 모든 천재에게 해당하는 말이다. "매클린톡은 자신의 옥수수 열매와 맺은 관계를 통해 차이를 없애지 않고도 친밀감을 유지하는, 가장 높은 형태의 사랑을 성취했다."[12]

이 놀라운 말은 바버라 매클린톡의 과학의 핵심뿐 아니라 역사, 자연, 타인, 내면세계 등 인간이 맺을 수 있는 모든 진정한 관계의 핵심까지 묘사한다. 이 말은 타자에 대한 두려움을 넘어 타자에 대한 존경 혹은 사랑으로 옮겨간 지식의 방법과 삶의 방법을 말해 준다.

객관주의는 지식에 관한 진실을 말하는 방법론이 아니라, '지식이 곧 권력이므로 그것으로 세상을 다스릴 수 있다'라는 우리의 과대망상적 신화를 강화하는 장치로 쓰인다. 사람들은 자신의 두려움을 부인하기 위해 종종 거짓말을 한다. 객관주의 역시 우리 눈앞에 있는 고통스러운 증거를 외면하기 위해, 즉 우리가 세상을 경영하기는커녕 오히려 망친다는 사실을 외면하기 위해 우리의 지식과 힘에 관해 거짓말을 한다.

현대의 지식 덕분에 우리는 세상을 조종할 수 있게 되었지만, 우리의 운명은 물론 세상의 운명도 통제하지 못한다. 이 사실은 자연 생태계가 붕괴하고 인간의 제도가 거듭 실패하면서 나날이 분명해졌다. 사실 객관주의는 우리를 세상과 분리해서 현실과 불화하는 행동으로 이끌었는데, 그 불화의 정도가 너무 심각해서 이대로라면 재앙을 피할 수 없을 지경이다. 객관주의는 우리가 지식을 얻는 방법에 관해 말하는 진리의 체계이기는커녕, 과학 기술을 통한 권력과 통제라는, 희미해져 가는 환상에 양분을 공급하는 하나의 신화일 뿐이다.

자신의 두려움을 대범하게 마주하고자 한다면, 이를 통해 사랑의 한 형태로서의 앎을 실천하고자 한다면, 우리는 통제의 환상을 포기하고 세상의 타자성과 동맹 관계를 맺게 될 것이다. 그때 우리는 현실 생태계 속에서 우리가 차지하는 위상을 직시함으로써, 어떤 행동은 건설적이고 어떤 행동은 파괴적인지 좀 더 분명히 이해할 것이다. 또한 그 과정에서 통제의 환상에 사로잡혀 있을 때보다 자신의 운명과 세상의 운명에 더 깊이 참여할 것이다. 사랑이 두려움을 몰아내고, 공동 창조가 통제를 대체하는 관계적인 앎의 방식을 통해 우리는 좋은 교육의 토대가 되는 연결의 가능성을 회복할 것이다.

두려워하지 말라

———

두려움은 문화와 제도, 학생들, 우리 자신 등 모든 곳에 존재하면서 우리를 모든 것과 단절시킨다. 두려움에 에워싸이고 사로잡힌 우리는 어떻게 해야 두려움을 극복하고 교육과 배움의 토대인 현실과 연결될 수 있을까? 내가 아는 한, 우리를 그 방향으로 이끌어 줄 유일한 길은 '영적(spiritual)'인 길뿐이다.

두려움은 너무도 근본적인 인간의 조건이어서, 모든 위대한 영적 전통이 우리 삶에 미치는 두려움의 효과를 극복하려는 시도에서 비롯했다고 해도 과언이 아니다. 표현은 다르지만, 그들 모두는 '두려워하지 말라'라는 하나의 핵심 메시지를 선언한다. 두려움에 대한 해법은 제각각이지만, 모든 영적 전통은 하나의 희망을 약속한다. 우리는 모두 두려움으로 마비된 상태에서 풀려나, 타자와의 만남을 두려워하지 않고 오히려 삶을 풍요롭게 하는 은총의 상태로 만들 수 있다는 것이다.

이 핵심적인 가르침이 뜻하는 것과 뜻하지 않는 것을 세심하게 살피는 일은 매우 중요하다. 두려워하지 말라는 것은 두려움을 가지면 안 된다는 말이 아니다. 그런 뜻이라면 완벽을 요구하는 불가능한 조언으로 무시해 버릴 수 있었을 것이다. 이 말은 우리가 두려움 그 자체가 되어서는 안 된다는 뜻으로, 완전히 다른 형태의 제안이다.

젊은 교사였을 무렵, 나는 가르침의 기술을 아주 능숙하고 강력한 방식으로 사용할 날이 오기를, 그리하여 아무런 두려움 없이 교실로 걸어 들어갈 수 있기를 고대했다. 그러나 오십 대 후반이 된 지금, 그날은 결코 오지 않으리라는 것을 잘 안다. 나는 항상 두려움을 느끼겠지만, 두려움 자체가 될 필요는 없다. 나의 내면에는 말하고 행동할 힘을 얻을 수 있는 다른 장소가 얼마든지 있기 때문이다.

교실로 걸어 들어갈 때마다, 나는 진정한 가르침의 원천이 되는 내 마음의 장소를 선택할 수 있다. 그것은 내가 가르침을 전달할 학생들 내면의 장소를 선택하는 것과 같다. 나는 두려움의 장소에서 가르칠 이유가 없다. 호기심, 희망, 공감, 솔직함의 장소에서 학생들을 가르칠 수 있다. 이 내면의 장소는 두려움의 장소만큼이나 내게 현실적으로 다가온다. 나는 두려움을 느끼기는 하지만, 두려움 그 자체가 될 필요는 없다. 마음먹기에 따라 얼마든지 내면의 다른 장소에 자리 잡을 수 있는 것이다.

우리는 두려움이 아닌 다른 장소에 자리 잡기를 열망한다. 이 책의 서두에 인용한 릴케의 시는 그런 동경을 잘 묘사한다.

아, 절연되지 않기를,
그 어떤 사소한 간격으로도
별들의 법칙과 절연되지 않기를.
내면-그것은 무엇인가?
그것은 광대무변한 하늘,
새들이 힘차게 솟구치고
귀향의 바람으로 출렁거리는
저 높고 그윽한 하늘.[13]

우리는 일반적으로 '절연된' 상태로 존재한다. 하지만 내면에는 연결되고 싶은 끊임없는 열망이 있다. 우리의 영혼과 저 멀리 있는 별들, 우리 자신과 세상의 타자성 사이가 단절되지 않는 그런 삶을 살고자 하는 열망 말이다. 우리가 타자와 연결되기를 열망하는 이유는, 그래야 서로를 이방인처럼 대하지 않으면서 우리의 삶과 대지에 애정을 느끼며 더욱 편안하게 받아들이기 때문이다.

그러나 릴케가 말하는 '귀향'에는 고향에 대한 전통적인 이미지와 사뭇 다른 두 가지 특징이 있다. 첫째, 여기서 말하는 고향은 내면적인 것으로, 소유할 수 있는 장소 같은 것이 아니다. 그렇기에 우리는 그 고향에서 추방되지도 않고, 고향을 잃어버릴 수도 없다. 어디에 있든, 어떤 상태이든, 얼마나 많은 장애물을 만나든, 우리는 간단히 내적인 태도만 변화시키면 언제든 고향으로 되돌아올 수 있다.

둘째, 우리가 내적인 전환을 이뤄 냈을 때 마주하는 고향은 안전하게 몸을 숨길 수 있는 비좁고 닫힌 장소와는 거리가 멀다. 오히려 이 고향은 하늘만큼이나 개방적이고 광대하다. 여기에서 우리는 자신의 익숙한 생각이나 우리와 같은 생각을 지닌 사람들과 함께할 때보다 더 편안한 기분을 느낀다. 우리는 '나'의 작음과 '나 아닌' 모든 것의 광대함 모두를 포용하는 우주 속에서 아주 쉽게 편안함을 느낀다. 이 고향에 있을 때 우리는 타자성으로 위협받는 고립된 원자가 아니라, 위대한 생명의 그물을 구성하는 꼭 필요한 부분이라는 사실을 인식한다. 그리고 그 앎을 통해 두려움을 넘어 온전함으로 나아간다.

누군가가 내게 "유대감을 파괴하는 두려움을 넘어서려면 어떻게 해야 할까요?"라고 묻는다면, 나는 "두려움을 몰아내는 유대감을 회복하세요."라고 답할 것이다. 내 주장이 순환논리에 빠져 있다는 사실을 잘 알지만, 영적인 삶은 이런 방식으로 진행된다. 시인 T. S. 엘리엇이 '우리는 우리가 출발한 곳에 다시 도착하고 / 그 곳을 처음 본 것처럼 새롭게 알게 된다'라고 썼듯이, 영적인 삶은 시작도 끝도 없는 원의 형태로 진행된다.[14] 유일한 질문은 원의 바깥과 안 어디에 있느냐 하는 것뿐이다.

그렇다면 우리는 어떻게 해야 원 안으로 들어갈 수 있을까? 우리를 단절시키는 두려움에 사로잡혀 있을 때, 어떻게 해야 다른 사람들과 손잡을 수 있을까? 그런데 여기서 중요한 것은, 그 원이 이미 우리 내면에 존재한다는 사실이다.

인간의 마음속에서는 외관상 반대로 보이는 것들이 서로의 꼬리를 물며 순환을 거듭한다. 사랑과 미움, 웃음과 눈물, 두려움과 욕망 등이 그렇다. 연결되기를 두려워하는 우리의 강렬한 두려움과 그에 따른 불편함은 유대감을 바라는 강렬한 욕망과 그에 따른 안락함에 맞물려 있다.

단절을 통해 자신을 보호하고자 하는 두려움에 찬 그 모든 노력에도, 인간의 영혼은 영원토록 연결을 갈망한다. '아, 절연되지 않기를…' 따라서 우리가 내면에 이미 존재하는 그 원 안으로 들어가려면, 두려움 바로 뒤에 혹은 바로 앞에 있는 그 열망에 자신을 내맡기면 된다.

때로는 그저 그 안으로 한 걸음만 내디디면 되는 경우도 있다. 숙련된 교사로 구성된 한 그룹과 2년간 함께 작업한 적이 있는데, 그중에 고등학교 기술 교사가 한 명 있었다. 그는 키가 2미터에 몸무게는 100킬로그램이 넘었고, 건장한 체격에 목소리가 아주 굵었다. 아무도 그가 두려움을 품었으리라고는 생각하지 않았고, 그 자신도 마찬가지였다.

그가 재직하는 학교의 교장은 하계 기술교육 프로그램에 참여하라고 교사들을 몇 년간 압박했다. 기술 과목 교육과정을 서둘러 현대화하지 않으면 학생들이 뒤처지게 될 것이라는 이유였다.

두려움을 모르는 이 교사는 터무니없는 소리라고 대꾸했다. 그의 반론은 대략 이런 취지였다. '그곳에서 홍보하는 기술은 그저 유행에 지나지 않을 가능성이 높다. 설령 그렇지 않더라도, 고등학생들은 맨손으로 재료와 도구를 다루는 기본적인 기술부터 배워야 한다. 기술을 세련되게 다듬을 시간은 나중에도 얼마든지 있을 것이다.'

이 기술 교사와 교장은 요구와 거절이 되풀이되는 악순환의 고리 속으로 휘말려 들었고, 결국 서로의 감정까지 건드리게 되었다. 그들의 관계는 점점 더 악화하며 적대적으로 변했다. 그가 우리 그룹에 참여할 무렵에는, 교장과 겪은 불화가 그의 가슴을 무겁게 짓누르고 있었다.

그러던 어느 날, 그는 모임에 나와 우리에게 악순환의 고리를 끊었다고 했다. 교장이 한 번 더 참석을 요구하려고 그를 불러 세웠는데, 이번에는 기존 교육과정의 장점을 주장하는 대신, 교장에게 솔직한 심정을 털어놓았다는 것이다. 그는 교장을 바라보며 이렇게 말했다. "저는 여전히 그 프로그램에 참석하고 싶지 않지만, 이제 그 이유를 알게 됐습니다. 저는 두려운 겁니다. 제대로 이해하지 못할까 봐 두렵고, 제 분야가 저를 앞질러 가는 건 아닌지, 교사로서 한물간 건 아닌지 걱정됩니다."

잠시 침묵이 흐른 후 교장이 말했다. "나도 두렵습니다. 그러니 나와 함께 프로그램에 참석합시다."

두 사람은 교육에 같이 참석했고, 관계를 회복한 후에는 예전보다 더 깊은 우정을 나누었다. 그리고 그 기술 교사는 기존의 교육과정을 현대화하고 자신의 직업에 새로운 활력을 불어넣어 더 나은 교사가 되었다.

이 교사가 찾은 해결책은 새로운 교육법을 채택하는 것과는 무관했다. 사실, 그 해결책은 무언가를 하는 것과는 거리가 멀었다. 그는 새로운 존재 방식으로, 두려움을 느낄 수는 있지만 두려움 그 자체가 될 필요는 없다고 깨우친 것뿐이었다. 이제 그는 두려움의 장소 대신 자신의 두려움을 솔직하게 인정하는 장소에서 말하고 행동할 수 있었다.

이 기술 교사는 두려움의 바로 뒤나 앞에 자리 잡은 자기 내면의 열망을 존중할 줄 알았다. 교장과 학생들, 교과, 그리고 교사의 마음과 단절되지 않기를 바라는 그 열망 말이다. 두려움을 넘어서는 방법은 때로는 이처럼 간단하다.

3장

감추어진 전체성

가르침과 배움의 역설

:
:

눈에 보이는 모든 존재 속에는

보이지 않는 생산력이

희미한 불빛이

온유한 이름 없음이

감추어진 전체성이 있다네.

이 신비한 하나 됨과 통일성이

모든 것의 어머니인

지혜라네.

나투라 나투란스 Natura Naturans.

(범신론에서 만물 생성의 근원력이 되는 자연을 말하는 것으로,

스피노자가 처음 사용함-편집자)

– 토머스 머튼, '하기아 소피아'[1]

세상을 전체적으로 바라보기

가르침과 배움을 해치는 단절의 문화는 부분적으로는 두려움이 만들어낸다. 그러나 이 단절의 문화는, 단절을 지적인 미덕으로까지 추켜올리는 서구식 양극단의 사고방식에도 원인이 있다. 이런 사고방식은 우리 문화에 너무 깊이 뿌리내리고 있기 때문에, 아무리 애를 써도 벗어나기 힘들다.

나는 앞의 장들에서 가르침에 접근하는 여러 가지 방식에서 나타나는 불균형을 바로잡고자 애썼다. 예를 들면, 테크닉을 지나치게 중시하는 현상을 바로잡고자 교사의 정체성과 진실성을 강조했다. 그리고 객관적 지식에 강박적으로 집착하는 현상을 바로잡기 위해 주관적인 참여를 강조했다. 또한 지식의 힘을 너무 중시하는 경향을 바로잡기 위해 마음을 얼어붙게 하거나 녹이는 감정의 힘을 강조했다.

내 의도는 기울어진 저울의 균형을 바로잡는 것이었다. 하지만 양극화한 문화에서 이 일을 하면서 저울의 반대쪽으로 치우치지 않기란 쉽지 않다. 무시당하는 한쪽을 변호하다 보면 이런저런 오해도 받는다. 저 사람은 형편없는 테크닉은 간과하면서 교사에게 그저 '당신 자신'이 되라고만 부추기는구나. 저 사람은 진리의 절대적 기준 같은 것은 없고, 사람들 제각각의 생각을 그대로 진실이라고 믿는구나. 저 사람은 교사가 자신의 '느낌을 나누기만' 하면 생각의 내용 따위는 중요하지 않다고 보는구나.

이런 얘기는 모두 나의 말을 왜곡한 것이다. 우리는 항상 모든 것을 이런 식으로 왜곡하기 쉬운데, 양쪽 입장을 모두 대변하거나 양쪽 의견에 모두 귀를 기울이도록 훈련받지 못했기 때문이다. 이 문제는, '당신의 주장을 말해봐, 나는 그 반대가 진실임을 입증할 테니까!'라는 식의 경쟁적인 대화 습관보다 더 뿌리가 깊다. 우리는 모든 것을 이것 아니면 저것, 좋음 아니면 나쁨, 이득 아니면 손해, 흑 아니면 백으로 바라보면서 현실을 끊임없는 양자택일의 연속이라고 생각한다. 말하자면, 분석적인 렌즈로 세상을 분리해서 보는 것이다.

세상을 분리해서 보는 태도는 세상을 멀리서 보는 것처럼 우리에게 엄청난 힘을 주었다. 타당한 객관성의 힘을 존중하듯이, 나는 올바르게 적용된 분석의 힘 역시 존중한다. 나는 이 책에서 주장을 펴며 분석적인 도구를 사용했고, 지금 글을 쓰는 데에 활용 중인 이 놀라운 기계도 수백 수천에 이르는 양자택일을 선택하는 원리로 작동한다(컴퓨터의 작동 원리는 0과 1 중 선택하는 방식이다-편집자). 이분법적 논리가 없었다면, 우리는 컴퓨터뿐 아니라 현대 과학의 수많은 성과도 누릴 수 없었을 것이다.

이분법적 논리는 과학과 기술 분야에 크게 기여했다. 그러나 이것 아니면 저것이라는 양자택일의 사고방식은 우리의 내면에 생명의 온전성과 경이를 파괴하는 파편화된 현실 감각까지 함께 심었다. 이런 지식 획득 방법이 거의 모든 분야를 장악해 무분별하게 확산하면서 우리의 문제는 한층 악화했다. 논리 너머에 있는 영구적인 인간의 문제에 적용할 경우, 이분법의 논리는 늘 우리를 오도하거나 배반하기 때문이다.

그렇다면 우리는 어떻게 해야 이분법적 사고에서 벗어날 수 있을까? 우리가 '세상을 전체적으로 바라본다'면, 우리에게 유용한 분별의 논리를 폐기하기 위해서가 아니라, 좋은 교육의 바탕이 되는 상호 연결성을 중시하는 관대한 마음의 습관을 기르고자 시야를 넓힌다면, 과연 어떤 광경이 펼쳐질까?

노벨상을 받은 물리학자 닐스 보어Niels Bohr는, 내게 유용한 이론적 주춧돌 하나를 마련해 주었다. 그는 이렇게 말했다. "진실된 진술의 반대는 거짓된 진술이지만, 심오한 진리의 반대는 또 다른 심오한 진리가 될 수 있다."[2]

보어는 신중하게 선택한 몇 개의 단어만으로 세상을 전체적으로 바라보는 데에 없어서는 안 될 개념 하나를 정의했다. 바로 '역설'의 개념이다. 진실은 세상을 양자택일의 조각으로 쪼개는 것이 아니라, 양자 모두를 진실의 한 측면으로 받아들이면서 발견되기도 한다. 또 어떤 경우에 진실은 외관상 반대로 보이는 것들의 역설적인 융합으로 나타나기도 한다. 따라서 진실을 알고 싶다면, 우리는 반대 극들을 하나로 포용하는 법부터 배워야 한다.

보어가 분명히 말했듯이, 현실 세계에서는 진실과 거짓 사이에서 선택해야 하며, 이 선택은 사실과 이성이 뒷받침한다. 우리 앞에 있는 나무가 참나무인지 은행나무인지 알고자 한다면, 나무의 특징을 살펴보면 된다. 참나무이면서 은행나무일 수는 없으니, 그 계보를 살펴 가려내는 것이다.

그러나 보어는 동시에 이분법적 논리가 적용되지 않는 또 다른 지식의 영역이 있다고 단언한다. 바로 '심오한 진리'의 영역이다. 이 영역에서 본질적인 진리를 발견하고자 한다면, 세상을 조각조각 나누기를 멈추고 그 모두를 다시 전체적으로 바라보기 시작해야 한다.

경험적 사실과 달리 심오한 진리는 역설로 가득하다. 심오하다고 해서 반드시 이색적이거나 비밀스러울 필요는 없다. 우리는 단지 우리가 인간이라는 이유만으로 매일 역설적인 심오함과 마주친다. 우리가 숨 쉬는 것도 역설적이지 않은가! 한 번의 호흡을 완성하는 데에 들숨과 날숨이 모두 필요하니 말이다.

이 책의 첫 두 장은 오직 역설의 용어로만 표현할 수 있는 교육에 관한 평범한 진실로 가득하다.

- 30년간 교직 생활에서 내가 얻은 지식은, 수업을 시작할 때마다 느끼는 아마추어 같다는 느낌과 공존한다.
- 눈에 보이지 않는 나의 내적인 정체감은 오직 외적이고 눈에 보이는 '타자성'과 접촉할 때만 모습을 드러낸다.
- 좋은 가르침은 테크닉이 아닌 정체성에서 나온다. 그러나 내가 나의 정체성과 조화를 이루는 훌륭한 테크닉을 익힌다면, 내 정체성을 더 완전하게 표현할 수 있을 것이다.
- 가르침은 항상 공과 사의 교차점에서 일어난다. 잘 가르치고 싶다면, 이 반대의 극들이 교차하는 지점에 머무는 법을 배워야 한다.
- 지성과 감성은 서로 협력한다. 따라서 학생의 마음을 열고 싶다면, 그들의 감성까지 함께 열어야 한다.

단순한 이분법적 관점으로는 교육에 관한 이 진실들 중 어느 것에도 접근할 수 없다. 학원 문화에 젖은 우리는 끊임없이 애를 쓰지만, 안타까울 뿐이다. 교실에서 학생들이 느끼는 두려움과 그 결과로 학습 능력이 저하하는 것에 관해 교수들과 대화할 때, 비판적인 사람들은 이렇게 말한다. "그럼 우리더러 교수직을 그만두고 심리치료사가 되라는 건가요?"

물론 내가 바라는 바는 아니다. 나는 이분법적인 논리보다 더 풍요롭고 더 역설적인 교육 방법을 배우자는 것이다. 우리가 역설을 편안하게 받아들이든 그렇지 않든, 생각과 느낌이라는 양극단이 어떻게 결합하는지 보여 주는 그런 교육 모델 말이다.

그 비판적인 교수는 학생과 교사의 내면에서 머리와 가슴이 하나로 작동한다는 것을 보지 못하는 사람이다. 머리와 가슴은 교사와 심리치료사가 하나씩 맡아서 다뤄야 하는 사물이 아니다. 개인이 건강하고 온전할 때, 머리와 가슴은 따로 분리되지 않고 역설적인 일체를 이룬다. 이런 역설을 존중하는 교육은 우리를 더 온전한 교사가 되도록 이끈다.

역설을 분리하지 말라

세상을 분리해서 보려면 훈련이 필요하다. 왜냐하면 우리는 역설을 하나로 아우르는 본능적인 능력을 타고났기 때문이다. 어린 아이의 하루를 지켜보면 활동과 휴식, 생각과 느낌, 눈물과 웃음을 자연스럽게 반복한다는 것을 알게 된다.

어린아이의 내면에서는 정반대의 것들이 들숨과 날숨처럼 자연스럽게 뒤섞이면서 서로를 창조해 낸다. 그러나 역설을 포용하는 이 자연스러운 능력은 곧 우리 내면에서 사라지고 만다. 학교에 입학하면서부터 우리는 삶을 해부하고 그 구성 요소를 분별하는 능력에 생존이 달려 있다는 사실을 배우기 때문이다.

물론 분별하는 능력은 중요하지만, 분별력이 없어서 문제가 되는 상황일 때만 그렇다. 아이가 다치지 않으려면 뜨거움과 차가움의 차이를 배워야 하고, 다른 사람을 해치지 않으려면 옳고 그른 차이도 배워야 한다. 그러나 분별이 문제가 되는 상황에서는 역설을 포용하는 능력을 보존하거나 회복하는 일이 오히려 더 중요해진다. 우리는 분별 때문에 생기는 문제를 생각과 느낌, 개인적인 것과 전문적인 것, 그림자와 빛 사이의 단절을 안고 성인기로 접어들 무렵에 주로 맞닥뜨린다.

우리는 거의 반사적으로 역설을 분리하기 때문에, 이 습관 때문에 치러야 하는 대가를 제대로 이해하지 못한다. 역설의 양극은 건전지의 양극과도 같다. 둘을 합치면 에너지를 생산하지만, 둘로 나누면 더 이상 전류는 흐르지 않는다. 우리가 인생의 심오한 진리를 구성하는 양극을 서로 떼어 놓으면, 양극은 생명 없는 유령으로 변하며 우리 역시 생명력을 잃는다. 들숨만 쉬고 날숨을 쉬지 않으면 건강에 치명적이듯, 살아 있는 역설을 분리하는 것은 우리의 지성, 감성, 영혼의 안전에 나쁜 영향을 미친다.

일체감과 고독을 동시에 갈망하는 우리의 역설적인 욕구를 생각해 보라. 인간은 관계를 맺으며 살아가게 되어 있다. 풍요롭고 비옥한 관계의 그물망이 없다면, 우리는 시들거나 죽어버릴 것이다. 이 표현이 은유적으로 들리는가. 인간관계가 결핍된 사람이 가족과 친구로 에워싸인 사람보다 병에 더 잘 걸리고 회복도 더디다는 사실은 임상으로도 증명되었다.

그러나 동시에 우리는 고독 속에서 살아가게 되어 있다. 우리의 삶이 무수한 관계로 얽혀 있더라도, 우리의 자아는 다른 사람은 들어갈 수도, 알 수도 없는 내면의 신비스러운 영역으로 남아 있다. 만약 우리가 궁극적인 고독을 받아들이지 못하고 오직 다른 사람과의 관계에서만 의미를 찾으려 한다면, 시들거나 죽어 버리고 말 것이다. 관계 지향적인 태도는 특정한 시기와 상황에서 도움이 되지만, 위대한 신비를 향해 더 멀리 여행할수록 우리는 건강과 온전성을 유지하기 위해 본질적인 고독이 더 필요해질 것이다.

우리가 고독과 일체감을 동시에 원한다는 것은 커다란 역설이다. 이 양극이 둘로 쪼개질 때, 존재의 생생한 상태는 죽음과도 같은 유령의 상태로 전락해 버린다. 일체감과 분리된 고독은 더 이상 풍요롭고 충족감을 주는 내면의 경험이라고 할 수 없다. 이제 그것은 외로움이나 끔찍한 고립이다. 고독과 분리된 일체감은 더 이상 삶에 생기를 불어넣는 관계의 그물망이라고 할 수 없다. 이제 그것은 소외감을 일으키는 군중이 되어 버리고, 너무 많은 사람이 일으키는 소음이 되어 버린다.

디트리히 본회퍼Dietrichh Bonhoeffer는 이렇게 말했다. "고독을 못 견디는 사람에게 공동체를 경계하라고 말해 줍시다. 공동체에 속하지 않은 사람에게 고독을 경계하라고 말해 줍시다."3 역설을 분리하는 문화에서는 고독과 일체감의 풍요로운 변증법에 관해 전혀 모르는 사람이 많다. 그들은 매일 외로움과 군중 사이에서 채찍질 당하면서 이리저리 내몰릴 뿐이다.

우리는 그 이분법적 채찍에 힘을 실어 주는 성격 분류법도 개발해 두지 않았는가. 자신의 성격 '유형'을 알아보기 위해 활용하거나 오용하는 심리 테스트 말이다. '나는 내향형인가 외향형인가, 직관적인가 감각적인가, 여성적(공동체 지향적)인가 남성적(경쟁 지향적)인가?' 우리는 자신을 양자택일의 상자 속에 집어넣거나 그렇게 하도록 강요당한다. 그리하여 자아의 역설적인 본성을 받아들이는 데에 실패하고 만다.

우리가 알고 있는 교육계도 실패의 역설로 가득 차서 생명 없는 결과를 낳고 있다.

- 우리는 가슴에서 머리를 분리한다. 그 결과, 머리는 느끼는 법을 모르고, 가슴은 생각하는 법을 모른다.
- 우리는 느낌에서 사실을 분리한다. 그 결과, 생기 없는 사실은 세상을 멀고 막연한 장소로 만들고, 맹목적인 감정은 진실을 오늘의 느낌으로 격하시킨다.
- 우리는 실천에서 이론을 분리한다. 그 결과, 이론은 삶과 무관한 것으로 변질되며, 실천은 이해가 따르지 않는다.
- 우리는 배움에서 가르침을 분리한다. 그 결과, 교사는 말할 뿐 듣지 못하고, 학생은 들을 뿐 말하지 못한다.

역설적인 사고를 통해 세상을 명료하고 전체적으로 바라보려면, 상반된 것이 서로 조화를 이루는 세계관을 받아들여야 한다. 그런 관점은 무미건조한 현실주의나 감상에 젖은 낭만주의가 아니라 그 둘의 창조적인 융합이 특징이다.

결과적으로, 세계는 양자택일의 사고로 단순화된 것보다 더 복잡하고 혼란스럽다. 양자택일의 단순함은 단지 죽음과 같은 둔감함에 지나지 않는다. 우리가 세상을 전체적으로 바라볼 때, 세상과 학생들 그리고 우리에게 내재한 생명력을 회복한다.

우리 내면의 진정한 역설의 힘

역설은 추상적인 인식 방법에만 그치지 않는다. 좋은 가르침의 원천인 자아의식에 관해 더 많은 것을 배울 수 있는 렌즈이기도 하다.

가르침과 배움에 관한 워크숍을 진행할 때, 나는 교사들에게 자신의 수업을 역설의 렌즈로 보라고 권한다. 최근에 학생들을 가르치면서 겪은 두 종류의 순간을 간단히 묘사해 보는 것이다. 일이 너무 잘 풀려서 자신이 가르치기 위해 태어난 것 같다고 느낀 순간과, 일이 너무 안 풀려서 차라리 태어나지 말 것을 그랬다고 생각한 순간 말이다.

이것은 교육의 진정한 역설 가운데 하나를 탐색하는 첫 번째 단계이다. 하루는 탁월하게 가르침을 폈던 사람이 다음날은 완전 엉망진창이 될 수도 있다는 역설 말이다! 교사들은 이 역설을 극단적일 만큼 자조적으로 받아들이지만, 자기 인식의 원천으로 삼는 것이 좋다.

그 후 세 명씩 모여 긍정적인 사례에 관해 토론하면서, 각 모둠의 구성원이 자신의 재능을 확인할 수 있도록 돕게 한다. 그 교사의 어떤 강점과 자질이 지금 다루는 사례를 그토록 의미 있는 경험으로 만들었는지 이름을 붙여 보는 것이다.

이 연습을 종이 위에 쓰면서 하면 사람들과 직접 대면하는 것만큼 몰입도가 높지 않다. 그러니 이 연습은 몇몇 동료와 함께 하기를 추천한다. 함께 하는 연습은 평소와는 달리 서로를 교사로 인정할 기회를 준다는 이유만으로도 충분히 가치 있는 경험이다. 이 연습은 자신을 역설의 관점에서 이해하도록 도와줄 뿐 아니라, 동료들과의 유대감도 깊어진다.

애팔래치아의 어느 자그마한 대학에서 내가 경험한 이야기를 들려주고 싶다. 그곳의 학생들은 대부분 경제적으로 열악한 애팔래치아 지역 출신이었다.

오후 1시 4학년 대상의 세미나에서 우리는 로버트 벨라Robert Bellah와 동료들이 지은《마음의 습관들(Habits of the Heart)》을 읽고 있었다.[4] 나는 이전 강의에서 이 책의 개요를 미리 말해 주었다. 이번 시간에는 표현적 개인주의가 공동체 의식과 전통을 대체해 왔다는 이 책의 주장(주로 도시화한 미국 북부 지역에서 나온 자료를 바탕으로 한)을 이 지역 출신 학생들의 경험과 대비시켜 볼 계획이었다.

벨라의 책은 자유를 개인주의의 핵심 요소로 다룬 만큼, 학생들에게 자유에 관해 지금까지 배우거나 믿는 바를 '~로부터의 자유'와 '~를 향한 자유'라는 개념을 중심으로 탐색해 보라고 했다. 처음에는 학생들을 작은 그룹으로 나누어 몇 가지 질문을 주었고, 다음에는 큰 그룹으로 나누어 내가 직접 토론을 주도했다. 작은 그룹은 매우 활력이 넘쳐 보였고, 큰 그룹 역시 학생들의 4분의 3 이상이 개방적이고 열정적인 태도로 토론에 참여했다.

학생들 대부분은 같은 말을 하고 있었다. 그들은 불건전한 가족관계와 협소한 종교적 신념, 편견에 찬 공동체'로부터' 자유로워지길 원했고, 자유로운 선택과 자기표현, 심지어는 이기적인 태도'를 향해' 자유로워지길 소망했다. 그들의 발언은 책에서 주장하는 내용과 완벽하게 맞아떨어지는 것 같았다. 그러나 나는 학생들의 삶 속에 그들이 말로 표현하지 못하는 그 이상의 무언가가 있다고 느꼈다.

그때 종교적인 신념과 인간적인 태도로 캠퍼스 내에서 인기가 많았던 한 남학생이 학기 초에 마약 밀매범으로 의심받아 부당하게 체포당한 경험을 털어놓았다. 그의 성격과 아이러니한 상황을 고려하면 매우 우스꽝스러운 이야기여서 학생들은 모두 배꼽이 빠지도록 웃어댔다. 그때 내가 질문했다. "왜 불법체포 혐의로 경찰을 고소하지 않았나요? 그럼 하룻밤 만에 부자가 될 수 있었을 텐데요."

교실은 조용해졌다. 그 학생은 고소는 절대 하지 않았을 거라고, 결국 오해를 풀어서 자기는 오히려 행복했다고 설명했다. 그러고는 경찰을 옹호하고 감싸면서 '누구나 다 실수하잖아요'라고 말했다. 교실에 있던 거의 모든 학생이 그의 도덕적 입장에 동의한다는 듯 고개를 끄덕였다.

나는 질문을 계속했다. "내가 학생의 태도를 있는 그대로 설명해 볼게 요. 학생은 개인주의와 자기 본위의 관점에서 이야기하지만, 그 저변에는 강한 공동체 의식이 자리 잡고 있어요. 경찰의 실수를 이용해 돈을 버는 대신, 그를 기꺼이 용서할 정도로 말이지요. 이 책의 저자들이 말하는 개 인주의는 공동체 의식으로 누그러뜨릴 수 있는 그런 종류가 아니에요. 전 형적인 개인주의자라면 그날 저녁에 변호사를 고용해 다음 날 아침에 소 송을 걸었을 겁니다."

토론하는 동안 학생들은 이 지적을 아주 흥미롭고 의미심장하게 받아 들이는 것 같았다. 그들은 개인주의와 공동체 의식의 혼합이 자신들의 상 황을 잘 설명하는 것 같다고 동의했다. 나는 학생들과 함께 책과 학생들의 삶을 더 깊이 이해하는 두 가지를 성취했다는 보람을 느끼며 강의를 마무 리했다. 또한 다음 토론의 주제도 감을 잡았다. 바로 '학생들의 개인주의 적 언사와 본능적으로 표출되는 공동체적 행동 사이에는 왜 간격이 생기 는가?'라는 질문이다.

이 순간을 가능하게 만든 나의 재능은 무엇일까? 이 질문의 답은 자화자 찬으로 들릴 수도 있겠다. 나의 두 번째 사례를 읽을 때까지 독자들에게 판단을 유보해 달라고 하고 싶다. 나의 단점이 장점 못지않다는 것이 분명해질 테니 말이다.

워크숍에서 이 사례를 소개했을 때, 다른 교사들은 내게서 다음과 같은 장점을 찾아내 주었다.

- 수업을 준비하고 끌어갈 체계나 구조를 만드는 데에 유연하다. 수업 목표가 분명하고, 그 목표를 달성하는 다양한 방식을 열어 둔다.
- 학생들에게 제시한 자료의 내용을 잘 알고 있으며, 학생들이 내용을 잘 이해할 수 있도록 헌신적으로 돕는다.
- 교재 내용을 학생들의 삶과 연결할 수 있도록 돕고자 하며, 전략적으로 접근한다.
- 교재를 존중하는 것 못지않게 학생들의 이야기도 존중한다.
- 학생들의 삶을 그들보다 더 잘 꿰뚫어 본다. 학생이 발표하는 내용 그 이상을 보는 안목이 있으며, 학생이 스스로를 더 깊이 이해하도록 돕고자 한다.
- 학생들에게 좋은 질문을 하고, 그 반응에 신중히 귀 기울인다. 학생이 말하는 내용은 물론 말하지 않은 내용까지 간파하는 것 같다.
- 어디로 튈지 예측할 수 없는 개방적인 대화를 유도하며 위험을 마다하지 않는 열정이 있다.

이렇게 인정받는 것은 마치 기분 좋은 마사지를 받는 것과 같아서 누구나 환영한다. 그러나 이 훈련을 하는 데에는 두 가지 중요한 이유가 더 있다. 첫째, 자신의 재능을 알면 우리는 정체성과 진실성의 관점에서 가르칠 수 있다. 사람들은 자신의 재능을 인정하기 힘들어 하는데, 겸손해서이기도 하지만 자기를 내세우는 것은 위험하기 때문이다. 그러나 자신의 재능을 기억하고 존중하지 않는다면, 우리는 다시 기존의 교육 방식으로 되돌아갈 것이다. 기존의 방식이 우리의 본성과 별로 관계가 없더라도 말이다.

둘째, 우리는 가르치는 것이 고통스럽기만 했던 순간을 검토할 다음 단계를 위해서라도 우리의 재능을 확인해야 한다. 우리의 '결점'을 받아들이는 일은 늘 힘들지만, 우리의 장점과 함께 놓고 본다면 그리 어려운 일도 아니다. 곧 확인하겠지만, 그 작업은 심지어 생산적일 수도 있다. 역설을 제대로만 활용하면, 수많은 결점을 통해 우리 자신의 정체성을 더 깊이 이해할 수도 있다.

다음은 나의 두 번째 사례이다. 첫 번째 사례와 같은 대학, 같은 학기, 같은 강좌인데 학생들만 다를 뿐이다. 같은 강물에 두 번 발을 담글 순 없듯이, 같은 강좌여도 학생에 따라 달라진다는 사실이 입증된 셈이다!

오후 3시, 4학년 대상 세미나에서 나는 첫날부터 학생들 상당수가 이 강좌에 냉소적인 태도를 보이면서 나와 거리를 두려는 듯한 느낌을 받았다. 아무리 애를 써도 그들의 감정적 반응은 냉소, 무관심, 침묵 사이를 오갈 뿐이었다.

특히 여학생 세 명은 마치 중학생처럼 행동했다. 앞뒤로 쪽지를 주고받고, 나눠 준 자료를 무시하고, 강의나 토론 중에 잡담을 나누고, 나와 다른 학생들의 발언에 눈알을 굴리며 '야, 대단한데!'라는 식의 냉소적인 표정을 지었다. 수업에 들어온 학생 전부가 나를 짜증 나게 했지만, 이 세 명이 특히 눈에 거슬렸다.

수업을 몇 차례 진행한 후, 나는 학생들에게 수업 분위기가 만족스럽지 않다고 솔직히 말하면서 수업에 방해가 되는 행동을 지적했다. 그런 후에 내가 무엇을 어떻게 바꿔야 수업에 집중하겠느냐고 물었다. 아무도 대답하지 않았지만, 시간이 지나면서 몇몇 학생이 조금이나마 수업에 관심을 쏟기 시작했다. 그러나 그 세 명의 악동은 불량한 태도를 멈출 기미가 없었다.

어느 날 오후, 교실 밖 캠퍼스에서 그들과 우연히 마주쳤을 때 나는 그들에게 정면으로 도전했다. '도전했다'라는 표현은 결코 과장이 아니다. 나는 분노에 휩싸여 말을 건넸고, 그들은 내게 세 가지를 말해 주었다. 첫째, 내가 그들의 수업 태도를 '너무 감정적으로 받아들일' 필요는 없다. 둘째, 내가 수업 중에 그들 중 한 명이 한 말에 지나치게 반대하는 바람에 그녀는 내게 화가 났다. 셋째, 그들은 내 과목을 포함한 필수 강좌에 질릴 대로 질린 4학년생이었다. 그들은 학기가 시작되기도 전에 모든 수업을 '훼방 놓기로' 작정했다.

이 모든 이야기는 나를 더 화나게 했고, 나는 끈질기게 그들에게 사과를 요구했다. 마침내 사과를 받았을 때, 나는 화내서 미안하다고 사과하며 처음부터 다시 잘해보자고 제안했다. 여학생들도 그럭저럭 동의했는데, 아마도 내가 다시 폭발하는 것을 막기 위해서였을 것이다.

그 만남 후, 한 명은 조금이나마 강의에 참여하는 모습을 보였다. 그러나 나머지 둘은 더 이상 고약하게 굴지는 않았지만, 계속 냉담한 태도였다. 강의실 분위기는 전반적으로 산만하고 재미가 없었다. 나는 그냥 이 모든 것을 빨리 해치워 버리고 싶었다. 나는 그 분위기에 어느 정도 적응했고 더 이상 학생들에게 시달리지도 않았는데, 내가 기대치를 낮추었기 때문이다. 사실상 그들을 포기함으로써 학생들과 화해하게 된 것이다. 나는 그런 식으로 가르치거나 살아가는 것이 몹시 싫었지만, 이 경우에는 그

것만이 유일한 탈출구인 것 같았다.

나는 이 비참한 사례를 여러 번 되풀이해서 읽으며 곱씹어 보았다. 그때마다 엄청나게 괴롭고 당혹스러웠기 때문에 그 진흙탕에서 빨리 빠져나오기 위해 이렇게 자문했다. '내가 어떻게 했다면 결과가 더 좋았을까?' 하지만 워크숍에서 이 사례를 읽을 때마다, 나는 참가자들에게 이런 질문을 전염병 피하듯 하라고 충고한다.

이 질문이 당연하게 느껴지는 이유는 순전히 우리의 자연스러운 회피 본능 때문이다. 성급하게 이런 질문을 함으로써 우리는 고통에서 뛰쳐나와 테크닉이란 '임시방편' 속으로 도망치려 한다. 그러나 이렇게 힘든 경험을 한 직후에 '실용적인 해결책'을 움켜쥐는 것은, 취약한 순간마다 드러나는 우리의 정체성 통찰하기를 회피하는 것과 다름없다. 통찰은 우리를 취약하게 만든 그 상황의 역학 속에 더 깊이 머물 때만 드러나는 법이다.

물론 '어떻게'란 질문도 해볼 가치는 있다. 그러나 새로운 교수법을 발견하고자 한다면 반드시 자신의 정체성부터 이해해야 한다. 교사로서 내가 하는 행동이 본성에 뿌리내리고 있지 않은 한, 그 어떤 것도 학생들에게 영향력을 행사할 수 없을 것이기 때문이다.

그래서 나는 워크숍 참가자에게 이 두 번째 사례를, '한 개인의 모든 재능은 골칫거리를 동반하기 마련'이라는 역설의 관점에서 보라고 말한다. 사실, 모든 장점은 동시에 약점이자 한계이기도 하다. 한 개인의 장점은 특정 상황에서는 나와 다른 사람에게 도움이 되지만 항상 그렇지는 않은, 정체성의 한 측면일 뿐이다. 내 재능이 강력한 분석 능력이라면, 합리성이 필요한 문제를 해결할 때는 유리할 것이다. 그러나 다른 사람과의 정서적 갈등 문제를 분석하는 데에도 내 재능을 사용한다면, 반드시 부작용이 뒤따를 것이다.

그렇다면 재능의 이면에 있는 한계에 어떻게 대처해야 할까? 핵심은 자신의 재능에 '고착되는' 대신, 재능의 양면성과 자아의 복합성이란 역설을 더 깊이 이해하는 것이다. 그러면 우리는 본성의 전체성 속에 살면서 더 우아하게 가르침을 펼 수 있을 것이다.

두 번째 사례를 동료 교사와 함께 탐색할 때마다 동료들이 성급하게 지적하지만 않으면 나는 항상 내 교수법에 관해 중요한 것을 배운다. 무엇보다도 나는 교사로서의 내 재능이, 모두가 가르치고 배울 수 있는 환경을 공동 창조하면서 학생들과 함께 춤추는 능력이란 점을 배운다. 이 재능은 내가 학생들의 본래 모습에 대해 개방적이고, 희망적이고, 신뢰하는 자세를 취하는 한, 항상 결과가 좋다.

그러나 학생들이 나와 춤추기를 거부하면, 내 강점은 약점으로 뒤바뀐다. 관계 지향적인 내 성격이 화를 공개적으로 표현하지 않게 막아 주지만, 나는 그럴 때마다 화가 난다. 속으로 분을 삭이면서, 내키지 않아 하는 내 파트너들의 발가락을 발로 밟고, 때로는 정강이를 걷어차기도 한다. 나는 단순히 학생들이 내 선물을 거절했다는 이유만으로 필요 이상으로 빨리 폐쇄적이고, 회의적이고, 절망적인 태도를 보인다.

단순히 나와 관계 맺기를 원치 않는 학생들을 만족시키기 위해 학생들과 거리를 두는 교수법을 배우고 싶지는 않다. 그런 교수법은 나의 정체성과 진실성에 어긋나기 때문에 상황을 더 악화할 뿐이다. 대신에 나는 내 정체성의 역설적인 두 측면을 융합하는 법을 배우고 싶다. 나의 자아의식이 나와 춤추는 타인에게 깊이 의존한다는 사실과, 춤추고 싶어 하는 사람이 아무도 없을 때조차 나는 여전히 자아를 지닌다는 사실 사이의 극단적인 틈을 메우고 싶은 것이다.

그러나 이런 진정한 역설을 한데 아우르기란 결코 쉽지 않다. 우선, 나의 자아 감각은 타인에게 아주 깊이 의존하는 만큼 다른 사람이 관계 맺기를 거부할 때마다 나는 항상 상처받을 것이다. 이 단순한 사실을 에둘러 갈 방법은 어디에도 없다. 동시에 관계에 실패하더라도 나는 여전히 자아를 간직하고 있다. 내가 고통을 느낀다는 것이 그 증거이다.

춤이 정점에 이를 때 느끼는 기쁨과 마찬가지로, 가끔 교육 현장에서 겪는 고통이 나의 자아가 생생히 살아 있는 증거라는 사실을 알아야 한다. 이 간단하고도 심오한 진실을 배울 수 있다면, 내 재능에 더 가까이 다가갈 수 있고 억눌린 분노와 거리를 둘 수 있을 것이다. 그리하여 나와 학생들에게 도움이 되는 방식으로 가르칠 수 있을 것이다.

내가 그런 최악의 상황을 겪은 근본적인 원인은, 테크닉의 문제가 아니었다. 물론 그런 순간에 도움이 되는 테크닉도 있지만, 근본적인 원인은 학생들이 내 본성을 실현하는 일을 도우려 하지 않을 때마다 나를 덮치는 자기 부정 혹은 자기 파괴의 느낌 때문이었다.

이렇게 대놓고 말하자니 좀 당황스럽기는 하다. 나는 다른 사람들, 특히 내 학생들이 나의 자아의식 형성을 돕기 위해 존재한다는 생각이 얼마나 나약한지 잘 안다. 그런 생각은 최악의 경우 거만할 수도 있다. 그러나 수업이 진행되면서 나를 기진맥진하게 만든 것은 바로 그런 생각이었다. 교사로서 성장하려면 그런 불편한 사실과 마주하기를 꺼려서는 안 된다.

더 나은 교사가 되려면, 다른 사람의 반응에 의존하는 동시에 의존하지 않기도 하는 자아의식을 계발해야 한다. 이것은 하나의 진정한 역설이다. 내가 이 교훈을 제대로 배우려면 본성 속으로 고독한 여행을 해야 하고, 나를 있는 그대로 바라볼 수 있게 도와줄 다른 사람도 필요하다. 이것은 나의 내적인 영역에 존재하는 수많은 역설 중 하나이다.

가르침의 공간에 적용할 수 있는 여섯 가지 역설

역설의 원칙은 우리를 자아의식의 복합성과 잠재력으로 이끄는 데에서 그치지 않는다. 역설의 원칙은 교실의 내적인 역학을 고려해 수업에 도움이 되는 교수법과 배움의 공간을 설계하는 데에도 도움이 된다.

여기서 '공간'이란 복합적인 요소를 뜻한다. 교실의 물리적인 배치와 느낌, 학생들과 함께 탐색하는 주제를 둘러싸고 교사가 구축하는 개념적인 틀, 교사가 추구하는 정서적인 풍토, 탐구를 이끌어 줄 기본 규칙 등이 해당한다. 내게 가장 도움이 되는 공간은 일련의 역설로 이루어진 것인데, 그 이유가 무엇인지 대충 짐작이 된다.

가르침과 배움은 평소보다 더 높은 수준의 자각이 필요하다. 그리고 자각은 창조적인 긴장 상태일 때 더욱 고조된다. 역설은 그 긴장의 다른 이름이자 반대의 것들을 함께 움켜쥐는 방식인데, 이 같은 창조적 긴장은 우리를 깨어 있는 상태로 유지하는 일종의 전기장을 창조한다. 훌륭한 교사들이 모두 같은 테크닉을 구사하는 것은 아니지만, 테크닉에 관계없이 좋은 교사는 언제 어디서든 이런 창조적 긴장을 불러일으킬 줄 안다.

강의를 계획할 때마다 나는 교육과 배움의 공간에 불어넣고자 하는 여섯 가지 역설을 떠올린다. 이 여섯 가지가 전부는 아니다. 단지 역설의 원리가 교수법을 계획하는 데에 어떻게 도움이 되는지를 보여주는 하나의 예이다.

1. 공간은 제한적이면서 열려 있어야 한다.
2. 공간은 호의적이면서 긴장되어야 한다.
3. 공간은 개인과 집단의 목소리를 모두 끌어낼 수 있어야 한다.
4. 공간은 학생의 '작은' 이야기와, 원칙과 전통에 기반을 둔 '큰' 이야기를 모두 존중해야 한다.
5. 공간은 고독을 지지하면서 그 고독을 공동체 의식으로 에워쌀 수 있어야 한다.
6. 공간은 침묵과 언어를 모두 환영해야 한다.

지금부터 이 각각의 역설이 무엇을 뜻하는지 간단히 설명하겠다. 이어서 독자들이 추상적인 개념에 질식하지 않도록 이 개념을 실제 교육 현장에 어떻게 적용하는지 탐색할 생각이다.

1. 공간은 제한적이면서 열려 있어야 한다.

가르침과 배움의 경계는 주제에 집중시키는 질문과 텍스트, 데이터로 한정된다. 그 경계 안에서 학생들은 자유롭게 말할 수 있지만, 지도 교사는 관련 자료를 통해 주제를 벗어나지 않도록 유도한다. 학습자료는 학생들이 주제를 벗어날 수 없다고 느낄 만큼 명료하고 설득력 있어야 한다. 학생들이 주제가 당황스러워 피하려고 할 때도 이탈하지 못하도록 말이다. 경계가 없는 공간은 공간이 아니라 혼란스러운 진공상태일 뿐이며, 그런 장소에서는 제대로 된 학습을 기대하기 어렵다.

그러나 공간이 공간이기 위해서는 제한되어 있을 뿐 아니라 열려 있기도 해야 한다. 새로운 발견으로 가는 수많은 길을 열어 놓아야 하며, 진정한 배움을 가져오는 놀라움에 대해서도 열려 있어야 한다. 경계가 우리의 여정에 목적지를 제공한다면, 개방성은 그 목적에 이르는 길이 여럿임을 보여준다. 더 깊은 차원에서 보자면 학습 공간의 개방성은, 여행 초반에 설정한 목적지가 최종 목적지가 아닐지도 모르며, 그래서 진정한 목적지가 어딘지 알려 주는 단서들을 주의 깊게 살펴야 한다는 사실을 말해 준다.

2. 공간은 호의적이면서 긴장되어야 한다.

열린 공간은 해방감을 주지만, 미지의 장소에서 길을 잃을지 모른다는 두려움도 일으킨다. 따라서 배움의 공간은 호의적인 느낌을 줄 필요가 있다. 열려 있으면서도 마음이 끌려야 하고, 자유로우면서도 안정감과 신뢰감을 주는 장소여야 한다. 공간을 에워싼 경계가 약간의 안정감을 주지만, 다루는 주제가 어려울 때는 더욱 안정감을 주는 장치가 필요하다. 그래서 학습 공간은 학생들이 교육이란 탐험의 위험을 극복하도록 도와주어야 한다. 휴식 공간, 재충전 공간, 과도하게 노출되었다고 느낄 때 몸을 피할 수 있는 공간을 마련해 주어야 한다.

만약 그 탐험이 우리를 어디론가 데려간다면, 그 공간은 긴장되어 있어야 한다. 학생들이 수준 높은 지식을 얻으려면, 잠에 빠질 정도로 안정감을 느껴서는 안 된다. 세계와 영혼의 심오한 진실을 추구하기 위해서는 그에 따르는 위험을 감수해야 한다. 이 긴장감을 만들어 내기 위해 특별히 노력할 필요는 없고, 영역을 설정하면 저절로 생긴다. 우리는 공간에 울타리를 치고, 그 안에 의미 있는 주제를 설정하면 된다. 그러면 학생들은 그 경계를 벗어나거나 우습게 보지 않을 것이다.

3. 공간은 개인과 집단의 목소리를 모두 끌어낼 수 있어야 한다.

진정한 배움을 지원하려면, 공간은 학생들이 자신의 고유한 목소리를 찾도록 도울 수 있어야 한다. 다른 사람들이 동의하는 방식으로 말하는지는 중요하지 않다. 학생들이 자신의 개념과 감정, 혼란, 무지, 편견 등을 자유롭게 표현할 수 없는 곳에서는 배움도 없다. 오직 사람들이 생각을 자유롭게 표현할 수 있을 때에만 교육 효과는 기대할 수 있다.

그러나 가르침과 배움의 공간은 개인적인 표현의 장 이상이어야 한다. 집단의 목소리가 모이고 확대되는 장소여야 한다. 그래야 집단은 개인의 목소리를 확인하고, 질문하고, 도전하고, 교정할 수 있다. 교사의 임무는 집단의 목소리를 잘 들으면서 때때로 그 목소리를 집단에 되풀이해서 들려주는 것이다. 그러면 집단은 자신의 집단적 견해에 귀를 기울이거나 때로는 교정할 수도 있다.

개인과 집단의 역설은 교실 바깥의 사례에서 가장 잘 드러난다. 구성원 모두 동의해야 결정을 내리는 경우가 그렇다. 단 한 명이라도 반대하면 결정할 수 없기 때문에 집단은 개인의 의견에 귀 기울이는 법을 배워야 한다. 이런 솔직한 대화를 통해 집단의 통일된 목소리가 나오면, 집단은 각 구성원에게 그 목소리를 따르라고 강제할 수 있다. 일방적으로 굴복하거나 맹목적으로 반항하는 대신, 좀 더 사려 깊게 진실을 추구하고 발언하라고 요구하는 것이다. 이런 역설로 형성된 배움의 공간에서 학생들은 주제를 배울 뿐 아니라 주제에 관해 자기 생각을 말하는 법과 집단적 지혜에 귀를 기울이는 법까지 배운다.

4. 공간은 학생의 '작은' 이야기와, 원칙과 전통을 바탕으로 한 '큰' 이야기 모두 존중해야 한다.

배움의 공간을 막연한 추상적 개념으로만 채워서는 안 된다. 그러면 학생들의 삶 속에서 자라나는 작지만 생생한 경험이 들어설 자리가 없다. 이 배움의 공간은 학생의 내면의 교사와 관련한 개인적인 소소한 경험담을 넉넉히 수용할 수 있어야 한다.

그러나 작은 이야기가 너무 강조되면 자아도취에 빠져 길을 잃기 쉽다. 그러므로 배움의 공간에서는 원칙과 관련한 큰 이야기도 다루어야 한다. 보편적인 범위에 원형적인 깊이를 갖춘 이런 이야기는, 우리의 개인적인 이야기를 정의하고 의미를 이해할 수 있게 도와준다. 우리가 그들의 작은 이야기에 귀 기울이듯, 교사는 학생들이 큰 이야기도 존중하는 법을 배울 수 있게 지도해야 한다.

5. 공간은 고독을 지지하면서 그 고독을 공동체 의식으로 에워쌀 수 있어야 한다.

배움은 고독이 필요하다. 학생들이 배운 내용을 숙고하고 흡수하려면 혼자만의 시간이 필요하다. 그러나 좀 더 깊은 차원에서 이유를 찾자면, 학생의 내면적 자아의 진실성이 존중되어야 의미 있는 배움이 가능하다. 또한 배움에는 공동체가 필요하다. 공동체 안에서 우리는 혼자서 생각하도록 방치되지 않는다. 구성원들과 함께 대화하면서 우리의 무지를 자각하고, 개념을 시험하고, 편견을 점검하고, 지식을 확장할 수 있다.

그러나 세상에는 깊은 고독을 방해하는 공동체, 개인의 내면을 존중하지 않고 영혼을 침해하는 변질된 유형의 공동체도 존재한다. 이런 공동체 내부에는 모두 같은 목소리를 내야 한다는 분위기가 미묘하게 감돌기 때문에 자유로운 대화와 반대 의견은 억압받고, 개인의 고독은 침해당하며, 배움은 더 이상 일어날 수 없다.

진정한 학습의 공동체는 고독과 양립할 뿐 아니라 내면의 교사가 우리에게 말하는 바를 온전하게 실현하는 필수 요소이다. 영혼의 신비를 존중하는 공동체 내에서, 우리는 서로를 도와 분별력을 흐리는 장애물을 제거한다. 교사가 적절한 분위기와 안전망을 제공하면, 배움의 공동체는 우리에게 내면에 살아 있는 진리를 가로막는 장애물과 그 진리로 이끄는 길을 보여 준다.

6. 공간은 침묵과 언어를 모두 환영해야 한다.

언어는 가르침과 배움의 유일한 매개체가 아니다. 우리는 침묵으로 가르치기도 한다. 침묵은 우리가 말하고 들은 것을 숙고할 기회를 주며, 때로는 침묵 그 자체가 자신과 타인, 세계의 심층에서 솟아나는 일종의 담화가 되기도 한다.

심리학자에 따르면, 일반적인 집단은 침묵 속에 약 15초 정도 머물 수 있다고 한다. 그 시간이 지나면 구성원 중 누군가가 말을 하면서 긴장을 깨뜨린다는 것이다. 이것은 침묵을 무언가 잘못되었다는 신호로 해석하는 우리의 오랜 친구인 두려움 때문이다. 두려움은 소리를 내지 않으면 가치 있는 일이 일어나지 않으리라고 확신한다. 하지만 진정한 교육에서는 침묵을 학생들의 내면 작업을 위한 가치 있는 기반이자 가장 깊은 배움을 위한 하나의 매개체로 본다.

이 여섯 가지의 역설은 결국 훌륭한 교수법으로 귀결된다. 적어도 이론상으로는 말이다. 그렇다면 현실에서는 과연 어떤 모습으로 나타날까? 지금부터 나는 이 질문에 답해 보려 하는데, 조건이 하나 있다. 다음의 내용들은 교육에 적용할 수 있는 '공식'이 아니라, 내가 이 역설들을 한데 아우르기 위해 어떻게 애썼는지를 보여 주는 개인적인 경험담일 뿐이다.

역설의 원칙은 교사의 자아의식을 밝혀 주고 학습 공간을 구축하는 데에 도움을 준다. 그러나 내가 말하고자 하는 교수법은 나의 자아의식에서 나온 것이므로 당신의 것과는 무관할 수도 있다. 그러나 '예'나 '아니오', '그럴지도'라고 반응하면서 읽어 나간다면 당신의 정체성과 조화를 이루는 교수법의 원천을 발견할지도 모른다.

교실에서 역설을 실천하는 법

교실에서 이 여섯 가지 역설을 실천하는 방법을 보여 주기 위해, 앞서 설명한 첫 번째 사례를 더 자세히 들여다보려 한다. 물론 나를 겸허하게 만든 두 번째 사례를 명심하면서 말이다. 첫 번째 사례의 수업을 준비하기 위해 자리에 앉았을 때, 나는 배움의 공간은 제한적이면서도 열려 있어야 한다는 첫 번째 역설부터 다루기 시작했다. 그 원칙을 실천하기 위해 나는 당시 학생들과 수업 중에 읽을 텍스트인 《마음의 습관》을 여러 번 읽었다.

좋은 텍스트에는 제한성과 개방성이 모두 담겨 있다. 제한성은 명료하고 흥미로운 주제로 형성되며, 개방성은 그 주제를 사색적인 태도로 탐색하는 데에서 나온다. 그런 텍스트를 선택해 몰두하다 보면, 내가 교실에 창조하고 싶은 배움의 공간이 어떤 것인지 감을 잡게 된다. 그렇게 나는 그 책의 핵심 주제를 검토했고, 마침내 자유에 대한 미국인의 신념을 수업 주제로 삼기로 했다.

하지만 텍스트에서 교수법에 대한 실마리를 찾았다고 해서 그 텍스트를 맹목적으로 따를 필요는 없다. 내가 경험하거나 가르쳐 본 가장 지루한 수업은 '차라리 집에서 혼자 읽을 걸 그랬다'라는 생각이 들 정도로 텍스트에 지나치게 충실한 수업이었다. 내가 말하는 좋은 텍스트란 근본적으로 내용이 건전하면서도 설명하지 않은 빈틈이 많아서 요리책처럼 덮어놓고 따라 할 수 없는 책을 뜻한다.

학생들은 올바른 질문을 한 뒤 올바른 답변을 내놓는 완벽한 텍스트로는 배우는 법을 제대로 배울 수 없다. 그러나 부분부분 단절되고 모호하기까지 한 텍스트는 독자의 참여를 유도하고, 학생들에게 자유로운 토론과 자기만의 생각을 전개할 공간을 허락한다. 텍스트에서 교수법에 관한 실마리를 얻는다는 것은, 텍스트가 우리에게 주는 가르침뿐 아니라 우리가 텍스트에 줄 수 있는 가르침까지 함께 찾아 본다는 뜻이다.

내가 보기에 《마음의 습관》은 데이터상 약간의 틈이 있다는 장점이 있었다. 한정된 지역의 미국인을 인터뷰한 내용을 바탕으로 한 책인데도, 저자들은 그 인터뷰에서 광범위한 결론을 끌어내고 있었다. 애팔래치아의 자그마한 대학에서 가르치는 내가 보기에, 그 책은 빈곤 속에 살아가는 수많은 미국인에 관해서는 할 수 있는 말이 별로 없었고, 더욱이 애팔래치아 지역 특유의 빈곤에 관해서는 사실상 할 수 있는 말이 아무것도 없었다.

'배움의 공간은 제한적이면서도 열려 있어야 한다'라는 첫 번째 역설에 입각해, 나는 학생들에게 그 책에서 제시하는 자유의 그림에 집중하게 했다. 그런 뒤에 "자신의 경험에 비추어 이 그림에서 잘못된 부분은 어디인가요?"라고 질문함으로써 공간을 넓히게 했다.(이렇게 질문하는 접근법은 그 자체로 역설적이다. 토론 주제에 집중시킴으로써 경계를 분명히 하는 동시에, 학생들에게 자유롭게 답변할 여지를 남긴다는 점에서 말이다.)

학생들의 경험에서 나온 데이터를 대화에 끌어들임으로써, 나는 배움의 공간은 호의적이어야 한다는 두 번째 역설을 존중한 셈이다. 교실을 호의적인 공간으로 만들려면 교사는 학생들을 정중하고 자애롭게 대해야 할 뿐 아니라, 학생들과 그들의 통찰을 대화 속으로 끌어들일 수 있어야 한다. 훌륭한 호스트는 손님에게 정중할 뿐 아니라, 손님이 이야깃거리를 가지고 있다고 가정할 줄도 안다.

두 번째 역설은 배움의 공간이 호의적이면서도 긴장되어야 한다고 말하는데, 학생들이 환영받는 동시에 도전받는 공간이기도 해야 한다는 것이다. 나는 자유의 개념을 강조한 후에 학생들에게 숙고해 보라고 하면서 이런 긴장감을 불어넣고자 했다. 나는 자유가 학생들의 삶에서 중요한 문제라는 것을 알았다. 몇몇 학생은 여전히 가족의 영향력에 저항했고, 또 몇몇은 대학이 부당하게 자신의 삶을 제한한다고 느꼈다.

그래서 나는 핵심 질문을 이렇게 설정했다. "지금까지 자유에 관해, 특히 '~로부터의 자유'와 '~를 향한 자유'라는 개념에 관해 무엇을 배웠는가? 지금은 자유에 대해 어떤 신념을 갖고 있는가?" 나는 이 질문이 뜨거운 쟁점이 될 것을 알았고, 내 예상은 빗나가지 않았다. 이 질문은 정서적, 지적으로 학생들의 관심을 사로잡으며 그들을 배움의 공간 깊은 곳으로 끌어들였기 때문에, 학생들은 어쩔 수 없이 혼자 힘으로 생각하는 모험을 감수해야 했다.

'공간은 개인과 집단의 목소리를 모두 끌어낼 수 있어야 한다'라는 세 번째 역설에 입각해, 나는 학생들에게 몇 분간 침묵 속에서 이 질문을 숙고해 보라고 했다. 학생들 대부분은 최상의 생각을 끌어내기 위해 침묵이 필요하기 때문이다. 하지만 단순한 침묵은 어색할 수 있으니 사색하는 동안 그 내용을 글로 남겨 보라고, 그들에게 할 수 있는 무언가를 주었다. 그런 뒤에는 학생들의 마음을 과제에 집중시키기 위해 이렇게 말했다. "글의 용도는 잠시 후에 말해 줄게요."

학생들은 내가 그 글을 걷어 점수를 매길지, 집단 토론에 활용하라고 할지(결국 이쪽을 택했다) 알 수 없었기 때문에, '만일의 경우를 대비해' 글을 써내려 가기 시작했다. 이것은 긴장감이 교육에서 어떤 가치가 있는지를 일깨우는 작지만 중요한 사례이다.

그런 뒤에 나는 개인의 목소리에서 집단의 목소리로 서서히 옮겨갔다. 개인적 사색의 시간이 끝난 후, 세 명씩 한자리에 모여 10분 정도 사색한 내용을 공유해 보라고 했다. 소집단은 모든 구성원에게 상대적으로 안전한 환경 속에서 이야기할 기회를 준다. 이런 자유로운 분위기에서는 대규모 집단 토론이 시작될 때 학생들이 가치 있는 발언을 할 가능성이 크다.

대규모 집단 토론이 진행되는 동안 세 번째 역설의 핵심인 개인과 집단 사이의 긴장을 유지하는 일은, 토론을 촉진하는(강요하는 것이 아니라) 교사의 능력이 크게 좌우한다. 한편, 교사는 각 개인이 목소리를 내도록 유도하고, 그 목소리를 인정해 주어야 한다. 물론 냉소주의자들이 지적하듯이, 터무니없는 발언까지 동의해야 한다는 뜻은 아니다. 발언자가 자신의 말에 담긴 최상의 의미를 찾을 수 있게 도와야 한다는 뜻이다. 이때 교사는 발언하는 학생의 말을 주의 깊게 경청하면서 분명하지 않은 부분은 질문하고, 추상적인 얘기를 하면서 헤맬 때는 적절한 예도 들 줄 알아야 한다.

다른 한편으로, 교사는 그 집단에서 흘러나오는 사고 패턴을 구체화해 주어야 한다. 교사가 개입해 목소리를 지적해 주지 않는 한, 집단은 목소리를 갖지 못한다. 그러자면 발언을 신중히 경청하면서 모든 대화의 가닥을 기억해야 한다. 그래야만 마지막에 가서 다양한 사고로 짜 낸 직물을 들어 올리며, "학생들이 말하려는 게 이건가요?"라고 물을 수 있기 때문이다. 자유에 대한 견해를 말해 보라고 하자 학생들이 내세운 자기중심성과, 실제 상황에서 그들이 보여준 공동체 윤리가 서로 대조된다는 점을 지적했을 때, 나는 이 일을 한 셈이다.

학생들 개개인의 '작은' 이야기와 원칙과 전통을 바탕으로 한 '큰' 이야기를 모두 존중해야 한다는 네 번째 역설은, 내가 지금까지 설명한 모든 교수법에 적용된다. 그러나 이 역설의 긴장을 지탱하기는 쉽지 않다. 학원 문화에서는 작은 이야기를 불신하고, 학생들은 작은 이야기를 가장 편안하게 느끼기 때문이다. 마음대로 하도록 내버려 두면, 학생들은 작은 이야기 속으로 숨어서 큰 이야기를 피하려 할 것이다.

애팔래치아 지역 학생들의 개인적인 경험이 《마음의 습관》에 포함된 큰 이야기를 교정했듯이, 우리의 작은 이야기 속에도 큰 이야기의 오류를 교정할 수 있는 진실이 포함되어 있다. 그렇더라도 교사는 큰 이야기로 학생들의 작은 이야기를 제한해야 한다. 경찰을 고소하기를 꺼린 학생의 태도에 그들이 주장하는 것보다 더 강력한 공동체 윤리가 배어 있다는 점을 지적하기 위해 저자들의 자유 개념을 다시 끌어들였을 때, 나는 이 일을 한 셈이다.

이 긴장을 유지하는 요령은 다음과 같은 사실을 기억하는 것이다. '학생들은 자신의 이야기를 스스럼없이 하지만, 다른 사람들과 마찬가지로 그 의미를 이해하는 경우는 드물다.' 교육이 학생들의 삶을 지식의 원천으로 삼지 않는데, 그들이 어떻게 자기 삶의 의미를 이해할 수 있겠는가? 그러므로 크고 작은 모든 이야기를 교차시키면서 가르침을 펴고자 하는 교사라면, 학생들이 어려워하는 해석 작업을 끊임없이 해야 한다. 학생들이 그런 해석을 '충분히 많이' 들어서, 혼자 힘으로도 할 수 있을 때까지 말이다.

'공간은 고독을 지지하면서 그 고독을 공동체 의식으로 에워쌀 수 있어야 한다'라는 다섯 번째 역설은, 대개 비유적인 의미에서만 실행된다. 대부분의 교육 환경에서는 수업 중에 학생들에게 혼자만의 사색을 하라고 요구할 수 없다. 그러나 어떤 주제에 관해 집단의 목소리를 모으는 과정에서도 고독을 원하는 영혼의 욕구를 존중할 수 있다.

예를 들어, 나는 학생들에게 이렇게 말한다. 내가 대화를 가치 있게 여기긴 하지만 그렇다고 반드시 대화에 열정적으로 참여해야 하는 것은 아니라고, 내면적으로라도 참여하면 그것으로 충분하다고. 말하지 않아도 좋다는 허락은 평소라면 침묵했을 학생들의 참여를 끌어내는 계기가 된다. 자유롭게 선택할 권한을 존중해 주면, 참여하기를 선택하는 학생이 오히려 더 늘어나는 것이다.

학생들의 영혼의 고독을 존중한다는 것은, 그들의 말을 경청하는 동안 그들을 어느 수준까지 그 주제에 참여시킬지 판단해야 한다는 뜻도 있다. 인간의 영혼이 들어가길 꺼리는 지점도 분명히 있기 때문이다. 다른 사람들이 지켜보는 상황에서는 더더욱 그렇다.

첫 번째 사례에서, 나는 학생이 불법체포 경험담을 들려주는 동안 그런 순간과 마주했다. 내가 학생에게 하고 싶은 질문을 즉시 알아차렸는데, 아직 토론의 장에 오르지 않은 자유와 책임의 문제를 제기할 질문이었다. '왜 불법체포 혐의로 경찰을 고소하지 않았나요? 그랬다면 하룻밤만에 부자가 됐을 텐데요.'

그러나 이 질문은 가난의 문제와 관련해 부정적인 면이 있었다. 받아들이기에 따라 '자네 바보 아닌가? 부자가 될 기회를 날려버렸군'이라는 뜻으로 들릴 우려가 있었다. 그래서 질문하기 전에 나는 이렇게 자문했다. '이 학생이 그 질문에 대처할 수 있을까? 우리 사이에 그를 상처로부터 보호할 만큼 유대감이 쌓여 있을까?' 이것이 학생의 고독을 보호한다는 비유적 의미이다. 진실을 온전히 드러내되, 학생의 취약한 영혼에 상처를 주지 않는 선은 지켜야 한다.

여섯 번째 역설은 침묵과 언어를 모두 환영하는 공간을 창조해 내는 것이다. 첫 번째 사례에서, 수업 중에 학생들은 활발하게 대화했지만, 딱 한 번 침묵의 순간이 있었다. 학생들에게 생각을 정리해서 나의 질문에 글로 답해 보라고 한 그 순간 말이다. 그 시간도 가치 있었지만, 내가 가장 큰 흥미를 느끼는 침묵은 토론 중에 끼어들다시피 하는 침묵이다. 주장이나 질문을 해도 즉각적인 반응이 없는 경우이다.

시간이 가고 침묵이 깊어지면서, 침묵의 가치에 대한 나의 믿음도 흔들리기 시작한다. 다른 사람들처럼 나 역시 침묵을 뭔가 잘못됐다는 신호로 해석하도록 훈련받았기 때문이다. 나는 학생들을 가르치고 월급을 받는 이 교실의 리더이자 직업적 책임의식이 있는 교사인 만큼, 계속되는 침묵은 나의 자신감과 가치관을 흔들어 놓는다. 무슨 말이든 해서 잘못된 것을 바로잡을 책임이 있는 사람은 나인 것이다. 여기서 온 공포가, 좀전의 주장이나 질문이 학생들을 어이없거나 지루하게 만들었다는 결론으로 나를 내몰면, 나는 일종의 심폐소생술을 시도해야 한다는 의무감에 휩싸인다.

그러나 내 공포가 나를 잘못된 길로 이끌었다고, 나의 신속한 결론이 실수였다고 가정해 보라. 학생들이 어이없어 하거나 무시하는 것이 아니라 깊이 생각하는 중이라면? 그들이 무지하거나 냉소적인 것이 아니라,

사색적인 침묵의 가치를 알 만큼 현명하다면? 그들이 시간을 낭비하는 것이 아니라, 깊이 성찰하는 법을 배우는 중이라면? 만약 내가 그 침묵을 문제가 있다는 증거로 보고 학생들의 필요가 아니라 나의 통제 욕구에 따라 반응한다면, 나는 이 모든 가능성을 그냥 놓치게 될 것이다.

나의 희망 섞인 해석이 잘못됐더라도, 내가 침묵을 깨는 순간 진정한 배움을 위한 모든 기회가 사라진다는 점에는 의심의 여지가 없다. 교사가 학생들의 침묵을 자기의 생각으로 메운다면 학생들은 침묵 속에서 자기만의 생각을 하려 하지 않을 것이다.

지금까지 설명한 역설을 실천하는 방법은, 독자들의 정체성보다는 나의 정체성과 더 관련이 깊을 것이다. 하지만 교실에서 역설을 실천해야 하는 것은 내가 가르치는 주제나 학생들에게만 일어나는 일은 아니다.

나는 어느 고등학교 과학 실험에 참석해 개인적인 목소리와 집단적인 목소리의 역설이 존중되는 광경을 보았다. 학생들은 차례로 현미경을 들여다본 뒤, 그들이 본 것과 그 의미에 대해 합의점을 찾기 위해 한자리에 모여 토론을 벌였다. 내가 아는 초등학교 수학 교사들은 수학의 신비가 갖는 긴장감을 호의적인 분위기로 에워싸야 한다는 역설을 완벽히 이해한다. 특히 그들은, 학생들이 '여자아이와 소수 인종의 아이는 수학적 사고에 취약하다'라는 문화적 편견을 극복하도록 수업 환경을 다정한 분위기로 만든다. 나는 어느 대학의 문학 강의실에서 큰 이야기와 작은 이야기가 역설적 긴장 속에 통합되는 모습을 지켜보기도 했다. 그 문학 교수는 학생들의 이해를 돕기 위해 〈리어왕〉의 가족 드라마를 학생들이 잘 아는 한 가족의 이야기와 연관 지었다.

역설의 원리는 요리책처럼 명료한 해결책을 제시하지 않는다. 그러나 이 원리가 당신의 정체성에 부합한다면, 당신의 과목이 무엇이든, 어떤 학교에서 가르치든 도움을 줄 것이다.

양극의 긴장을 유지하는 법

학생들이 더 깊이 있게 배울 수 있도록 역설의 긴장을 유지하는 일은, 훌륭한 가르침에 필요한 사항들 중 가장 까다로운 부분이다. 어떻게 하면 이 일을 제대로 해낼 수 있을까?

당신이 교실에 있다고 상상해 보자. 당신은 멋진 질문을 한 뒤 긴 침묵이 이어지는 동안 기다리고 또 기다린다. 당신은 이 순간을 건너뛰지 말고 좀 더 기다려야 한다는 것을 알지만, 가슴이 쿵쾅거리는 것은 어쩔 수 없다. 당신은 마침내 무기력감과 통제력을 상실한 듯한 느낌에 휩싸인다. 결국 당신은 초조함과 분노, 권위주의라는 감정을 뒤섞어 자신의 질문에 스스로 답하지만, 상황은 오히려 더 나빠진다. 이제 당신은 침묵이 선물한 배움의 가능성이 사라져 가는 모습을 그저 지켜볼 뿐이다. 가르침은 점점 더 꽉 막힌 벽을 향해 돌진해 간다.

이 시나리오(침묵과 언어의 역설을 포함해 다른 역설을 실천하려 할 때 생기는 낭패감)는 간단한 진리 하나를 보여 준다. 역설이 한데 모이는 곳은 교사의 마음이며, 양극을 한데 움켜쥐지 못하는 우리의 무능력은 테크닉의 실패라기보다는 내면생활의 공백이 그 원인이라는 사실이다. 따라서 역설의 힘을 활용해 가르치고 배우길 바란다면, 먼저 우리의 마음을 재교육해야 한다.

특히 우리는 양극으로 나뉘었을 때 느끼는 긴장을 이해하는 새로운 방식을 우리 마음에 가르쳐야 한다. 그 실마리는 슈마허E.F. Schumacher의 책《작은 것이 아름답다(Small Is Beautiful)》에서 찾을 수 있다.

우리는 사는 동안 논리적으로 결코 일치시킬 수 없을 것 같은 양극을 조화시켜야 하는 과제와 맞닥뜨린다.…자유를 요구하는 일과 교육에서 가르치는 규율을 어떻게 조화시킬 것인가? 수많은 어머니와 교사가 실제로 그 일을 하지만, 해결책을 써낼 수 있는 사람은 아무도 없다. 그들은 양극을 초월한 더 높은 차원의 힘, 즉 사랑의 힘을 상황 속에 끌어들여 그 일을 해낸다. 의견이 갈리는 문제는 무리해서라도 우리 자신을 초월하라고 압박한다. 그 문제들은 높은 차원의 힘을 빌려 오라고 요구한다. 그래서 우리는 사랑과 아름다움, 선함, 진리 등을 우리의 삶 속으로 가져온다. 오직 이런 높은 차원의 힘들이 도울 때에만 우리는 실제 상황에서 양극을 조화시킬 수 있다.[5]

슈마허 덕분에 나는 역설을 한데 움켜쥐려 할 때 생기는 그 긴장이 나를 찢어 놓으려고 혈안이 된 것이 아니라는 점을 이해했다. 오히려 나보다 더 큰 무언가를 향해 내 가슴을 열어젖히려는 힘이었다. 그 긴장은 항상 어렵고, 때로는 파괴적이기까지 하다. 그러나 내가 저항하지 않고 협력한다면, 내 가슴을 찢어 놓는 것이 아니라 더 크게 확장할 것이다.

이와 관련한 슈마허의 설명이 탁월한 이유는 일상의 경험에 잘 부합하기 때문이다. 슈마허의 말대로, 좋은 교사와 부모는 어떻게든 자유와 규율이란 역설을 조화시키는 법을 배운다. 우리는 아이들과 학생들이 자유롭게 생각하며 살아가는 사람이 되길 바란다. 그러나 그들이 자유로워지도록 도우려면 특정 상황에서 그들의 자유를 제약할 필요가 있다는 사실도 안다.

물론, 우리 아이들과 학생들은 그 사실을 잘 모른다. 열세 살 된 아이가 더 이상 예배에 참석하지 않겠다고 선언하거나, 학생이 내가 제시한 주제와 다른 주제로 과제를 제출하는 순간, 나는 바로 그 긴장 속으로 빨려든다. 그러나 그 순간에 필요한 것이 자유인지, 규율인지, 아니면 둘 다인지 구분하는 공식 같은 것은 없다.

그렇지만 훌륭한 교사와 부모는 그 긴장이 더 큰 사랑을 향해 자신의 가슴을 열도록 허용하면서 매일 지뢰밭을 건넌다. 사랑은 이런 솔로몬의 딜레마를 해결해 준다. 우리가 내면에서 일어나는 긴장을 견뎌내며 학생과 아이를 위한 최선을 선택할 수 있게 한다.

심오한 진리가 늘 그렇듯, 이 사랑에도 역설적인 면이 있다. 슈마허는 훌륭한 부모와 교사가 사랑이라는 초월적인 힘을 끌어들여 양극의 긴장을 해결한다고 말한다. 그러나 그 사랑은 긴장이 촉발한 것, 우리 너머에서 쏟아져 들어오는 것이어야 한다고 말한다. 역설을 한데 움켜쥐려면 우리의 사랑이 절대적으로 필요하지만, 그 사랑만으로는 결코 충분하지 않다. 긴장에 휩싸인 순간 우리는, 우리가 지닌 모든 사랑을 동원해 긴장을 견디면서 그 긴장이 더 큰 사랑을 불러올 때까지 기다려야 한다.

더 큰 사랑이 다다를 때까지 우리가 실천해야 하는 인내를 사람들은 보통 '고통'이라고 부른다. 역설의 힘을 가르침에 적용하고 싶다면, 양극의 긴장에서 생기는 그 고통을 기꺼이 감내해야 한다. 고통을 피하거나 단순히 참아내는 것이 아니라, 우리의 가슴을 넓히는 최선의 기회로 생각하고 적극적으로 받아들여야 한다.

이런 수용적인 태도가 없다면, 우리는 고통의 불쾌감을 견디지 못해 긴장을 조급하게 해결하려고 서두를 것이다. 왜 그런 고통을 감내해야 하는지 도무지 이해할 수 없기 때문이다. 이렇게 되면, 우리는 침묵의 교실 한가운데에서 스스로 묻고 답하면서 침묵만 더 깊어질 것이다. 또한 우리의 계획을 망치는 반대의 목소리를 거칠게 짓밟을 것이고(질문을 환영한다고 해놓고), 주제에서 벗어난 글을 쓰는 학생들에게 규율을 강요하며(그 글이 아무리 창의적이더라도) 그들을 처벌할 것이다.

깊이를 더하는 이런 고통을 견뎌내지 못하면, 우리는 학생들에게 가장 깊은 수준의 가르침을 줄 수 없다. 그러나 양극의 긴장을 견뎌낸다면, 탐구로 향하는 문이 닫히지 않도록 지키면서, 우리 모두 배움의 영역으로 학생들을 초대할 수 있다.

이 일을 '어떻게' 해야 하는지는 답할 수 없다. 그 일은 교사의 마음속에서 일어나기 때문이다. 양극의 긴장을 견디는 것은 행위가 아닌 존재의 상태에 관련된 문제이지만, 어쩌면 릴케의 말이 도움이 될지도 모르겠다. 그의 말이 고통을 받아들이는 법을 가르쳐 주지는 않는데, 그런 것은 아예 존재하지 않기 때문이다. 그러나 릴케는 우리가 기꺼이 고통을 감내하려 할 때 일어날 법한 일에 관해 희망적인 답을 들려준다.

이 답은 그가 교사 입장에서 쓴《젊은 시인에게 보내는 편지(Letters to a Young Poet)》라는 책에 실려 있다. 릴케는 초보 시인들의 편지를 자주 받았는데, 그들은 정중하면서도 요구사항이 많았다. 릴케의 작품을 예찬하면서 그런 시를 쓰려면 어떻게 해야 하는지 조언을 구했던 것이다. 릴케는 시간을 내서 답장했을 뿐 아니라, 놀라울 정도로 관대한 조언까지 덧붙였다.

한 편지에서 젊은 시인이 긴급한 문제를 빨리 해결해 달라고 노년의 시인을 압박하자, 릴케는 이렇게 답장했다. '마음속의 해결되지 않은 모든 문제에 대해 인내심을 갖고, 문제 그 자체를 사랑하십시오.…당장 해답을 얻으려 하지 마십시오. 당신이 그 해답을 살아 낼 수 있기 전까지는 답 또한 주어지지 않을 것입니다. 중요한 것은 모든 것을 살아 보는 것입니다. 지금 그 문제들을 살아 보십시오. 그러면 먼 훗날 언젠가 당신도 모르는 사이에 그 해답과 함께 살아가는 자신을 발견할 것입니다.'6

릴케의 조언은 교실에서 일어난 양극의 긴장을 견디지 못하는 교사를 위한 조언으로도 읽을 수 있다. '마음속의 해결되지 않은 모든 문제에 대해 인내심을 가져라. 모순 그 자체를 사랑하라. 당장 해답을 얻으려 하지 말라. 당신이 그 해답을 살아 낼 수 있기 전까지는 해답 또한 주어지지 않을 것이다. 중요한 것은 모든 것을 살아 보는 것이다. 지금 그 모순들을 살아 보라. 그러면 먼 훗날 언젠가 당신도 모르는 사이에 그 역설과 함께 살아가는 자신을 발견할 것이다.'

릴케가 내게 주는 희망은, '먼 훗날 언젠가' 역설의 긴장을 견뎌 내는 법을 지금보다 더 잘 이해하리라는 그의 말 속에 있다. 그의 말은 옳았다. 교육에서 비롯한 긴장과 함께 오랜 시간을 보낸 지금, 나는 몇 년 전보다 훨씬 수월하게 역설을 감내하게 되었다.

그러나 나는 '중요한 것은 모든 것을 살아 보는 것'이라는 릴케의 말에서 더 깊은 희망을 본다. 이 말은 아주 중요하다! 만약 내가 교사로서 맞닥뜨리는 긴장을 온전히 살아 내지 않는다면, 그 긴장은 결코 사라지지 않을 것이다. 깊은 곳에 잠복해 있다가 배가되어 돌아올 것이고, 나는 해결 방법을 알 수 없을 것이다. 그러나 긴장을 내 삶으로 에워싸 기꺼이 살아 낸다면, 나는 새로운 가능성을 향해 나 자신을 활짝 열 것이고, 긴장으로 나 자신이 분열되지도 않을 것이다.

이것 외에 대안은 하나뿐이다. 교사로서 맞닥뜨리는 긴장을 부인하며 살아가는, 삶답지 못한 삶이다. 이 경우, 나는 아무런 긴장도 못 느끼는 척 허세를 부리면서 교사의 가면을 쓰고 연기할 것이다. 내면에서는 그 긴장 때문에 삶이 갈기갈기 찢겨 나가면서도 말이다.

허세는 분열의 또 다른 이름으로, 좋은 교육의 바탕이 되는 상호 연결성의 가능성을 미리 차단해 버린다. 허세를 부릴 때 우리는 자신과 학생들, 주변 세계 그리고 좋은 교육의 뿌리이자 열매인 공동의 중심에서 멀어진다. 그러나 '중요한 것은 모든 것을 살아 보는 것'이라는 사실을 이해한다면, 우리는 잃어버린 모든 것을 되찾을 것이다.

플로리다 스콧 맥스웰Florida Scott-Maxwell의 말을 인용하는 것으로 이 장을 마무리하고자 한다. 길고 보람 있는 삶을 산 그녀는 생의 막바지에 무게 있는 말을 남겼다. '어떤 이해할 수 없는 법칙이 우리를 모순의 지점에 붙들어 둔다. 그곳에서 우리는 어찌할 바를 모르고, 우리가 사랑한 것을 좋아하지 않게 되며, 선과 악이 뒤섞여 구분할 수 없다. 그곳에서 우리는 비통과 환희를 동시에 느끼면서 양극을 가슴에 품어야만 갈등을 해결할 수 있다. 사람들은 이런 태도를 신의 손길에 내맡긴다고 한다. 이 상황을 묘사할 더 나은 표현이 어디 있겠는가?'[7]

4장

공동체 속에서 인식하기

위대한 사물의 은총

．
．
．

당신이 누구이든, 얼마나 외롭든,
이 세상은 당신의 상상에 자신을 내맡기며
야생 거위처럼 거칠고 흥분된 목소리로 당신을 부른다.
당신이 사물의 가족 속에서 차지하는 자리를
거듭거듭 알리면서.

– 메리 올리버, '야생 거위'[1]

공동체의 유형

앞서 세 장에 걸쳐 가르침과 배움의 내면 풍경을 탐사했다. 우리는 학생과 교과, 우리 자신에게서 우리를 단절시키는 내면의 힘을 관찰했고, 그 간격을 메워 주는 몇 가지 내면 훈련을 탐색했다. '자아의식 회복하기', '두려움과 직면하기', '역설을 활용해 양극화한 세상을 전체적으로 바라보기', 이 세 가지이다.

이 장과 다음 두 장에서는 공동체로 시선을 돌려 볼 생각이다. 여기서 공동체란, 가르침과 배움의 필수 요소이자 진정한 교육의 핵심이기도 한 상호 연결성을 가능하게 하는 공동체를 말한다. 교사의 내면적인 삶에서 교육에 필요한 공동체로 초점을 옮기니 주제가 바뀐다고 생각할지도 모르지만, 사실은 그렇지 않다. 첫 세 장에서 공동체가 클 수 있는 내면의 토양 가꾸기를 다루었다면, 다음 세 장은 그 내면의 토양을 교실이나 지역사회처럼 더 큰 세상으로 확산하는 문제를 다룰 것이다.

분열된 삶에는 공동체가 뿌리내릴 수 없다. 공동체는 외적인 모양과 형체를 갖추기 오래전부터 분열되지 않은 자아 속에 씨앗으로 내재해야 한다. 우리가 자신과 교감하지 않는다면 다른 사람과 공동체를 형성할 수도 없다. 공동체는 보이지 않는 내적인 은총이 눈에 보이게 드러난 것으로, 개인적인 정체성과 진실성이 관계의 세계로 흘러드는 것에 비유할 수 있다. 내가 지금까지 줄곧 탐색해 온 상호 연결성이 외부 세계로 확장된 결과물이다.

이 장과 다음 두 장에서 교육 공동체의 다양한 모델을 탐색하면서 다음과 같은 한 가지 핵심적인 질문을 할 것이다. '이 모델들은 인식하기, 가르침, 배움이라는 교육의 임무를 향상하고 발전시킬 수 있는가?' 이 질문을 품게 된 것은 몇 년에 걸쳐 나를 자극한 가르침에 관한 하나의 이미지 때문이다. 그 이미지의 중심에는 본질적이면서도 거의 다뤄지지는 않은 공동체의 형태가 있는데, 다음과 같은 문장으로 요약할 수 있다. '가르친다는 것은 진리의 공동체가 살아 숨 쉬는 공간을 창조하는 것이다.'

진리의 공동체로 향하는 길을 닦으려면 먼저 약간의 잡목부터 걷어내야 한다. 공동체 모델은 점점 더 심화하는 단절의 고통과 '절연되지 않기를' 바라는 열망을 토대로 우리 사회에서 잡초처럼 성장했다. 나는 교육에 필요한 공동체는 어떤 유형인지 알아보기 위해 오늘날 가장 중요하다고 생각되는 세 가지 유형(치유, 시민, 마케팅)의 공동체를 검토하고자 한다.

치유 공동체는 우리가 공동체(community)라는 단어를 사용할 때 가장 흔히 떠올리는 모델이다. 이 모델은 인간관계에서 친밀감을 제일 높은 가치로 보는데, 단절의 고통을 가라앉히는 최고의 치유책으로 여기기 때문이다. 친밀한 관계는 상호 연결성의 범위를 훨씬 넘어선다. 친밀한 관계를 맺을 때만 우리의 가장 깊은 본성을 다른 사람들과 나눌 수 있다. 자신을 완전히 드러내 보일 수 있고, 또 다른 사람에게 받아들여질 것이라고 믿는다. 최선의 치유 공동체는 배우자나 연인, 좋은 친구들, 부모와 자식 사이에서 볼 수 있는 사랑이 특징이다.

치유의 모티브는 교육에서도 중요한 자리를 차지하는데, 사랑이 없는 노력은 병리적으로 되기 쉽기 때문이다. 배움이나 배우는 학생들을 향한 사랑이 없는 학교는 건강한 학교라고 할 수 없다. 나는 '친구들과 함께하는 진리 추구'라는 멋진 교훈을 가진 대학을 알고 있다.[2] 이 학교의 설립자들은 학문이라는 고된 탐구에는 같은 길을 가는 구성원들 간에 끈끈한 우애가 필요하다는 것을 잘 알고 있었다.

그러나 이전에 교육 분야에서 치유 공동체 모델을 적용한 방식은 이 교훈처럼 타당하거나 심오하지 않았다. 오히려 이런 방식은 가르침과 배움을 위협한다. 친밀감이야말로 사람들 사이에서 일어날 수 있는 최선이자 최적의 것이라는 전제를 너무 강조하기 때문이다. 때로 이런 전제 조건은 날카롭고 완강한 형태를 띠면서 인간잠재력운동(human potential movement, 소집단 활동으로 대인관계와 내적 심리의 성장과 발달을 촉진하려는 운동. 인간의 사회·정서적 기능 증진에 도움을 주었으나, 무자격 지도자들이 유입되면서 점성술이나 이단적 정신요법 등이 성행하는 등 심각한 사회문제가 되기도 했다.-편집자)에서 가끔 보이는 '함께하지 않을 거면 죽어!'라는 식의 유사 공동체의 분위기를 만든다.

물론 우리는 서로에게 친밀감을 강요할 수 없다. 그럴 경우, 많은 사회적 실험이 보여준 것처럼 오히려 서로를 더 멀어지게 할 뿐이다. 치유 모델을 교육에 적용할 때 일어나는 문제는 이보다 더 심각할 수도 있다. 우리의 모든 관계를 친밀감을 기준으로 평가한다면, 우리의 세계는 결국 하나의 소실점으로 축소되고 말 것이다.

우리 중 대다수는 평생 오직 몇몇 사람과만 진정으로 친밀한 관계를 맺는다. 만약 공동체에 속하는 것과 친밀감을 누리는 것이 같아진다면,

우리는 더 넓은 영역에 있는 타자들의 타자성을 경험할 수 없을 것이다. 친밀감이 표준이 될 때, 우리는 모든 교육의 핵심이기도 한 낯선 것들과 유대감을 형성하는 능력을 잃는다. 그럴 때 우리는 우리의 생각과 존재 방식에 이질적인 사람이나 개념을 받아들이는 능력을 상실한다. 그럼에도 치유 모델은 공동체를 가족적이거나 친밀한 형태로 축소해 타자에 대한 우리의 두려움을 교묘하게 이용한다.

중산층 미국인인 나는 가난이나 가난한 사람들과 친밀한 관계를 맺을 가능성이 별로 없다. 그러나 내가 가난한 사람들과 그들의 어려움에 책임을 느끼는 것은 정말로 중요하다. 나는 아마존 유역의 파괴된 우림지대에서 살아가는 사람들과 친밀한 유대를 맺을 가능성이 별로 없다. 그러나 내가 그들이나 그들의 거주지와 생태학적으로 상호 의존적이라는 사실을 이해하는 것은 정말로 중요하다. 과학에 문외한인 나는 양자 역학의 기묘한 이론을 주장하는 사람들과 친밀한 관계를 맺을 가능성이 별로 없다. 그러나 나는 그들이 내가 몸담은 학계를 어떤 식으로 재편해 나가는지 반드시 이해해야 한다.

친밀한 관계를 맺을 수 없는 것들을 전부 거부한다면, 삶은 위축되고 말 것이다. 따라서 우리는 친밀감보다 더 포괄적인 기준이, 관계(사람과 자연, 개념들과 맺는)에는 의미가 있다는 사실을 확인시키는 그런 기준이 필요하다. 치유 공동체가 교육의 표준으로 자리 잡는다면, 가르침과 배움의 기반은 약해질 수밖에 없다.

시민 공동체 모델은 치유 모델의 약점을 보완하는 중요한 대안을 제공한다. 여기서 표준이 되는 것은 친밀한 사람들끼리의 협소한 관계가 아닌, 건강한 정치적 통일체를 이루는 낯선 이들끼리의 광범위한 관계이다. 시민 모델로 구상된 공동체는 개인적 취약성보다는 공공적 상호성에 더 중점을 둔다. 이 공동체에 속한 사람들은 서로 친밀감을 느끼지는 못하지만, 상호 갈등과 공공의 문제를 해결하기 위해 공통된 수단과 재원을 공유하는 법은 안다. 시민 공동체 내에서 우리는 서로의 마음속에 무엇이 있는지 배우지는 못하지만, 함께 협력하지 않으면 각자도생할 수밖에 없다는 사실은 배운다.

치유 공동체는 심리학의 시대에 이르러서야 비로소 형성된, 상당히 현대적인 개념이다. 그러나 시민 공동체의 뿌리는 무려 고대로까지 거슬러 올라간다. 플라톤 이래로 학원(academy)은 민주적 시민 의식을 계발하는 정치적 통일체의 축소판으로 널리 육성되었다. 이에 관해 벤자민 바버Benjamin Barber는 이렇게 썼다. '대학에 시민적 사명이 있다는 것이 아니라, 대학은 시민적 사명이자 시민 의식 그 자체이다. 공동체에 모든 지식의 원천인 대화와 담론을 개발하도록 강요하는 규칙과 관습의 덩어리, 이것이 바로 대학인 셈이다.…나는 민주주의와 교육이 평행적인 활동이라는 주장에서 한 걸음 더 나아가, 시민 훈련과 지식의 배양은 평행적인 구조라고 말하려 한다. 나는 지금 이 둘이 같다고 주장하고 있다.'³

시민 공동체 모델은 가르침과 배움에 적용할 수 있는 핵심적인 특징이 있다. 미국은 인종과 민족, 성별로 분열된 사회이지만, 고등학교와 대학교 교실에서는 다양한 부류의 학생들이 공동 작업을 한다. 언론에서는 '정치적 균형' 운운하며 말싸움을 벌이지만, 그들은 성숙한 시민 의식을 갖고 그 일에 참여한다. 우리가 너덜너덜해진 시민사회 조직을 재건하고자 한다면, 가장 중요한 교육 기관을 결코 등한시해서는 안 된다.

그러나 시민 모델에도 교육의 핵심 목표를 위협하는 미묘한 위험이 있다. 시민사회에서 우리는 민주 정치라는 고전적인 메커니즘(협상, 타협, 절충)을 활용해 이견을 해결한다. 이 메커니즘은 최대 다수의 최대 행복이 목표인 시민 영역에서는 더없이 훌륭한 수단이다. 그러나 공동선을 추구할 때는 고귀했던 수단이, 진리를 추구할 때는 야비한 수단으로 변질될 수도 있다. 어쨌든 진리는 민주적인 방식으로 결정할 수 없다.

민주주의 사회에서는 일단 표결이 완료되면 누가 가장 많은 표를 받았든 그 사람을 지도자로 인정한다. 양심의 한계를 넘지만 않는다면 우리는 이 절차에 따르기로 동의한다. 그러나 진리를 추구할 때 우리는 절대 그런 식으로 동의하지 않으며, 동의해서도 안 된다. 다수결에 따른 진리는 결코 진리가 될 수 없기 때문이다. 어느 영역이든 진리를 놓치는 한 가지 확실한 방법은 다수결에 의지하는 것이다. 코페르니쿠스와 갈릴레오가 그렇게 했더라면, 태양은 여전히 지구 주위를 돌고 있을 것이다. 따라서 시민 모델이 가르침과 배움에 어느 정도 도움이 된다 하더라도, 우리는 그보다 더 근본적인 교육 공동체 모델을 찾아야 한다.

마케팅 모델은 전사적 품질 경영(총체적 품질 관리)이란 깃발 아래 오늘날의 미국 교육계를 강타하고 있다. 앞서 살펴본 두 모델과 목적과 동기가 완전히 다른데도, 치유 모델의 개인주의와 시민 모델의 실용주의를 기묘한 방식으로 결합한다.

마케팅 모델의 규범은 아주 직설적인데, 다음과 같이 요약할 수 있다. '교육 기관은 고객과의 관계를 강화하고 고객에 더 책임 있는 태도를 가져 제품의 질을 높여야 한다. 비용을 내는 학생과 학부모는 소비자로 대접받아야 하며, 판매자를 비판할 충분한 기회도 가져야 한다. 교육 기관이 교육 방식을 바꿔 더 많은 소비자를 만족시킬 수 있도록, 이런 비판은 제품을 생산하는 사람에게 고스란히 전달되어야 한다.'

'고객'이나 '제품'이란 표현이 교육자로서 귀에 거슬린다면, 다음의 이야기를 귀담아들어 보자.

어느 주립대학의 신임 교무처장은 도심에 있는 그의 대학에 공동체 의식이 너무 약하다고 불평했다. 나는 '만약 마술 지팡이를 휘두를 수 있다면, 그곳의 공동체 의식을 강화하기 위해 제일 먼저 뭘 하시겠습니까?'라고 물었다. 나는 그가 오리엔테이션이나 기숙사 생활, 상담 프로그램 등을 이야기할 것이라고 예상했다.

그러나 그의 대답은 이러했다. "저는 수업에 대한 학생들의 반응을 측정할 수 있는 나름의 방식을 만들 것입니다. 그렇게 얻은 정보를 활용해 부족한 교사들이 더 나아지도록 도울 겁니다. 그들이 더 나아질 수 없거나 나아지려 하지 않는다면, 그들에게 다른 직업을 찾아보라고 해야죠."

이 교무처장의 공동체 개념은 치유 모델의 심리적 깊이나 시민 모델의 정치적 고결함은 없지만, 권장할 만한 요소가 많다. 일반 기업은 시장의 반응으로 제재를 받는 데에 비해, 고등교육 분야는 지금까지 고객의 반응에 무관심으로 일관했다. 비용을 내는 학생과 학부모는 종종 교육자에게 불경스러운 대접을 받는다. 우리는 동료 교육자를 제외한 그 누구도 우리의 일을 정당하게 판단할 수 없다고 믿는다. 그리고 우리의 평가조차 완전히 신뢰할 수 없다!

이런 오만한 현실 앞에서, 교무처장의 공동체 개념은 고등교육 종사자를 조금이나마 겸손하게 할 수 있을 것이다. 물론 그가 실제로 좋은 교육의 중요한 세부 사항을 식별하는 평가 체계를 만들 수 있다면 말이다. 그러나 이 마케팅 모델에는 가르침과 배움에 명백한 위협이 되는 몇 가지 요인이 있다.

첫째, 교무처장이 원하는 그런 평가 체계는 어디에서도 찾아볼 수 없다. 그 역할을 한다고 주장하는 체계는 위험한 협잡에 불과하다. 우리는 가르침을 평가하는 데에 활용할 수 있는 믿을 만한 메커니즘을 갖추지 못했다. 좋은 교육의 그 모든 다양성을 설문조사 항목에 욱여넣을 수는 없다.

둘째, 좋은 교육은 언제나 제품보다는 과정에 더 가깝다. 학생이 교사와의 교육적 거래 끝에 얻어 낸 것이 하나의 정보 꾸러미뿐이라면, 그 학생은 사기당한 것이다. 좋은 교육은 학생에게, 지식의 제조자와 다른 사람의 지식을 식별하는 안목 있는 소비자 그 모두가 되라고 가르친다.

셋째, 좋은 교육은 적어도 한동안은 학생을 깊은 불만족 상태에 빠뜨릴 수 있다. 목소리가 잘 안 들리거나 횡설수설하는 등 무능력한 교사에게 느끼는 불만족감을 말하는 것이 아니다. 학생은 좋은 교사에게 훌륭한 가르침을 받은 후에도 화가 난 상태로 자리를 뜰 수 있다. 자신의 편견에 도전하고 자아의식을 뒤흔들어 놓는 교사를 매우 못마땅해 하는 것이다. 그러나 이런 종류의 불만족감은 진정한 교육이 이루어졌다는 신호일 수 있다.

학생이 불편한 진리를 보여 주는 교사에게 고마움을 느끼기까지는 몇 년의 시간이 걸리기도 한다. 마케팅 공동체 모델이 표방하는 책임 윤리가 아무리 적절하더라도, 고객은 언제나 옳다고 전제하는 한, 제대로 된 역할은 할 수 없을 것이다.

현실은 관계의 연결망이다

치유 공동체와 시민 공동체, 마케팅 공동체 모델에는 교육에 필요한 통찰이 있다. 그러나 진정한 교육을 뒷받침하는 좀 더 포괄적인 유형의 공동체는 이 목록에 없다. 이 장의 나머지 부분에서, 나는 대안적 모델 하나를 제시할 생각이다. 이어지는 두 장에서는 그 대안이 실제로 교수법에 미치는 영향력을 이야기할 것이다.

우리가 추구하는 공동체 모델은 교육의 핵심 임무(인식, 가르침, 배움)를 포용하고, 이끌고, 정련할 수 있어야 한다. 그 모델의 단서는 가장 도전적으로 느껴지는 가르침의 이미지, 즉 가르친다는 것은 진리의 공동체가 살아 숨 쉬는 공간을 창조하는 것이라는 교육의 핵심적인 차원에서 찾게 될 것이다.

진리의 공동체의 핵심은 심리적 친밀감도, 정치적 시민 의식도, 실용적 책임감도 아니다. 물론 이런 덕목을 완전히 배제하지는 않지만, 진리의 공동체 모델은 모든 교육의 기반이 되는 존재론과 인식론의 영역(실재하는 것의 본질과 그것을 이해하는 방식을 다루는)까지 더 깊이 파고든다. 진리의 공동체의 핵심은 이것이다. '현실은 관계의 연결망이며, 우리는 그 속에서 일체감을 형성할 때 현실을 인식한다.'

이 주장은 거창하지만, 작은 이야기로 얼마든지 설명할 수 있다.

나는 어느 주요 연구 대학에서 교육 공동체에 관해 강의하고 있었다. 강의하는 동안 앞자리에서 집중하는 키가 큰 남성에게 계속 시선이 끌렸다. 칠십 대 초반의 위엄 있는 그 신사는 정장을 완벽하게 차려입고 연극적일 정도로 부스스한 흰머리를 하고 있었다.

토론이 시작되자 그는 재빨리 일어나서 자기소개를 했다. "저는 유명한 ○○대학의 생물학 명예교수 스미스 박사입니다."

나는 학자들이 날 선 비판에 앞서 가식적으로 예의를 차린다는 사실을 잘 알고 있었다. 게다가 자기소개에서 약간의 거만함까지 느껴져 나는 빠르게 결론을 내렸다. 그는 나를 점심 식사의 주요리로 삼으려 하고 있었다.

그가 이어서 말했다. "내가 고등교육의 공동체론을 다 이해했는지는 모르겠습니다. 그러나 결국 그건 좋은 생물학의 본질일 뿐입니다."

그는 다시 자리에 앉았다.

나는 시간이 좀 지나고서야 내가 공격당한 것이 아니라는 사실을 깨달을 수 있었다. 학술적 예의를 차리느라 함축적으로 말하긴 했지만, 그는 내 견해에 동의하고 있었다. 일단 오해가 풀리자, 그와 나는 발언의 의미에 관해 유익하고 활발한 대화를 나눌 수 있었다.

두 세대 혹은 세 세대 전만 해도 공동체적인 것이 좋은 과학이라고 주장하는 생물학 교수는 찾기 힘들었다. 당대의 생물학자였다면 오히려 교육 공동체에 관한 내 견해를 낭만적 오류로 치부했을 것이다. '생명은 개체들 간의 끊임없는 싸움이자 승자독식의 전쟁터'라는 생물학의 핵심 원리를 위반했기 때문이다. 초창기 생물학자들에게 자연은 테니슨의 유명한 시구처럼 '붉게 물든 이빨과 발톱' 그 자체였다. 이런 자연관을 가진 사회 진화론자들(Social Darwinists)이 보기에, 인간관계는 문명의 금박을 얇게 덧씌운 적자생존의 무대에 불과했다.

그러나 오늘날에 이르기까지 생물학적 현실에 대한 이런 이미지는 변화를 거듭했다. 현재 생태학적인 연구는, 투쟁과 죽음의 경연장보다는 공동체적인 협조와 존재의 거대한 연결망을 강조하는 자연관을 말하기 시작했다. 자연계에서 투쟁과 죽음이 사라지지는 않았지만, 이제 죽음을 개인적인 삶의 실패라기보다는 끊임없이 이어지는 공동체적인 삶의 한 요소로 인식한다.

이렇게 현실에 대한 인식이 파편화와 경쟁에서 공동체와 협력으로 전환된 것은 지난 50여 년간 사실상 모든 학문 영역에서 일어났다. 물리학은 또 다른 강력한 사례를 제시한다. 그 사례가 강력한 이유는, 물리학이 존중받는 '자연과학'의 한 분야이기도 하지만, 물질과 외부 세계를 가장 기본적인 차원에서 설명하기 때문이다.

초창기부터 물리학은 원자의 이미지로 만들어졌다. 소크라테스 이전의 철학에서 온 이 이미지는, 현대 물리학이 현실을 구성 요소로 분석해 더욱 강력한 예측력을 확보하면서 그 중요성이 새로 주목받았다. 이후 환원주의적 과학의 이미지가 사회적 소외라는 현대적 경험과 결합했을 때, '원자론(atomism)'은 우리 시대의 가장 강력한 문화적인 은유가 되었다. 그 내용은 이렇다. '우리와 우리가 사는 세계는 전체성의 환상일 뿐이며, 그 아래에는 파편화한 현실이 있다.'

그러나 최신 물리학은 원자론의 이러한 현실 인식을 순진하다고 판단한다. 일련의 중대한 실험을 거듭한 결과, 물리학자들은 아원자 입자들이 '교감이 불가능할 정도로 멀리 떨어져 있을 때도 마치 서로 의사소통하듯이 행동한다'라는 사실을 보여 주었다.[4] 시공간상으로 멀리 떨어진 이 '입자들'은, 소외된 개인보다는 상호작용적이고 상호 의존적인 공동체에 속한 사람처럼 행동하게 하는 특정한 연결망을 형성하는 것 같다.

이 실험 결과로 드러난 세계를 설명하려 애쓰는 물리학자들은 공동체의 은유를 즐겨 사용한다. 폴 데이비스Paul Davies는 이렇게 말한다. "이 실험 결과는 관계를 놀라울 정도로 통합적인 관점에서 바라보게 합니다. 그 세계 속에서는 일단 한번 상호작용하고 나면 아무리 멀리 떨어져도 그 작용을 멈추지 않습니다."[5] 헨리 스태프Henry Stapp는 훨씬 더 단호하게 말한다. "기본 입자는 독립적으로 존재하는 불가분의 개체가 아니라, 본질적으로 외부의 다른 것들을 향해 뻗어 나가는 일련의 관계망입니다."[6]

물리학자들은 왜 입자들이 독립적인 방식보다는 관계적인 방식으로 움직인다고 보는가? 이 질문에 답할 때 공동체의 은유는 더욱 타당해 보인다. 데이비드 봄David Bohm은 이렇게 말했다. "물리적인 현실은 인간 게놈처럼 보이지 않는 정보의 연결망으로 구성된다. 그것은 코드화한 메시지의 복잡한 공동체이다. 내재해 있는 전체적이고 근원적인 질서의 정보가 특정 분야, 특정 입자의 외재적인 질서 속으로 퍼져 나가는 것이다. 비유하자면, 모든 부분에 피사체 전체에 대한 3차원 정보가 담긴 홀로그램 사진과 같다. 이 홀로그램을 아무리 작은 조각으로 자르더라도 그 조각에 레이저 광선을 비추면 전체 이미지가 펼쳐진다."[7]

현대 과학의 탁월한 해설가 이안 바버Ian Barbour는, 우리의 현실 인식이 발달한 단계를 훌륭하게 설명한다. 중세 시대에 인간은 현실을 정신적인 것과 물질적인 것 혹은 '물질 그 자체'로 보다가 뉴턴 시대에 와서 원자론을 취했다. 물질보다는 물질을 이루는 독립된 입자가 현실의 실체라고 파악한 것이다.[8]

그러나 현대에 이르러서는 자연을 관계적이고 생태적이고 상호 의존적으로 인식했다. 현실은 독립된 물질이나 분리된 입자라기보다는 사건과 관계로 구성된다고 파악했다. 바버에 따르면, 인간은 이제 자연을 '상호 의존적인 존재의 역사적 공동체'로 이해해야 한다는 것이다.[9]

진리의 공동체를 이해하는 첫 번째 단계는, 공동체가 현실의 본질적인 형태이자 모든 존재의 원형이라고 보는 것이다. 다음 단계는 현실의 본질에서 그 본질을 어떻게 인식하느냐로 옮겨 가는데, 우리는 현실과 유대감을 형성할 때만 현실을 인식할 수 있다.

현대 물리학은 인식하는 자와 인식 대상을 서로 분리해야 한다는 개념을 거부한다. 물리학자들은 아원자 입자를 인식하려는 노력 자체가 입자에 영향을 미친다고 본다. 따라서 우리는 근대 이전의 과학이 주장한 것처럼, '저기 밖에 있는' 세계와 '여기 안에 있는' 관찰자의 객관적인 거리를 더 이상 유지할 수 없다. 인식하는 자와 인식 대상은 서로 연결되었고, 인식 대상의 본질에 관한 주장은 인식하는 자의 본성을 반영하게 되었다.

눈으로 확인할 수 있는 영역에서는 인식하는 자와 인식 대상의 공생이 더욱 명백하다. 특히 '진짜' 과학은 먼저 그 둘이 분리되어야 한다는 신화에서 해방되고 나면 한층 더 명백해진다. 사회학, 심리학, 역사 등의 영역에서 인식하는 자가 인식 대상에 아무런 영향도 남기지 않고 어떻게 타인에 관해 알 수 있겠는가? 문학평론가가 개인적 경험이란 발자국을 남기지 않고 어떻게 소설 속의 영역을 산책할 수 있겠는가?

그런데 매우 중요하면서도 종종 오해를 낳는 관계적 인식의 특징 중하나는, 관계적 인식이 인간의 상호 연결 능력을 강화한다는 것이다. 인식자로서 우리는 더 이상 타자와 의미 있게 연결되고자 하는 열망을 배제할 필요가 없어졌고, 개인의 주관이라는 이 '골칫거리'를 '극복'하기 위해 자신을 세상과 분리할 필요도 없어졌다.

우리는 이제 우리의 인간성 덕분에 우주적 공동체의 일원이 되었다는 사실을 축하할 수 있다. 우주의 먼 곳을 탐험하는 천문학자들이 우리 몸을 구성하는 원자의 근원지인 폭발하는 별들을 발견하기 시작했기 때문이다. 우리가 우주와 긴밀하게 연결되지 않았다면, 우리가 세상의 참여자가 아니라 관찰자로 존재한다면, 우리는 인식 능력을 지닐 수 없었을 것이다.

기념비적인 책 《개인적 지식(Personal Knowledge)》에서 화학자 마이클 폴라니Michael Polanyi는 과학이 다음과 같은 사실에 기반을 둔다고 했다. 우리는 이 세상의 '속에 들어가 삶으로써' 그 세상에 관해 '몸으로 지식'을 얻는다. 이런 비언어적이고 '암묵적인' 지식의 형태에 의존해 언어적인 외부의 지식을 얻는다.[10]

암묵적인 지식이 없다면, 과학자는 진실을 드러내는 질문과 유망한 가설, 유익한 직관과 통찰을 어디서 얻을지 막막할 것이다. 우리가 어떤 것을 인식하는 계기는 우리와 현실 사이의 관계에서 온다. 우리의 몸이 원자처럼 깊은 곳에서 모든 것과 공유하는 상호 연결성에서 오는 것이다.

폴라니 사상의 해설가 리처드 젤윅Richard Gelwick은, 객관주의가 너무 당연시되는 바람에 개인적 인식 요소에 관한 폴라니의 통찰을 심지어 지지자들도 오해했다고 지적한다.

> 대중 강연에서 나는 폴라니가 여러 차례 그를 지지하는 사람들의 의견을 바로잡아 주는 것을 보았다. 그들은 모든 지식에는 개인적인 요소가 포함되어 있다는 말에 동의한 후, 개인적 요소는 위험하므로 최소화해야 한다고 덧붙였다. 그러면 폴라니는 개인적 요소는 최소화할 것이 아니라 우리를 새로운 발견으로 이끄는 핵심적인 요소로 이해해야 한다고 설명했다. 그에 따르면, 개인적 요소는 절대로 인간 인식론의 불운한 결점이 아니라 오히려 문화, 문명, 진보를 가능하게 하는 주춧돌이었다.[11]

진리의 공동체는 존재의 모든 연결망을 포용하는 인식의 이미지로, 사물에 대한 우리의 인식은 그 연결망 속에 함께 엮일 때 큰 도움을 받는다. 그 이미지는 동료 인간과의 가시적 연결(친밀감, 시민의식, 책임감을 가능케 하는)뿐 아니라, 비인간적 존재와의 비가시적 연결까지도 함께 존중하는 이미지이다. 진리의 공동체는 인식, 가르침, 배움이라는 교육의 임무를 충분히 수행하게 하는 공동체 모델이다.

진리를 다시 검토하기
——

요즘 교육계에서는 진리라는 단어를 많이 사용하지 않는다. 그 단어는 진리를 알 수 있다고 확신했던 오래 전의 순진한 시대를 연상시키기 때문이다. 또 우리는 이제 진리를 확신할 수 없다는 사실을 확신하므로, 당혹감을 느끼지 않기 위해서라도 그 단어를 사용하길 꺼린다.

우리가 그 단어를 사용하지 않는다고 해서 그 개념에서 해방되었다는 말은 아니다. 진리가 가리키는 가능성에서 완전히 벗어났다는 뜻은 더더욱 아니다. 오히려 우리가 진리에 관해 말하지 않을수록 우리의 인식, 가르침, 배움은 진리의 전통적인(그리고 신화적인) 모델에 더 많이 지배당한다. 전통적인 모델이란 객관주의를 말하는 것으로, 우리의 집단 무의식에 너무도 깊이 뿌리박혀 있어서, 무시할수록 오히려 더 강화된다.

진리의 공동체는 이 무의식적이고 신화적인 객관주의에 맞서는 하나의 대안이다. 따라서 먼저 객관주의의 신화를 [그림1]처럼 시각적인 형태로 도식화하면, 교육 공동체와 그 작동 방식에 관한 나의 비전을 설명하기가 훨씬 쉬울 것이다.

이 신화적이면서도 지배적인 '진리 알기'와 '진리 말하기'는 다음 네 가지 요소로 구성된다.

1. (지식의) 대상 – '저 바깥', 물리적이고 개념적인 공간에 존재하는

[그림1] 객관적 인식의 신화

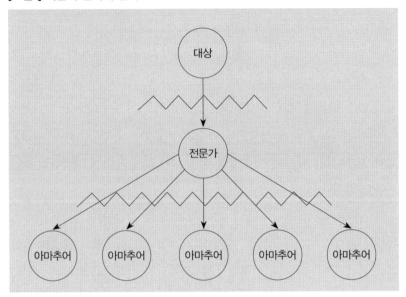

지식의 대상이다. 특정 영역에서 '사실'로 기술된다.

2. 전문가 – 자신의 주관으로 사물 자체의 순수성을 오염시키지 않도록 주의하면서 대상을 순수한 형태로 인식하도록 훈련받은 사람들이다. 이 훈련은 대학원이라는 멀리 떨어진 장소에서 이루어진다. 개인의 자아의식을 완전히 제거하는 것이 목적이므로, 개인은 순수한 지식의 대상을 안전하게 다룰 수 있는 세속의 수도사처럼 되어 간다.

3. 아마추어 – 제대로 훈련받지 못해 편견으로 가득한 사람들이다. 순수한 대상에 관한 객관적이고 순수한 지식을 얻으려면 전문가에게 의존해야 한다.

4. 당혹감 – 대상과 전문가 사이, 전문가와 아마추어 사이를 포함한 모든 지식 전달 과정에서 나타난다. 객관적인 지식은 아래로 잘 흘러

가게 해주는 반면, 주관성이 위로 역류하는 것은 방지한다.

이 중 당혹감의 이미지는 다음과 같은 놀라운 말을 엿들으면서 내 머릿속을 스치고 지나갔다. "우리는 문명이 하수구 아래로 흘러가더라도 역류만 하지 않으면 괜찮다고 생각하는 것 같아!" 지식의 순수성에 집착하는 객관주의는 어떤 대가를 치르더라도 주관성의 혼란만큼은 피하려고 한다. 그 대가가 지식을 '비문명화'해 우리의 삶을 혼란에 빠뜨리는 것일지라도 말이다.

객관주의의 신화에서 진실은 위에서 아래로, 즉 진리를 알 자격이 있는 전문가(진리가 환상이라고 주장하는 사람을 포함해)에게서 진리를 받아들일 자격만 있는 아마추어에게로 흘러간다. 이 신화에서 진리는 대상에 관한 일련의 명제들이고, 교육은 그 명제를 학생에게 전달하는 체계이다. 그리고 교육받은 사람이란 전문가가 제시한 명제를 암기하고 반복할 수 있는 사람이다. 이 이미지는 계급적이고, 직선적이며, 강박적일 정도로 위생적이다. 진리를 마치 소독된 컨베이어 벨트를 타고 내려와 아래에 차곡차곡 쌓이는 순수한 상품처럼 취급하는 것이다.

이 신화에는 두 가지 문제점이 있다. 첫째, 우리의 인식 방법을 왜곡한다. 둘째, 우리의 교육 방식을 근본적으로 변형시킨다. 나는 교사, 학생, 교과의 관계가 이 이미지와 정확히 일치하는 수천 개의 교실을 알고 있다. 그러나 천문학에서 문학, 정치학, 신학에 이르기까지 학문 분야를 막론하고 진리를 향한 끊임없는 탐구는 결코 이런 신화적인 객관주의를 따르지 않는다.

진리의 공동체에서는 인식을 완전히 다른 방식으로 설명한다([그림2] 참조). 실제 삶에서와 마찬가지로, 진리의 공동체 내에는 순수한 앎의 대

[그림2] 진리의 공동체

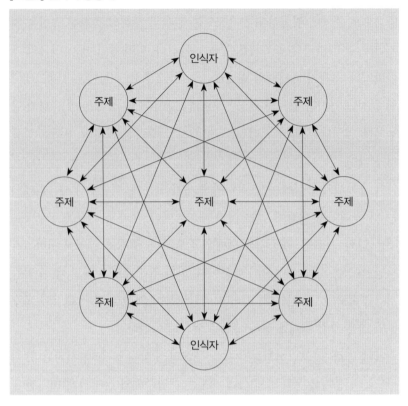

상도, 궁극적인 권위도 존재하지 않는다. 진리의 공동체에서는 진리가 명제의 형태로만 제시되지 않으며, 교육 역시 대상에 관한 명제를 수동적인 청자에게 전달하는 것 이상의 역할을 한다. 또한 진리의 공동체에서는 인식, 가르침, 배움의 과정이 제너럴모터스 공장이나 일사불란한 관료 체계보다는 마을 회의나 어지러운 난장판과 더 비슷하다.

사실 진리의 공동체는 널리 퍼져 있고, 시간이 가면서 끊임없이 변하는 수많은 공동체로 이루어져 있다. 단수로 표현한 이유는 그들이 결국 하나가 되기 때문이다. 다양한 공동체는 공통된 주제를 향해 수렴하기 때문에 궁극적으로는 하나의 공동체를 이룬다. 또 그 공동체들은 같은 방식으로 주제에 접근하도록 유도하는 관찰과 해석의 공통된 규칙을 지키면서 결국 하나의 공동체를 향해 나아간다. 따라서 20세기 미국의 생물학자와 18세기 스웨덴의 린네Linnaeus와 그 동료들은 이론과 테크닉에서 엄청난 차이가 있지만 결국은 하나인 것이다. 이 사실은 이 유형의 공동체를 엄청난 지속성과 범위를 지닌 가장 강력한 사회적 형태로 만들어 준다.

이 공동체의 중심에는 늘 하나의 주제가 있는데, 객관주의 사다리에서는 맨 꼭대기에 대상이 있는 것과 대조적이다. 주제와 대상을 구분하는 것은 인식, 가르침, 배움에서는 매우 중요하다. 주제는 관계에 이바지하지만, 대상은 그렇지 못하기 때문이다. 타자를 주제로 인식할 때, 우리는 거리를 두려 하지 않는다. 바버라 매클린톡이 자신의 연구 대상인 옥수수와 맺은 그런 관계를 통해 타자를 인식해 나간다.

이런 관계는 [그림2]처럼 주제를 무대의 중심에 놓을 때 시작된다. 이 구도는 전문가를 무대의 중심에 세우는 객관주의와 분명하게 대비된다. 객관주의의 경우에는 지식의 대상이 우리와 너무 멀리 떨어져 있기 때문에 전문가를 통해서만 대상과 접촉할 수 있다.

주제를 무대의 중심에 놓을 때, 우리는 일반적으로 인간에게만 주어지는 존중과 권위를 그 주제에 부여한다. 바버라 매클린톡이 옥수수의 고유한 정체성과 진실성을 인정하면서 식물에 존재론적 중요성을 부여한 것처럼 말이다.[12] 진리의 공동체에서 우리의 모든 관계를 이어주는 중추 역할을 하는 것은 친밀감도, 시민 의식도, 책임감도, 전문가도 아닌 살아 있는 주제의 힘이다.

진리의 공동체 내에서 주제를 이해하는 과정에서 우리는 복합적인 의

사소통 활동에 참여한다. 이때 우리는 관찰과 해석을 상대와 공유하고, 서로를 교정하거나 보완하고, 한순간 갈등으로 분열했다가 다음 순간에 의견 조율로 합일하는 과정을 수시로 거친다. 진리의 공동체는 직선적이고, 정적이고, 계급적인 것과는 거리가 멀다. 대신 진리의 공동체는 순환적이고, 상호작용적이고, 역동적인 성격을 띤다.

최상의 경우, 진리의 공동체는 경쟁이 아닌 갈등을 통해 우리의 지식을 향상한다. 경쟁은 사적인 이익을 추구하는 개인들이 벌이는 비밀스러운 제로섬 게임이다. 반면에 갈등은 공적이고 때로는 시끌벅적할지라도 항상 상호적이다. 배움과 성장을 통해 모두 승리할 수 있는 공개적인 만남의 장과도 같다. 경쟁은 공동체의 대립 개념으로 관계의 그물망을 녹이는 산酸과 같다. 반면에 갈등은 우리가 공개적으로 아이디어를 검증하는 역동적인 대화이자, 서로를 격려하고 세계에 관한 인식을 더욱 넓히는 공동의 노력이다.

이런 역동적인 교감은 관찰과 해석의 법칙이 지배한다. 우리의 담론에 초점을 형성하고 질서를 부여해 공동체를 공동체답게 만든다. 진리의 공동체에 참여하려면 공동체의 규범과 절차를 준수해야 하는데, 규범과 절차는 미술사에서부터 화학, 철학에 이르기까지 학문 분야마다 제각각이다. 이 규범은 아주 강력하지만 바위에 새겨진 것은 아니어서, 우리가 주제를 더 깊이 이해할수록 거듭 진화한다. 우리는 규범에 도전하고 그것을 바꿀 수도 있지만, 그러려면 공식적이고 타당한 방식으로 기준에서 일탈하는 것을 정당화할 수 있어야 한다.

지식을 얻는 방식을 탐구하는 과정에는 다음과 같은 진리의 이미지가 내재해 있다. 진리는 중요한 대상에 관해 열정적이고 질서 있게 수행되는 영원의 대화이다.

객관주의자와는 달리, 나는 진리가 지식의 대상에 관해 우리가 내리는 결론에 고착된다고 생각하지 않는다. 우리의 결론은 늘 바뀌는데 어떻게 그럴 수 있겠는가? 나는 진리가 열정적이고 질서 있는 질문과 대화의 과정 그 자체라고, 낡은 결론을 끊임없이 시험하며 새로운 결론을 도출하는 역동적인 대화 자체라고 생각한다.

대화에 참여하려면 기존의 결론을 알아야 한다. 그러나 우리를 진리로 이끄는 것은 기존의 결론에 관한 우리의 지식이 아니라 대화 그 자체에 대한 책임의식이다. 자신의 관찰과 해석을 구성원들에게 기꺼이 검증받고, 그렇게 받은 관심을 다른 사람들에게도 돌려주고자 하는 우리의 의지이다. 진리에 다가서려면, 우리는 특정 주제를 중심으로 모인 공동체 내에서 열정적이고 질서 있게 관찰하고, 반성하고, 발언하고, 경청하는 법을 배워야 한다.

만약 진리가 그 결론과 규범이 계속 변하는 영원의 대화라면, 객관적 지식이란 개념은 어떻게 될까? 나는 내가 제시한 진리의 이미지가 객관성의 본질에 어떤 영향도 미치지 않는다고 생각한다. 단지 객관성의 신화만 바꿔 놓을 뿐이다.

내가 보기에 우리가 얻을 수 있는 유일한 '객관적' 지식은, 특정 주제를 함께 검토한 사람들이 규정과 절차에 맞는 토론을 통해 내놓는 지식뿐이다. 과학에서 종교에 이르기까지 그 어떤 분야든 객관적인 지식은 오늘날까지 이어진 길고 복잡한 담론을 통해서 나왔다. 객관적인 지식이 저 높은 곳에서 완결된 형태로 떨어져 내린 분야는 없다.

우리가 지닌 모든 지식의 가장 확고한 기반은 진리의 공동체 그 자체이다. 이 공동체는 우리에게 결코 절대적인 확실성을 제시하지 않는다. 그 과정에 결함이 있어서가 아니라, 확실성은 마음과 가슴이 이해할 수 있는 범위를 벗어나 있기 때문이다. 그러나 우리의 가정, 관찰, 이론을 (그리고 우리 스스로를) 제시해 기꺼이 시험받으려 한다면, 이 공동체는 우리를 무지와 편견, 자기기만에서 구할 수 있다.

객관주의의 모델은 거부했지만, 그렇다고 내가 진리를 공동체가 결정하는 것으로 축소하는 상대주의를 옹호하지는 않는다. 진리의 공동체는 '진리 알기'와 '진리 말하기'의 차원까지 포괄하고 있어서 우리를 상대주의와 객관주의 모두를 넘어서도록 인도하기 때문이다. 이런 초월적인 차원에 대한 가장 명료하고 호소력 있는 설명은 로버트 프로스트Robert Frost의 2행시에서 찾을 수 있다. '우리는 주위를 맴돌며 춤을 추었네 / 비밀은 그 중심에 앉아 모든 것을 알고 있었네.'[13]

프로스트는 진리의 공동체 중심에 있는 주제의 초월적인 비밀을 존중했다. 그 비밀은, 우리가 사물의 실재를 완전히 알 수 있다는 절대주의와, 우리가 아는 것 외에 사물에는 그 어떤 실재도 존재하지 않는다는 상대주의를 모두 넘어선 곳에 있다. 그 주제는 알려고 하는 우리보다 모든 것을 더 잘 알지만, 그 비밀을 계속 지키면서 우리의 손아귀에서 벗어나려 한다.

그렇지 않았다면 인식의 과정은 오래전에 멈췄을 것이다. 왜 우리는 소크라테스 이전의 자연관이나 중세의 자연관 혹은 근대과학의 자연관에 만족하지 않았는가? 왜 우리는 오늘날의 자연관에서 한 걸음 더 나아가려 애쓰는가? 우리의 관심 한가운데에는 끊임없이 우리를 그 비밀 깊은 곳으로 끌어당기는 주제가 있기 때문이다. 이 주제는 우리가 내리는 결론으로 축소되길 거부한다.

'우리를 부르는 주제'라는 개념은 단순한 은유 이상이다. 진리의 공동체 내에서는 인식하는 자가 유일한 행위자는 아니다. 주제 자체도 인식의 변증법에 참여한다. 앞서 인용한 메리 올리버의 시처럼 말이다. '이 세상은 당신의 상상에 자신을 내맡기며 / 야생 거위처럼 거칠고 흥분된 목소리로 당신을 부른다 / 당신이 사물의 가족 속에서 차지하는 자리를 / 거듭거듭 알리면서'[14]

우리는 특정 주제에 호기심을 느끼면서 인식하기 시작한다고 말하지만, 호기심은 그 주제가 우리에게 영향력을 행사한 결과일 뿐이다. 따라서 지질학자는 바위가 하는 말에 귀를 기울이는 사람이고, 역사학자는 오래전 죽은 이들의 목소리에 귀를 기울이는 사람이며, 작가는 언어의 음악에 귀를 기울이는 사람이다. 세상의 사물은 우리를 부르며, 우리는 그들에게 매료된다. 그리고 우리는 마치 다른 친구에게 이끌리듯, 다른 사물에 이끌린다.

일단 그 부름을 듣고 반응하면, 주제는 우리를 자신에게서 끄집어내 주제의 내면으로 불러들인다. 가장 깊은 곳에서 인식은 우리에게 주제의 내면에 자리 잡는 상상을 하라고 요구한다. 역사적인 순간, 문학 속 등장인물, 암석, 옥수수 열매 등의 관점에서 상상하라고 요청한다. 어느 과학자가 말했듯이, '종양에 관해 정말로 알고 싶다면, 당신 자신이 종양이 되어야 한다.'[15]

우리의 입장만 고수한다면, 주제를 제대로 이해할 수 없다. 우리는 주제의 내적인 생명을 믿고 또 공감하면서 그 속으로 들어가야 한다. 그런데 우리의 내적인 생활을 신뢰하거나 계발하지 않는다면, 공감 능력을 제대로 발휘할 수 없다. 객관주의의 경우처럼 인식하는 자의 내적인 삶을 부정하거나 무시하면, 인식 대상의 내면으로 들어가기는커녕 직관할 수도 없다.

바버라 매클린톡이 보여준 과학을 대하는 태도는, 세상의 신비를 파헤

치려면 자아의 신비부터 파헤쳐야 한다는 것을 보여 준다. 매클린톡의 동료는 이렇게 말했다. "세상을 신비화하는 사람이 아닌, 신비가 있는 곳을 이해하는 사람이 돼라."[16]

진리의 공동체에서 특정 주제에 관해 토론할 때, 모호한 관찰을 거부하고 그릇된 해석을 비평하면서 서로의 인식 태도를 교정하려는 것은 동료들만이 아니다. 주제 자체도 고유한 힘으로 우리의 그릇된 시각에 저항하고, 우리가 자기 만족적인 태도로 정의하는 것을 완강하게 거부하면서 끊임없이 우리를 교정한다.

우리의 통찰이 깊어지면서 주제가 특정한 정의(인식의 틀)를 받아들이면, 우리는 비로소 그것을 안다고 결론짓는다. 그러나 초월적인 주제는 항상 우리를 놀라게 할 준비가 되어 있어서, 새로운 관찰과 해석과 정의로, 그리고 결코 완전히 규명할 수 없는 신비로 우리를 계속 불러들인다.

초월에 대한 개방성은 진리의 공동체를 절대주의와 상대주의 모두와 구분하는 요인이다. 이 공동체 내에서 '진리 알기'와 '진리 말하기'의 과정은 독재적이지도, 무정부주의적이지도 않다. 오히려 친밀감과 거리감, 말하기와 듣기, 알기와 모르기 등의 역설이 한데 뒤얽힌 복잡하면서도 영원한 춤과 같다. 이 춤 속에서 인식하는 자와 인식 대상은 협력자인 동시에 공모자가 된다.

위대한 사물의 은총

———

진리의 공동체는 교육의 사명을 지탱하는 이미지로 다음과 같은 본질적인 사실을 포용한다. '우리가 소속되어 있으면서 알고 싶어 하는 그 현실은, 상호작용하는 인간 존재를 훨씬 넘어선 곳까지 뻗어 나간다'라는 사실이다.

진리의 공동체 내에서 우리는 인간만큼이나 중요하고 강력하며, 때로는 중요성 면에서 인간을 능가하는 비인간적인 존재와 상호작용한다. 진리의 공동체는 생각과 느낌이라는 개인의 힘뿐 아니라 '위대한 사물의 은총'으로도 지탱되는 공동체이다.[17]

이 표현은 릴케의 에세이에서 따온 것이다. 그 글을 읽는 동안, 나는 교육 공동체에 관한 기존의 이미지가 우리를 한데 모은 위대한 사물(인식하고, 가르치고, 배우도록 우리를 불러 모은 그 사물)과 우리의 관계를 무시한다는 사실을 깨달았다. 나는 위대한 사물의 은총을 배제하고 우리의 협소한 은총에만 전적으로 의존할 때, 교육 공동체가 얼마나 위축되는지 분명하게 이해했다.

'위대한 사물'이란 진리를 추구하는 사람들이 그 주위로 항상 모여드는 그런 주제를 말한다. 그 주제를 연구하는 방법도, 그 주제를 다룬 문헌도, 그 주제를 설명하는 이론도 아닌, 사물 그 자체 말이다.

여기에는 생물학의 유전자와 생태계, 철학과 신학의 상징과 그 지시물, 문학의 원재료가 되는 배신과 용서, 사랑, 상실의 모티브 등이 포함된다. 또한 인류학의 유물과 혈통, 한계와 잠재력을 지닌 공학의 재료, 경영학의 조직 논리, 음악과 미술의 형태와 색채, 역사학의 사건과 패턴, 쉽게 규정되지 않는 법학의 정의 개념 등도 포함된다.

이런 위대한 사물은 교육 공동체에 없어서는 안 될 연결점이다. 최초의 인류가 불 주위에 모여 사물을 탐구했듯이, 우리는 그 주위에 모여 사물을 이해하려 애쓰는 과정에서 인식하는 자, 가르치는 자, 배우는 자가 된다. 우리가 최상의 교육 환경을 구축했다면, 위대한 사물의 은총이 우리 내면에서 훌륭한 교육 공동체를 만들 수 있는 미덕을 불러일으켰기 때문이다.

- 우리는 교육 공동체에 다양성을 가져온다. 다양성이 정치적으로 균형 잡힌 태도여서가 아니라, 위대한 사물의 수많은 신비가 다양한 관점을 요구하기 때문이다.
- 우리는 애매모호함을 받아들인다. 우리가 혼란스럽거나 우유부단해서가 아니라, 우리의 불충분한 개념이 위대한 사물의 광대무변함을 다 담아내지 못하기 때문이다.
- 우리는 창조적 갈등을 환영한다. 우리가 분노나 적개심을 느껴서가 아니라, 갈등이 있어야 위대한 사물의 본질에 관한 우리의 편견과 선입견을 교정할 수 있기 때문이다.
- 우리는 정직을 실천한다. 우리가 서로 정직해야 할 의무가 있어서가 아니라, 우리가 본 것에 관해 거짓말을 하는 것은 위대한 사물의 진리를 배반하는 일이기 때문이다.
- 우리는 겸손을 경험한다. 우리가 싸워 패배해서가 아니라, 오직 겸손이란 렌즈를 통해서만 위대한 사물의 본질을 들여다볼 수 있기 때문이다. 일단 그 본질을 보고 나면, 겸손은 우리가 취할 수 있는 유일한 자세가 된다.
- 우리는 교육을 통해 자유로운 남성과 여성으로 거듭난다. 우리가 특권적인 지식을 소유해서가 아니라, 모든 전제적인 행태는 오직 위대한 사물의 은총에 호소할 때만 극복할 수 있기 때문이다.

물론 교육 공동체가 늘 최상의 상태를 유지하는 것은 아니다! 우리는 진리의 공동체가 부정적 요소에 압박당하는 사례를 어렵지 않게 찾을 수 있다. DNA를 발견한 제임스 왓슨James Watson과 프란시스 크릭Francis Crick의 이야기를 담은 《이중나선(The Double Helix)》은 그런 사례를 연대기 순으로 기록한 책이다. 이 책은 자아와 경쟁, 고집과 탐욕이 학문적 모험의 중심이 될 수도 있다는 사실을 보여 준다.[18]

그래서인지 나는 책의 다른 부분과는 완전히 분위기가 다른 그들의 인터뷰 내용이 특히 흥미로웠다. DNA 발견 40주년 기념 인터뷰에서, 두 주인공은 DNA라는 위대한 사물과 처음으로 조우한 이래 특별한 미덕이 자신들을 사로잡았다고 고백했다.

제임스 왓슨은 이렇게 말했다. "분자는 너무 아름다워요. 그 영광이 프란시스와 저에게 영향을 미쳤습니다. 저는 DNA 발견 이후 저와 DNA의 긴밀한 관계를 입증하려 애썼던 것 같습니다. 그건 정말 힘든 일이었지요."

이에 프란시스 크릭(왓슨은 언젠가 그에 대해 "저는 그의 겸손한 모습을 단 한 번도 본 적이 없습니다"라고 말했다)은 이렇게 답했다. "우리는 늘 분자에 압도당했습니다."[19]

크릭의 겸손은 그답지 않고 부자연스러웠지만, 이 사실은 오히려 진리의 공동체의 위력을 더욱 강력하게 입증한다. 이 공동체 내에서는 위대한 사물의 은총이 우리의 개인적 이익을 압도하기도 하는 것이다. 위대한 사물이 사라질 때, 혹은 그들이 우리의 삶을 끌어당기던 중력을 잃어버릴 때, 우리는 공동체의 궤도에서 이탈해 가식과 자아도취, 거만함의 블랙홀 속으로 빨려 들어간다.

그렇다면 위대한 사물은 어떻게 사라질까? 그 사물은 교육을 형성하는(또는 변질시키는) 공동체의 이미지가 인식, 가르침, 배움보다 친밀감,

다수결, 마케팅 모델과 더 긴밀하게 연관되는 순간, 완전히 사라지거나 힘을 잃는다. 그러나 때때로 위대한 사물은 더 심각하게 위협받기도 한다. 지적 오만함이 위대한 사물을 마음의 구성물에 불과한 것으로 축소하면, 그 사물은 완전히 가치를 상실한다.

위대한 사물은 절대주의와 상대주의 앞에서도 그 모습을 감춘다. 절대주의의 경우, 우리는 자신이 위대한 사물의 본질을 정확히 안다고 주장하므로, 그 사물에 관한 대화는 더 이상 필요 없어진다. 전문가는 관련 사실을 모두 알고 있고, 남은 일은 나머지 사람들에게 전달하는 것뿐이다. 상대주의의 경우, 지식은 우리의 입장에 따라 달라진다고 말한다. 따라서 우리의 개인적인 관점을 벗어나는 사항은 확실하게 알 수 없다고 본다. 이 경우에도 위대한 사물에 관한 대화는 더 이상 필요 없다. 당신의 진리가 있고, 내 진리가 따로 있으며, 그 둘의 차이는 신경 쓸 필요가 없기 때문이다.

물론, 위대한 사물은 실제로 사라지는 것이 아니라 우리의 시야에서만 사라질 뿐이다. 위대한 사물은 인간이 거만을 떨며 저지른 모든 공격을 이기고 살아 남는다. 그것은 환원할 수 없는 삶의 원소이며, 마음의 삶 그 자체이기 때문이다. 여기서 문제가 되는 것은 이런 것이다. '우리는 세상을 완벽하게 이해한다는 오만과 세상을 마음대로 만들어 낸다는 환상을 포기할 수 있는가?', '우리는 위대한 사물의 독립적 실재성과 그것이 우리 삶에 미치는 영향력을 인정할 수 있는가?'

우리는 위대한 사물에 그 자체의 삶을 부여할 때에만 비로소 위대한 사물의 힘을 경험할 수 있다. 우리에게 조금도 영향을 미치지 못하는 사물, 존재 혹은 기능에 불과하다고 생각하지 말고, 위대한 사물에 내면성, 정체성, 성실성을 부여해야 한다.

이 점을 더 완전히 이해하려면, 위대한 사물에서 진실성을 빼앗으면 어떤 일이 벌어지는지 확인하면 된다. 요즘은 문학을 연구할 때, 고전적인 텍스트에 분석적인 렌즈를 들이대 저자와 그 시대의 편견이 얼마나 많은지 들춰내는 일이 흔하다. 이런 관점에서는 《모비 딕Moby Dick》이 인간의 오만과 운명이라는 심오한 주제에 천착한다는 것은 별로 중요하지 않다. 중요한 것은 오직 멜빌Melville이 가부장적 고집불통이었다는 사실뿐이다.

데이비드 덴비David Denby는 이런 태도가 얼마나 오만한지 보여 주었다. 그에 따르면, 그런 태도는 교사와 학생 모두에게 텍스트에 대한 우월감을 제공해 자신이 우월하다는 사실 외에는 텍스트에서 아무것도 배우지 못한다고 한다.[20] 사실 도덕적으로 문제가 있다고 판단되는 텍스트나 사람과는 교육적인 관계를 맺을 수 없다. 위대한 사물을 그런 부류로 무시하고 격하할 때, 우리는 그 사물에서 그들만의 고유한 개성과 목소리를 빼앗는 것이다.

모든 위대한 사물은 우리의 내면에 말을 걸어오는(우리가 받아들이기만 하면) 내적인 삶이 있다는 주장은 결코 싸구려 신비주의가 아니다. 문학 텍스트는 이런 목소리를 드러내는 가장 분명한 사례이다. 그 목소리는 어마어마한 시공간상의 간격을 뛰어넘어 놀라울 정도로 명료하게 우리에게 닿는다. 예를 들어, 제3제국(Third Reich, 히틀러 치하의 독일)의 역사는 그 목소리에 귀를 기울이기만 하면, 내 영혼 속에서도 그 반향을 들을 수 있는 악의 목소리를 들려준다.

해양생물학자는 바닷조개를 집어 들고 주의 깊게 귀를 기울이면서 그 조개의 삶과 그 종의 진화 과정에 관해 많은 것을 배운다. 모든 지질학자는 바위도 말을 한다는 사실을 안다. 바위는 기록된 역사보다 훨씬 넓은 시간의 간격을 가로지르는 이야기를 들려준다. 유일하게 인간의 목소리만 들을 수 있었다면 우리는 결코 알 수 없었을 이야기들이다.

애니 딜라드Annie Dillard는 자신의 책에 《돌에게 말하는 법 가르치기(Teaching a Stone to Talk)》라는 제목을 붙였다. 그러나 딜라드도 알고 있었듯이, 정말로 중요한 것은 우리 자신에게 듣는 법을 가르치는 일이다.[21] 우리가 자신의 내적인 삶을 계발하고 심화하지 않는 한, 그 어떤 위대한 사물의 내적인 삶도 이해할 수 없다. 우리가 다른 존재의 내면에서 알아낼 수 있는 것은 오직 자신의 내면에서 알고 있는 것들뿐이기 때문이다.

이제 결론은 명백하다. 우주의 위대한 사물을 인식하려면, 먼저 자신이 곧 위대한 사물이라는 사실부터 인식해야 한다. 절대주의와 상대주의는 세상의 사물뿐 아니라 우리의 인식하는 자아도 파괴했다. 우리는 자신에 대한 오만한 과대평가와 비굴한 과소평가 사이에서 채찍질 당했지만, 결과는 언제나 같았다. 무한한 값어치를 지닌 역설적인 보석인 인간의 자아의식을 왜곡했을 뿐이다.

다음과 같은 유대교의 우화를 들은 적이 있다. "우리는 주머니가 두 개 달린 코트가 필요하다. 한쪽 주머니에는 먼지만 가득하고, 다른 쪽 주머니에는 금이 가득하다. 우리가 누구인지 알려면 이렇게 주머니가 두 개 달린 코트가 필요하다."[22] 교사가 매일 이런 코트를 입고 교실로 향한다면, 위대한 사물의 은총 아래 인식, 가르침, 배움이 일어날 것이다.

인식하기와 신성한 것

이 장에서 핵심인 인식하기의 이미지는 '진리의 공동체', '위대한 사물의 은총', '초월적인 주제', '중심에 앉아 모든 것을 아는 비밀' 등이다. 이런 이미지는 신성한 것의 현존과 현실의 신성한 본성에 관한 나의 경험에서 나왔다. 다른 사람은 신성함이 아닌 다른 지점에서 시작해도 비슷한 결과를 얻을지 모른다. 그러나 나는 인식하기, 가르침, 배움은 신성한 토양에 뿌리내리고 있다고 믿는다. 따라서 교사로서의 소명 의식을 새롭게 하려면 신성한 것에 대한 감각을 키워야 한다.

나는 인식하기와 신성한 것의 결합이 늘 바람직한 결과를 낳지는 않는다는 사실을 잘 안다. 그러나 교육의 역사를 살펴보면 영성靈性도 세속주의 못지않게 나쁜 씨앗을 뿌리는 경향이 있다. 나는 두려움과 편견에서 경직된 교조주의에 이르기까지 온갖 종교적 폐단이 세속에서도 그대로 나타나는 것을 경험했는데, 특히 학술적인 삶이란 덤불 속에 안락하게 자리 잡은 경우가 많았다. 교육을 건강하게 유지하고자 한다면, 성과 속이 서로를 교정하고 보완할 수 있도록 둘을 한데 아우를 줄 알아야한다.

내가 말하는 '성스러움'이란 무엇일까? 가장 심오한 진리가 흔히 그렇듯, 그 개념은 역설적이다. 한편으로 그 말은 개념과 정의를 초월한 형언할 수 없는 광대함을 뜻한다. 루돌프 오토Rudolf Otto는《성스러움의 개념(The Idea of the Holy)》에서 '전율할 만한 신비, 실재의 핵심에 있는 불가사의한 에너지'라고 정의했다.[23] 한편 성스러움은 단순히 '존경할 가치가 있는 것'을 뜻한다. 전율할 만한 신비에 접근하는 것은 일상에서 흔한일은 아니니, 가르침을 새롭게 하기 위해 불가사의한 에너지가 매일 흘러들기를 기대할 수는 없다. 그러나 세상의 위대한 사물을 존경하는 훈련은 꾸준히 할 수 있다.

많은 비평가는 사회적 관계 속에서 존중할 줄 모르는 무례하고 불손한 태도가 점점 느는 것을 보고 민주주의의 미래가 어둡다고 우려한다. 그러나 점점 늘어나는 '위대한 사물의 은총'에 대한 무례하고 불손한 태도가 교육에 끼칠 어두운 영향력을 언급한 사람은 소수에 지나지 않는다.

무례함의 문화에서는 교육이 가장 큰 피해를 당한다. 교육이 시시하고 진부해지는 것이다. 어떤 것도 신성하지 않고 존경받지도 못한다면 우리가 할 수 있는 최선은 평범해지는 것이다. 경이로움으로 가득한 우주 한가운데에서 환원주의 논리로 경이를 축소하고, 자료와 논리로 경이를 비하하고, 자기 마음의 척도로 신비를 깎아내린다면 그 결과는 평범함이 아니고 무엇이겠는가? 모든 평범함{한나 아렌트Hannah Arendt가 말한 '악의 평범함(the banality of evil)'을 포함해}의 뿌리는 타자를 존중할 가치가 있는 대상으로 알아보지 못하는 우리의 무능력이다.[24]

성스러움이 배제된 세상에서 내면적인 풍경은 어떤 신비도 지니지 못하는데, 다양성이 없기 때문이다. 그곳을 여행하는 동안 우리는 초원에서 숲을 거쳐 물가로, 사막에서 산을 거쳐 계곡으로, 마을에서 경작지를 거쳐 야생으로 이동하지 않는다. 세속화한 풍경은 질감과 무늬, 색채와 느낌이 전혀 없는 밋밋함 그 자체이다. 그곳을 횡단하는 일은 말할 수 없이 따분할 수밖에 없다.

이것이 단지 미학적인 실패라면 그래도 견딜 만했을 것이다. 그러나 세속화한 풍경의 밋밋함은 감각을 피로하게 만드는 이상의 해악을 끼친다. 인식하고 가르치고 배우는 우리의 능력을 축소하는 영혼의 병을 불러와 경이로움을 받아들이는 능력을 잃는다.

복합성과 다양성이 살아 있는 신성한 풍경 속에서는 경이로움이 영원한 동반자가 된다. 그것은 강물이 굽이치는 곳이나 다음 번 계곡 어디쯤 숨겨져 있을 수도 있다. 그것은 때때로 우리를 놀라게 하지만 동시에 즐거움을 안겨 준다. 그러나 세속화한 세상의 밋밋함 속에서는 우리에게 다가오는 사물이 뻔히 예상되기에, 경이로움은 기대되기는커녕 환영받지도 못한다. 오히려 경이로움이 느닷없이 닥치면 두려움에 휩싸이고, 심지어 공격적으로 반응하기도 한다.

학원 문화는 기존의 틀에 맞지 않는 새로운 개념을 접할 때마다 그런 두려움과 폭력으로 반응했다. 예를 들어, 느낌도 사실만큼이나 중요하다는 교육학적 통찰이나, 유전자가 '도약'하거나 전치될 수 있다는 바버라 매클린톡의 과학적 가설은 학계 전반에 두려움을 불러일으켰다.

우리가 그런 참신한 개념을 늘 환영하는 것은 아니다. 귀에 거슬리는 헛소리 정도로 치부하며 멀찌감치 내팽개친다. 이해관계가 엮이면 마치 전쟁에서 전략적 이득을 취하려는 적군이라도 되는 양 그 개념을 파괴하려고까지 한다. 유전학자 제임스 샤피로James Shapiro는 이런 저항 패턴을 멋지게 요약했다. '매클린톡이 이동할 수 있는 유전 요소를 발견한 일은 과학 공동체가 새로운 개념을 얼마나 냉담하게 받아들이는지를 잘 보여 주는 사례이다. 매클린톡이 처음 그 현상을 발표했을 때, 사람들은 그녀를 미친 사람으로 취급했다. 그 후에는 오직 옥수수에서만 일어나는 현상이라고 했고, 또 그 후에는 모든 곳에서 다 일어나지만 별로 중요하지 않다고 했다. 이 모든 과정을 다 거친 후에야 사람들은 비로소 그 현상의 중요성을 깨달았다.'[25]

그러나 우리는 놀라운 사실에 다르게 반응할 수도 있다. 새로운 개념이 우리 내면에서 또 하나의 새로운 아이디어를 만들어 낼 수도 있다. 이 것이 이른바 '사고과정'이라는 것이다. 그러나 밋밋하게 세속화한 문화에서 사는 우리는 놀라운 것을 보면 먼저 겁을 먹기 때문에 사고과정이 순리대로 작동하지 않는다. 오히려 오래전에 익힌 낡고 익숙한 아이디어를 반사적으로 끄집어내어 자신을 방어하려 한다.

이런 위험한 순간에 새로운 생각을 한다는 것은 우리를 위험에 노출해 취약하게 만든다. 그 생각이 우리의 어떤 측면을 노출할지 모르기 때문이다. 그래서 우리는 낡은 아이디어를 고집하면서 몇 번 휘둘러 봐서 익숙한 개념의 곤봉을 휘둘러 놀라운 것들을 때려 죽인다. 아니면 새로운 개념이 우리 마음속에 흔적을 남기기 전에 서둘러 줄행랑친다. 타자성에 놀라 두려움에 휩쓸린 우리는 이렇게 본능적인 '투쟁-도피반응'을 보이며 새로운 것을 배울 가능성을 파괴한다.

이 반응은 수백만 년에 걸친 진화에 뿌리를 둔 만큼, 바꿀 수 없다고 생각할 수도 있다. 그러나 꼭 그렇지는 않다는 몇몇 생리학적 증거가 있다.[26] 대개 놀라움에 사로잡히면, 시야가 갑자기 위축되어 투쟁-도피반응이 악화한다. '날카로운 눈'이라 불리는 이 강렬하면서도 두려움에 찬 자기방어적 시선은, 신체적 또는 지적인 싸움과 모두 긴밀하게 연관되어 있다. 그러나 일본 호신술 아이키도aikido에서는, 세상을 더 넓게 바라보도록 눈 주변을 확장하는 훈련인 '부드러운 눈' 기법으로 이런 시야 위축 현상을 상쇄한다.

준비되지 않은 사람을 갑자기 자극하면 즉시 눈이 가늘어지면서 투쟁-도피반응이 일어난다. 그러나 부드러운 눈 기법을 훈련한 뒤에 같은 자극을 가하면 반사 작용은 종종 극복된다. 그는 자극을 정면으로 마주 보며 흡수한 후, 새로운 생각을 떠올리는 등 더욱 진정하게 반응한다.

우리가 신성한 현실을 응시할 때 바로 이런 '부드러운 눈'이 된다. 이제 우리의 눈은 세상의 위대함과 위대한 사물의 은총을 받아들일 수 있도록 개방적이고 수용적으로 변했다. 경이로움으로 눈이 넓게 확장된 우리는, 놀라움에 사로잡히더라도 더 이상 저항하거나 도망칠 필요가 없다. 이제 우리는 위대한 신비를 향해 자신을 열 수 있다. 이제 우리는 다이앤 애커먼Dian Ackerman이 말한 '위대한 활동' 속으로, 삶과 배움이라는 그 활동 속으로 학생들을 초대할 수 있다. 애커먼은 이렇게 썼다. '가장 위대한 일인 삶을 사랑하는 것은, 할 수 있는 한 다양한 방식으로 살아 보는 것이다. 햇살이 내리쬐는 울창한 언덕을 매일 오르고 질주하는 활기찬 말처럼 자신의 호기심을 길들이는 것이다. 모험이 없는 곳에서는 정서적인 지형이 메마르고 황량하다. 그 모든 평원과 계곡, 산봉우리, 우회로가 있어도 삶은 장엄함이 없이 오직 길이만 있는 것처럼 느껴진다. 삶은 신비에서 시작되었고 신비로 끝나겠지만, 그 사이의 땅은 얼마나 야생적이면서도 아름다운지!'[27]

5장

공동체 속에서 가르치기

주제를 중심에 둔 교육

. . .

한 알의 모래에서 세계를 보고
한 송이 들꽃에서 천국을 보라.
그대의 손바닥 안에 무한을 움켜쥐고
찰나에서 영원을 붙잡으라.

– 윌리엄 블레이크, '순수의 전조'[1]

주제가 중심이 되는 교실

상호작용하는 진리의 공동체 속에서 위대한 사물들에 천착할 때 세상에 관한 지식은 생겨난다. 그러나 좋은 교사는 공동체에서 얻은 새로운 지식을 학생에게 전달하는 것 이상의 역할을 한다. 그들은 진리의 공동체의 역학 속에 학생을 참여시켜 인식의 과정을 복제한다.

나는 앞서 훌륭한 가르침은 언제나 본질적으로 상호 연결성을 띤다고 했다. 그렇다고 가르침은 하나의 테크닉 수준으로 격하될 수 없다는 주장을 포기한 것은 아니다. 공동체 혹은 유대감은 훌륭한 가르침을 뒷받침하는 원칙이지만, 다양한 재능을 가진 서로 다른 교사들은 놀라울 만큼 다양한 방식으로 여러 가지 형태의 공동체를 창조한다.

학생을 진리의 공동체에 참여시킨다는 것은, 원형 테이블에 둥글게 둘러앉아 대화하는 것만을 뜻하지는 않는다. 크고 작은 교실에서 진행하는 강의와 실험 실습, 현장 학습, 봉사 활동, 화상 수업 등에서도 유대감은 얼마든지 만들어 낼 수 있다. 가르침과 마찬가지로, 교육 공동체를 형성하는 일은 결코 테크닉의 문제로 축소할 수 없다. 교육 공동체는 교사의 정체성과 진실성을 바탕으로 무수히 다양한 형태로 표현되어야 한다.

그러나 우리의 전통적인 교육 방식은 상호 연결성의 원칙에 뿌리를 두지 않아서, 학생에게 결론을 전달하기에만 급급한 교사를 중심으로 돌아간다. 교사는 모든 지식을 가진 반면, 학생은 거의 아무것도 모른다고 미리 가정한다. 그러므로 교사는 주고 학생은 받아야 하며, 교사가 기준을 제시하면 학생은 거기에 따라야 한다. 교사와 학생이 같은 시간, 같은 교실에 모이는 것은 공동체를 형성하기 위해서가 아니라, 단순히 교사가 같은 내용을 여러 번 반복하지 않기 위해서이다.

이런 시나리오에 반발해 정반대되는 원리의 교육 방식이 도입되었다. 학생과 배움의 과정을 교사와 가르침의 과정보다 더 중요하게 여기는 교육 방식이다. 이 경우는 학생을 지식의 수원지水源池로 보기 때문에 학생들끼리 서로 가르치도록 권장한다. 학생 그룹이 책임의 기준을 설정하며, 교사의 역할은 촉진자, 공동 학습자, 필요악 등 다양하게 설정된다. 이 방식이 겉으로는 하나의 공동체처럼 보일 수도 있다. 그러나 곧 설명하겠지만, 진리의 공동체가 아닌 다른 것으로 너무 쉽게 타락해 버린다.

엄격한 기강을 강조하는 교사 중심 모델과 적극적인 학습을 강조하는 학생 중심 모델을 오가는 동안, 우리 중 몇몇은 양극단 사이에서 망설인다. 두 모델에서 모두 장단점을 발견하고 현재의 교육에는 부적절하다고 느끼면서 또 다시 양자택일의 문제에 갇힌다. 긴장을 극복할 방법은 모른 채 두 모델의 장점을 모두 포용할 수 있는 방안을 찾는 일에는 실패하고 만다.

어쩌면 주제가 '중앙에 앉아서 모든 것을 알고 있는' 진리의 공동체에서 그 방안을 찾을 수 있을지도 모른다. 교실은 교사 중심도, 학생 중심도 아닌, 주제 중심이 되어야 하는지도 모른다. 진리의 공동체를 본뜬 이런 교실에서는, 교사와 학생 모두 위대한 사물에 초점을 맞출 것이다. 또한 교사도 학생도 아닌 주제를 중심에 두다 보면, 교사 중심 모델과 학생 중심 모델의 장점은 융합하는 동시에 단점은 극복할 수 있다.

교실이 우리를 온전하게 지켜주는 진리의 공동체가 되길 바란다면, 우리는 제3의 것에 해당하는 위대한 사물을 교육의 중심에 두어야 한다. 학생과 교사가 유일한 행위자일 때 공동체는 쉽게 자아도취에 빠져, 교사가 지고한 존재로 군림하거나, 학생이 모든 진리를 소유한 존재가 되거나 한다. 교사와 학생을 동등한 잣대로 평가하는 수단을 확보하지 않는 한, 우리는 엄격함과 참여를 동시에 아우르는 배움의 공동체를 구현할 수 없을 것이다.

어떤 유형이든 진정한 공동체라면, 나와 너를 우리 너머의 무언가에 붙들어 두는 초월적인 제3의 것이 필요하다. 교육계 외부에서는 이미 잘 알려진 사실이다. 종교의 경우, 교단이나 신자 어느 한쪽을 중시하는 공동체가 형성되면 우상 숭배 집단이 되기 쉽다. 성직자와 신자를 모두 아우르는 초월적 중심에 그 권한을 위임하기 전까지는 말이다. 정치의 경우, 두려움을 조성하는 지도자와 두려움에 떠는 추종자를 그들의 두려움보다 더 큰 목적에 붙들어 두는 국가의 초월적인 중심이 없다면, 그 민간 사회는 타락할 것이고 때로는 파시즘의 광기마저 불러일으킬 것이다.

주제가 중심이 되는 교실은 '제3의 것'이 너무나도 현실적이고 생생하고 뚜렷하게 현존한다. 그래서 교사와 학생 모두 자신의 말과 행동에 책임을 느낀다. 이런 교실에는 무기력한 사실이 존재하지 않는다. 위대한 사물(주제)이 너무도 생생하게 살아 있기 때문에, 교사는 학생을 의식하고 학생은 교사를 의식하면서 위대한 사물의 이름으로 서로의 의견을 존중한다. 이런 교실에서 교사와 학생은 자신을 넘어서는 어떤 힘을 갖는다. 우리의 자아도취를 초월하고, 우리의 주장으로 격하되기를 거부하는 주제의 힘이다.

이 핵심적인 개념을 소박하고, 심지어 굴욕적인 사례로 설명해 보겠다. 나는 지금 이제껏 경험한 어색한 순간을 머릿속에 떠올리는 중이다. 내가 어떤 주제에 관해 설명했는데, 한 학생이 앞서 내가 한 다른 설명이나 교과서 내용과 모순된다고 지적하면 당황하고 만다.

교사 중심의 교실에서는 이렇게 모순을 지적당하면 실패했다고 느껴진다. 나는 당혹스러운 나머지 무하마드 알리가 무색할 만큼 현란한 발놀림을 보이며 이렇게 둘러댈 것이다. "학생에게는 모순처럼 들릴지 모르지만 원전 자료를 검토해 보면, 핀란드어로 돼 있으니 자넨 확인하기 힘들겠지만, 아무튼 그 자료를 보면 이런 사실을 발견하게 될 거야. 그러니까…"

그러나 주제 중심의 교실에서는 지적당하는 것은 오히려 성공을 뜻한다. 주제에 관심을 기울이는 모든 학생이 진실을 확인하고 나를 교정해 줄 만큼, 위대한 사물이 우리 가운데 생생하게 현존한다는 사실을 알게 되었기 때문이다. 이 순간, 위대한 사물은 더 이상 교사가 하는 말에 제한되지 않는다. 학생들은 매개자 없이 직접 주제에 접근해 얻은 지식으로 교사의 주장에 도전할 수도 있다. 이것은 당황해야 할 순간이 아니라, 오히려 훌륭한 가르침을 축하해야 할 순간이다. 주제 자체와 학생들에게 고유한 생명력을 부여하는 가르침이기 때문이다.

주제 중심의 교실에서 교사의 핵심 과제는 위대한 사물에 독립적인 목소리를 부여하는 것이다. 학생이 교사의 목소리에 개의치 않고 사물 자체에 내재한 진실을 듣고 이해할 수 있게 해주어야 한다. 이렇게 위대한 사물이 스스로 목소리를 낼 때, 교사와 학생은 훨씬 수월하게 진정한 배움의 공동체를 형성한다. 이런 공동체는 학생과 교사의 자만심 수준으로 격하되지 않고, 중심에 놓인 그 주제에 완전히 복종한다.

주제 중심의 교실이라는 개념이 약간 이질적으로 느껴진다면, 유치원의 경우를 생각해 보자. 훌륭한 교사가 다섯 살짜리 아이들과 함께 마룻바닥에 둥그렇게 둘러앉아 코끼리 이야기를 읽어 주는 장면을 떠올려 보자. 아이들의 눈으로 본다면 그 가운데에 코끼리가 이미 들어와 있는 모습을 보게 될 것이다! 그 위대한 사물을 수단 삼아, 언어와 의미를 실어 나르는 상징 등 다른 위대한 사물도 교실 안에 모습을 드러낼 것이다.

또는 요즘 캠퍼스에서 유행하는 봉사 학습 프로그램을 보자. 이 프로그램에 참여하는 학생들은 자신의 전공 분야와 관련된 공동체 활동을 한다. 어느 주립 대학의 정치학과에서, 전체 학생 중 4분의 3은 정상적인 강좌를 듣게 되었고, 나머지는 교과목에 더해 봉사 학습을 부여받았다. 봉사 학습을 하게 된 학생은 성적 관리에 불리하다고 생각하기 쉽다. 봉사 학습에 별도의 시간과 에너지를 쏟아야 하는 학생들로서는 그런 프로그램에 화가 날 수도 있다. 그러나 예상과는 달리, 이 학생들은 더 좋은 성적을 받았을 뿐 아니라 수강한 과목에 개인적 또는 실질적으로 참여하게 되었다. 그들이 공동체에 참여하면서 만난 위대한 사물들 덕분에 교과서의 내용을 한결 사실적으로 이해했기 때문이다.[2]

또는 요즘 학생들이 디지털 기기를 학습에 어떻게 활용하는지 생각해 보자. 내 경험에 비추어 보면, 디지털 기술은 위대한 사물을 관심의 한가운데로 끌어오는 획기적인 방식이다. 나는 오래전부터 태양계와 그 운행에 매료되었지만, 대학에서 들은 천문학 수업도, 훗날 읽은 관련 서적도 나의 지적 욕망을 채워 주지 못했다. 그러나 최근에 컴퓨터로 디지털 천문 프로그램 '랩lab'을 사용하면서 나는 태양계의 근본 원리를 완전히 이해할 수 있었다.

내 배움에 속도가 붙은 것은 가상현실을 만들어 내는 컴퓨터의 위력 덕분이다. 나는 컴퓨터를 활용해 행성과 그 위성, 이들의 관계, 중력의 작용 등을 마음껏 시뮬레이션할 수 있었다. 이런 편리함 덕분에 나는 이 엄청난 것들을 내 관심의 중심에 놓고 마치 내 집이라도 되는 양(어떤 면에서는 내 집이나 다름없다!) 주변을 산책하고 그 속으로 걸어 들어갈 수 있었다. 뿐만 아니라 밤하늘의 어느 지점을 올려다봐야 할지 알려주는 지도는 물론, 사진이나 기술적인 정보에도 마음대로 접근해서 천문학을 더 깊이 이해할 수 있었다. 이제 교실에 들어오는 학생들은 이와 비슷한 기술을 활용해 건축학에서 동물학까지 다양한 교과목의 위대한 사물과 좀 더 개인적으로 관계를 맺을 수 있다.

지식의 대상을 그 무엇보다 중시하는 듯한 객관주의가 실제로는 교실을 교사 중심으로 만든다는 사실은 아이러니하다. 객관주의는 지식의 순수성을 보호하는 데에 너무 집착한 나머지, 학생이 학습 대상에 직접 접근하는 것마저 금지한다. 학생의 주관성이 대상을 오염시키지 못하게 미리 선을 긋는 것이다. 학생은 교사를 통해서만 대상에 관한 지식을 얻을 수 있다. 이때 교사는 대상을 대신하고, 대상의 대변인이 되며, 학생의 주의력을 집중시키는 인물이 된다.

이런 순수주의적인 접근법의 극단적 사례는, 어느 수학 교수에게서 찾을 수 있다. 그는 다음과 같이 주장하며 자기 학문 분야의 개혁 운동에 반대했다. "수학자의 주된 임무는 학생을 책임지는 것이 아닙니다. 수학을 보존하고, 창조하고, 좋은 이론을 더 발전시키며, 미래 세대를 위해 이 학문을 보호하는 것입니다." 그에 따르면, '앞으로 수학자가 될 운명인 훌륭한 학생은 교육제도에 상관없이 살아남을 것이고, 우리의 미래는 그런 학생들에게 달렸다'고 한다.[3]

학생 중심의 교실이라는 개념은 교사 중심 모델의 부작용 때문에 생겨났지만, 이 모델 역시 그 자체의 부작용이 있다. 사실, 학생 중심의 교육 환경은 무분별한 상대주의로 기울기 쉽다. '당신의 진리가 있고, 나의 진리가 따로 있으며, 그 둘의 차이는 신경 쓸 필요 없다'라는 식이다. 게다가 학생이 모임의 중심을 차지하면, 교사는 리더십에 큰 타격을 입는다. 학생이 기준선 역할을 하면, 학생 개인이나 집단의 무지와 편견을 지적하기 어렵기 때문이다.

주제 중심 모델의 가능성을 본 후, 학생들이 말하는 좋은 교사에 관한 이야기에 귀 기울이게 되었다. 그 이야기는 '주제를 향한 열정'이 중요한 특징인데, 반드시 요란할 필요 없이 고요하고 강렬한 열정이면 충분하다. 나는 늘 열정이 교사를 훌륭하게 만든다고 생각했는데, 열정은 교실에 엄청난 에너지를 불어넣기 때문이다. 그러나 나는 이제 열정의 기능을 더 깊이 이해한다. 주제에 대한 열정은 교사가 아니라 주제 자체를 학습의 중심으로 끌어온다. 이렇게 위대한 사물이 교실의 중심을 차지하면, 학생은 배움과 삶의 원천이 되는 에너지에 직접 접근하게 된다.

주제 중심의 교실은 학생이 무시당하는 교실은 아니다. 그 교실은 학생들이 중시하는 사항을 존중한다. 학생들은 자신의 경험이나 자아보다 더 큰 세상, 자신의 개인적인 경계를 확장하고 공동체 의식을 키우는 세상, 이런 세상을 만나는 것을 가장 중요시한다. 학생들이 종종 훌륭한 교사를, '들어본 적도 없는 사물에 생생한 생명력을 부여해 타자성과 접촉하고 삶의 활력을 얻는 기회를 주는 사람들'이라고 말하는 것은 바로 이런 이유이다.

주제 중심의 교실은 교사가 중요시하는 사항도 존중한다. 교과, 학생, 교사의 상호 연결성을 촉진해 교사가 온전한 존재로 서게 한다. 프로스트가 말한 '비밀'을 학습의 중심에 끌어와, 애초에 우리를 이 직업으로 이끈 열정을 다시 떠올리게 한다. 교사 또는 학생이 학습의 중심을 차지한 교실에서는 이런 열정이 결코 되살아나지 않는다.

부분을 통해 전체를 가르치기

나는 가르침을 진리의 공동체가 형성되는 공간을 창조하는 것이라고 정의했다. 자료나 교사의 생각으로 그 공간을 채우기보다는 학생들끼리 주제에 관해 더 개방적으로 대화할 수 있는 공간을 만들어야 한다고 생각한다. 그러나 나는 종종 이 생각에 반대하는 내면의 목소리를 듣는다. '하지만 내 분야는 실질적인 정보로 가득한 걸. 학생들이 이 분야를 계속 공부하려면 이것부터 알아야 해.'

이 목소리는 나에게 지금껏 훈련받은 대로 행동하도록 부추긴다. 바로 '학생들을 배제하더라도 내 지식으로 공간을 가득 채우는 일'이다. 이 목소리를 듣다 보면 완전히 다른 이유로 주제 중심 모델이 매력적으로 보이면서, 교사는 교과의 정보로 학습 공간을 가득 채워 버린다.

만약 내가 그 유혹에 굴복한다면, 그렇게 훈련받아서도, 무대 중심에 서고 싶은 자만심 때문도 아니다. 다른 교사들처럼 내가 그 공간을 지식으로 채우는 이유는 내게도 직업윤리가 있기 때문이다. 나는 교사로서 주제를 온전히 전달하는 일과 취직이나 대학원 진학을 준비하는 학생의 욕구를 모두 충족시킬 책임이 있다. 같은 압박을 느낀다는 다른 교사들의 말을 인용하자면, 교사는 직업윤리상 '진도를 나가야' 하는 것이다.

이런 책임감 자체는 비난할 수 없지만, 우리가 거기서 끌어낸 결론(진도를 나가기 위해서는 공간을 희생해야 한다는)은 공간과 내용이 서로 배타

적이라는 잘못된 전제를 깔고 있다. 진리의 공동체에서 가르치기 위해 우리는 이런 명백한 모순을 하나의 역설로 전환할 방법을 찾아야 한다. 배워야 할 내용과 학습에 필요한 공간을 동시에 존중하는 그런 역설 말이다.

우리는 다음과 같은 간단한 교육학적 사실에서 시작할 수 있다. '강좌의 목적이 최대한 많은 정보를 전달하는 것이라면, 최악의 방법은 쉴 새 없이 일방적으로 강의하는 것이다(물론 일방적인 강의는 다른 목적에 유효할 때도 있는데, 이 내용은 뒤에서 다루겠다).' 사실, 인간의 두뇌는 강의 내내 쏟아지는 정보 무더기를 잘 기억하지 못한다. 정보(사실)는 텍스트나 전자 문서를 통해 훨씬 잘 전달된다. 이런 매개체를 통하면 학생들은 두뇌가 요구하는 방식으로 정보를 다룰 수 있다. 내용을 한 번 보고, 두 번 보고, 한 번 더 검토한 다음, 다른 내용과 연결해 활용하는 방법 등을 얼마든지 구사할 수 있다.

주제에 관한 사실이 한꺼번에 쏟아져 들어오면, 학생들은 분량에 압도당한 나머지 내용을 금세 잊는다. 이런 사실을 고려해 진도를 나가는 문제를 다시 생각해 보자. 비유적으로 말하자면 진도의 문제는, 풀이 다 말라 죽고 아무것도 자랄 수 없을 때까지 잔디밭을 방수포로 덮어두는 것과 다름없다. 일방적인 강의로 정보를 무조건 암기하라고 강요당하는 학생들에게도 이와 같은 일이 일어난다. 주제를 제대로 이해하지 못한 학생들은 시험이 끝날 때까지만 그 정보를 기억할 뿐, 이후에는 주제와 관련된 책을 다시 들추고 싶지 않을 것이다.

그렇다면 공간과 내용의 상반된 요구 사항을 어떻게 조화시킬 수 있을까? 몇 가지 방법이 떠오른 것은 내가 다음과 같은 내용을 자문했을 때였다. '어떻게 하면 교실이라는 공간에서 학생들과 내가 공유하는 그

짧은 시간을 최대한 효율적으로 활용할 수 있을까?'

전문가들이 주제에 관한 모든 것(학생들이 기억도, 활용도 못 할 정보들)을 학생들에게 전달하기 위해 공간을 활용하는 방법 대신, 나는 학생들을 학문 분야와 관련된 진리의 공동체 안으로 불러들여야 했다. 이 분야의 전문가들이 정보를 어떻게 생산하고, 확인하고, 수정하고, 사색하고, 활용하고, 공유하는지 이해할 수 있도록 학생들에게 소량의 중요한 샘플 데이터를 제시했다. 공간을 창조하는 동시에 내용을 존중할 수 있도록, 작은 것을 활용해 큰 것을 가르치기로 결심한 것이다.

하지만 소량의 중요한 샘플 데이터가 어떻게 우리가 이해하고자 하는 위대한 사물과 특정 학문 분야의 전체 내용을 대신할 수 있을까? 모든 학문은 그 핵심에 하나의 형태, 내적 논리, 위대한 사물과 관계를 맺는 패턴 등이 있다는 것을 기억한다면, 답은 쉽게 찾을 것이다.

사실, 모든 학과는 하나의 홀로그램과도 같다. 4장에서 현실 자체에 내재한 논리를 설명하기 위해 몇몇 물리학자가 사용한 그 입체 이미지 말이다. 홀로그램은 2차원의 평면 위에 3차원의 대상을 그려 놓아 사물을 전체적으로 파악할 수 있게 해주는 시각적 데이터이다. 그러나 홀로그램은 이보다 더 놀라운 특징이 있다. 홀로그램의 모든 부분이 전체에 대한 정보를 공유한다는 사실이다.

어느 물리학자는 이렇게 설명했다. "장미 홀로그램 사진을 반으로 자른 뒤 레이저를 비춰 보면, 그 절반이 각각 장미의 전체 이미지를 갖고 있다는 것을 알 수 있습니다. 그 조각을 다시 반으로 잘라도 4분의 1의 사진은 여전히 전체 이미지를 간직하고 있습니다."[4] 홀로그램은 한 조각만 있으면 전체를 재구성할 수 있는 것이다.

이런 홀로그램의 논리는 2세기 반쯤 전에 윌리엄 블레이크가 예견했다. 그는 '순수의 전조'라는 시에서 우리가 '한 알의 모래알 속에서 세계를' 볼 수 있다고 했다.[5] 모든 학문은 그것을 통해 세계를 볼 수 있는 '한 알의 모래알'을 갖추고 있다. 그런데도 왜 우리는 학생들이 스스로 보는 법을 배울 수 있도록 한 알의 모래알을 제시하는 대신, 학생들에게 계속 모래더미를 쏟아부으면서 전체에 대해 눈멀게 할까? 왜 우리는 더 적은 내용을 심도 있게 가르치는 것으로 교과의 내용을 더 깊이 존중할 수 있는데도, 진도를 나가는 일에만 분투할까?

모든 학문 분야는 심오한 내적인 논리가 있다. 그 학문의 중요한 부분은 전체를 재구성하는 데에 필요한 정보를 담고 있다. 전체를 드러내려면 그 조각에 고도로 조직화한 레이저 광선을 비추기만 하면 되는데, 그 레이저가 바로 교육이다.

이 이론은 실천하기 어려워 보이지만, 사실 오랜 전통을 자랑하는 교육학 분야에서는 매일 실천한다. 예를 들어보자. 과학 실험실에서 식물학 전공 학생 서른 명이 같은 식물에서 잘라낸 줄기 단면을 현미경으로 들여다보고 있다. 그들은 교사의 지도를 받으며 혼자 혹은 집단으로 이 한 알의 '모래알'을 조사하는 과정에서 실증적인 사실과 식물학의 논리, 관찰과 해석의 규칙 등을 배운다. 이렇게 하나의 소우주를 관찰하는 행위를 반복하면서 그들은 결국 식물학 전체를 관통하는 지식을 쌓아 올린다. 구체적인 내용에 깊이 천착하면서 전체를 이해하는 것이다.

우리가 탐구하는 위대한 사물이 무엇이든, 현미경 아래에 놓인 줄기 단면에 해당하는 것은 늘 있다. 모든 위대한 소설에는 저자가 등장인물을 창작하고 긴장을 조성한 방식, 극적인 장면을 구성한 방식 등을 보여주는 구절이 있다. 이것을 이해하는 학생은 소설의 나머지 부분을 더 통찰력 있게 읽을 수 있다. 역사의 모든 시기에는 역사가가 역사를 기술하는 방식과 그 시대의 일반적인 역학을 보여주는 사건이 있다. 모든 철학자의 작품 속에는 그의 사고체계와 독특한 사상체계를 보여주는 핵심적인 개념이 있다.

이런 식으로 가르친다고 해서 교과 진도 나가기를 포기하는 것은 아니다. 오히려 우리는 교사의 직업윤리를 더욱 깊이 존중하게 된다. 소우주로부터의 가르침을 강조하는 것으로 우리는 교과와 학생에 대한 책임을 더 강화한다. 정보 조각들을 지적인 먹이사슬에 단순히 흘려보내는 것이 아니라, 학생들이 그 정보의 출처와 의미를 더 확실히 이해할 수 있게 돕는다. 우리는 단순히 학생들에게 남들이 도달한 결론을 앵무새처럼 따라 하는 법을 가르치는 것이 아니라, 역사가나 생물학자, 문학평론가처럼 생각하는 법을 가르쳐 학문과 학생을 모두 존중하는 것이다.

지금부터는 사실을 중시하는 분야에서 소우주로부터의 가르침을 수행하는 실제 사례 두 가지를 소개한다. 먼저 의료 교육 개혁에 관한 사례를 소개하고, 다음으로 사회조사 방법론을 강의하면서 겪은 나의 경험담을 소개하겠다. 이 이야기들을 통해 소우주로부터의 가르침이 실제로 통할 뿐 아니라, 진도 나가기 방식보다 더 좋은 효과가 있다는 것을 보여주고 싶다.

어느 의과대학 이야기

나는 어떤 대규모 연구대학에서 교육 공동체에 관해 강의한 후, 의과대학 학장에게 점심 식사 초대를 받았다. 그는 내가 흥미를 느낄 만한 이야기가 있다며 말을 걸어왔다.

몇 년 전, 그와 동료들은 학생들이 과연 어떤 의사가 될지 걱정스러웠다고 한다. 많은 학생을 의과대학으로 이끈, 사람에 대한 연민은 졸업할 무렵이면 대부분 사라지고 없었기 때문이다. 그들은 사람들의 건강과 행복에 깊은 관심을 갖고 입학했지만, 몇 년이 지난 후에는 환자를 수리해야 할 물건처럼 대했다.

그들은 졸업생 중에 배우는 법을 배운 학생이 거의 없다는 사실도 우려했다. 학생들은 전통적인 교과과정에서 가르치는 이론과 사실에는 통달했지만, 몇 년만 지나도 크게 변하는 지식의 숨 가쁜 흐름을 따라잡는 법은 전혀 배우지 못했다.

그래서 학장과 동료들은 하나의 대안을 모색하기 시작했다. 학장은 그 대안의 중요성을 설명하기 위해 내게 전통적인 의대 교육의 실상을 다음과 같이 들려주었다.

처음 2년간 학생들은, 교수가 연단 위에서 포인터를 들고 칠판에 매달린 머리뼈 모형의 뼈들을 하나하나 설명할 동안 자리에 가만히 앉아 있어야 합니다. 학생들의 과제는 그 정보를 모두 암기해서 시험을 통과한 후, 실험실에서 그 지식을 활용하는 것입니다.

학생들은 3학년이 되면 실제로 환자를 만납니다. 그때 우리는 학생들이 환자를 칠판에 매달린 머리뼈 모형처럼 대하는 모습을 보고 섬뜩해집니다! 그렇게 주입식으로 교육받았으니 학생들이 자기 힘으로 뭔가를 찾아내는 일은 전혀 못 하는 거지요.

그러나 학장과 동료 교수들은 환자를 사물화하는 학생들의 태도와 학생들을 '바보로 만드는' 것만 우려한 것이 아니었다. 학생들이 환자를 치료하는 일보다 경쟁에서 이기는 것에 더 집착하도록 부추기는 교육문화에 대해서도 걱정했다.

이런 문화는 실제로 서글픈 결과를 불러왔다. 교수들이 가끔 자신의 논문이 실린 잡지를 도서관에 비치하면, 처음 본 학생이 그 논문만 찢어가 버린다는 것이다. 경쟁에만 집착해서 다른 학생이 읽을 기회를 차단하는 것이다. 이런 식으로 환자를 향한 학생들의 연민은 점점 사라졌다. 논문에 담긴 정보는 분명 언젠가 환자를 돌보는 데에 도움이 되었을 텐데 말이다. 학생들은 점점 자발적으로 배우는 법을 익히는 대신, 서로를 희생시키며 이기는 법만 터득해 갔다.

그래서 학장과 동료들은 캐나다 온타리오주 해밀턴시의 맥마스터 대학에서 처음 개발한 새로운 접근법을 제안했다. 이 접근법의 핵심은, 학생들이 의대에 입학한 첫날부터 실제 환자 주위에 둥그렇게 모여서 상태를 진단하고 치료법을 제시하게 하는 것이다.

학장은 각 모임에는 멘토가 한 명씩 있다고 덧붙였다. 현직 의사이자 교수인 멘토는 이 아마추어 집단이 환자에게 해를 끼치지 못하도록 감시하는 역할을 맡았다. 그러나 학생들에게 진단명이나 처방을 가르치지는 않았다. 멘토의 역할은 관심의 중심에 있는 그 '위대한 사물(환자와 질병)'을 함께 탐구하도록 학생들을 이끄는 것이었다.

학장은 이렇게 설명했다.

어떤 면에서는, 그렇게 모인 학생들은 의학에 관해 별로 아는 게 없습니다. 몇몇은 예과 수업을 전혀 받지 않았고, 요즘 우리는 전공과 무관하게 학생들을 의학대학원에 받아들이니까요. 그리고 예과 수업을 받은 학생도 임상 훈련은 거의 받지 않았고요.

그러나 다른 면에서는, 이 학생들은 많은 것을 알고 있습니다. 우선 본인이 아파 본 경험이 있고, 주변에서 아픈 사람도 많이 봤을 테니까요. 질병과 건강에 관해 경험적인 단서는 갖고 있는 셈이죠.

집단적으로는 훨씬 더 많은 것을 알고 있습니다. 어떤 학생은 관찰력이 뛰어나서 환자의 멍한 눈빛을 놓치지 않지요. 어떤 학생은 직감이 뛰어나서 환자의 신체 언어에서 다양한 정보를 끌어냅니다. 또 어떤 학생은 질문하는 능력이 뛰어나서 남들이 한 시간이나 걸려 알아 내는 정보를 단 몇 분 만에 알아 내지요.

이들의 재능과 지식을 집단 활동을 통해 하나로 취합하고 정리할 수만 있다면, 아마추어 집단이라고 해도 뛰어난 통찰을 기대할 수 있습니다.

이 의학 교육 모델에서는 환자 주위에 모인 학생들의 소그룹, 진리의 공동체의 축소판이 커다란 바퀴를 굴리는 축이 된다. 학생들은 새로운 통찰을 얻기 위해 이 살아 있는 중심축에서 다른 교육 환경으로 뻗어 나간다. 개별 연구를 위해 도서관으로, 다양한 주제에 관해 체계적인 정보를 얻기 위해 강의실이나 세미나실이나 워크숍으로, 특정 기술을 배우기 위해 실험실 등으로 옮겨 다니는 것이다. 그러나 학생들은 어디로 가든 환자와 질병을 이해하는 데에 도움이 되는 새로운 사실 및 이론과 더불어 그 바퀴 축으로 돌아온다. 이후 그들은 여러 곳에서 모은 지식에 새로운 의문을 품은 채 바퀴 축에서 또 다시 뻗어 나간다.

학장과 동료들은 이 모델을 제안했고, 다른 교수들과 긴 논쟁을 벌인 끝에 간신히 통과시켰다. 사태가 진정됐을 무렵, 반대하는 교수들은 상반되는 두 가지를 예측했다. 좋은 소식은 새로운 교육 방식이 졸업생들의 환자를 대하는 태도와 의료인으로서의 직업윤리를 확실히 개선할 것이라는 점이었다. 그러나 나쁜 소식은 좋은 소식을 압도하고도 남을 만했다.

반대하는 교수들은 새로운 교육 방식이 표준화된 시험 점수를 떨어뜨릴 것으로 예측했다. 이 교과과정에는 체계적으로 진도를 관리하면서 학생들에게 지식을 강제로 암기시키는 사람이 없기 때문이다. 이 방식은 인간적인 장점이 있지만, '객관적 지식을 무시'한다는 점에서 결국 학생과 학교를 모두 위험에 빠뜨릴 것이다. 어쨌든 학생과 학교의 운명은 시험 점수가 좌우할 것이기 때문이다.

학장은 그 방식을 채택한 후 6년간 무슨 일이 벌어졌을지 짐작하겠느냐고 물었다. 나는 답을 알 것 같았지만, 학장의 입으로 직접 듣고 싶었다. 자신의 실패담을 들려주기 위해 누군가를 점심 식사에 초대하지는 않기 때문이다.

의료윤리와 환자를 대하는 태도가 개선될 거라던 반대파들의 말은 옳았습니다. 몇 년간 잡지에서 논문이 찢겨 없어지는 일도 없었고, 환자들도 우리 학생들이 큰 도움이 된다고 말했습니다.

그러나 표준화된 시험 점수에 대한 예측은 틀렸습니다. 떨어지기는커녕 오히려 오르기 시작했거든요. 이런 방식으로 가르치는 동안 시험 점수는 꾸준히 올랐습니다. 이 방식의 의학 교육으로 학생들은 더 배려심 많은 사람이 된 것은 물론, 더 똑똑하고 기민해졌지요.

왜 이렇게 되었을까? 그 이유는 진리의 공동체 속에서 소우주로부터의 가르침을 실천했기 때문이라고 생각한다. 이 경우에 소우주는 환자라고 할 수 있는데, 대부분의 학생들이 의사가 되고 싶어 하는 이유(사람들의 병을 낫게 해 주고 싶은)를 나타낸다. 따라서 의과대학에 입학한 첫날부터 학생들은 그들의 원래 동기에 부합하는 이 교육 방식을 적극적으로 받아들였고, 졸업할 때까지 그 태도를 계속 유지할 수 있었다.

이런 이유로 학생들은 높은 차원의 윤리적 행동을 보여 주었고, 이후에 의사가 되어서도 마찬가지일 것이다. 학장은 잡지에서 더 이상 논문이 찢겨 나가지 않았다고 했다. 이것은 개인의 자아 대신 위대한 사물이 관심의 중심이 될 때 학생들이 더 윤리적으로 행동한다는 사실을 보여준다. 학생들은 위대한 사물을 통해 '경쟁에서 이기기 위해서가 아니라 사람을 치유하기 위해서 공부하는 것'이라는 사실을 분명하게 깨달은 것이다.

그러나 위대한 사물을 관심의 중심에 배치한 결과는 단지 윤리적일 뿐만 아니라 지적이기도 했다. 이 학생들은 '더 똑똑하고 기민해지기까지' 했던 것이다. 적어도 두 가지 이유를 들 수 있는데, 모두 진리의 공동체가 갖고 있는 교육적인 잠재력과 관련이 있다.

첫째, 인간의 뇌는 개별 데이터 조각으로 제시된 정보보다는 의미 있게 형성된 '데이터의 공동체'로 제시된 정보를 훨씬 잘 받아들인다. 의미의 패턴은 학생들이 환자의 이야기를 통해 의학적 사실을 배울 때 형성된다. 그 이야기가 내적인 맥락과 외적인 맥락을 모두 제공하기 때문이다. 다시 말해, 그 이야기는 환자에 관한 다양한 사실을 서로 연관된 패턴의 형태로 연결하며, 학생과 환자를 인간적 의미의 패턴으로 연결하기도 한다.

학장은 이 점에 관해 다음과 같이 말했는데, 인간 두뇌의 작용 방식에 관해 우리가 알고 있는 것과도 잘 맞아떨어진다. "앞으로 20년 후, 이들 중 어떤 학생이 신장腎臟의 기능을 기억할 때, 교과서에서 본 단편적인 사실이 아니라 스미스 부인의 이야기라는 맥락 속에서 기억하게 될 것입니다." 바꿔 말하면, 그 기억은 상호 연결의 형태, 현실 자체의 형태를 취할 것이라는 말이다.

둘째, 이 진리의 공동체는 학생들을 동료와 함께 배우도록 자극하면서 교육적 잠재력을 발휘한다. 우리 대부분은 경쟁이 학습 동기를 부여하는 최고의 방법이라고 생각하지만, 이 학생들은 자신의 개별적인 학습이 공동 탐구에 도움이 된다는 사실에 훨씬 더 큰 동기를 부여받을 것이다. 또 함께하는 배움은 학생들 각자가 제한된 시야로 모든 정보를 처리해야 한다는 부담이 없다. 이런 공동 학습은 학생들에게 다른 사람의 눈으로 검토할 기회를 준다. 학생들은 다양한 관점에서 본 것을 확인하고 다시 교정하면서 실체에 좀 더 가까이 다가설 수 있다.

모두의 지혜를 합한 것이 한 사람의 지혜보다 낫다는 말은 단순한 희망 사항 이상일 것이다. 이 의과대학의 이야기로 나는 믿음을 갖게 되었다. 진리의 공동체에 바탕을 둔 교육 방식은 낭만적인 환상이 아니라, 가장 시급한 교육적 과제에 현실적으로 반응하는 구체적인 방식이라는 것을 말이다.

사회조사에서의 소우주

소우주로부터의 가르침에 관한 두 번째 사례는 첫 번째보다 훨씬 간소해서 일상의 교육 현장에 적용하는 데에 도움이 될 것이다.

'사회조사 방법론'은 사회과학 교육과정 중 가장 지루하다. 교수가 강의 내내 관련한 정보를 끊임없이 나열하기 때문이다. 나도 몇 년간 그런 방식으로 가르쳤지만, 학생들이 혼수상태에 빠지는 바람에 좀 더 생동감 있는 방법을 찾을 수밖에 없었다. 당시 내가 가르치던 대학에서 '사회조사 방법론'은 150여 명의 학생이 수강하던 필수 과목이어서, 아늑한 세미나실이 아닌 강당에서 진리의 공동체를 실험할 방법을 찾아야 했다.

학기 중 2주간에만 초점을 맞춰 내가 시도한 방법을 설명해 보겠다. 나는 이 기간에 학생들에게 사회현상이 알려지는 방식에 관해 몇 가지 중요한 사항을 전달하고 싶었다. 개념을 형성하는 법, 지표를 계발하는 법, 지표를 활용해 정보를 수집하는 법, 정보를 패턴으로 묶는 법, 패턴이 의미하는 것을 해석하는 법 등이다. 처음부터 이 목표를 명확히 한 것은, 곧 창조적 혼돈으로 가득할 공간 주위에 일정한 경계를 설정하는 데에 도움이 되었다.

나는 이 주제에 관심을 집중시키기 위해 칠판에 네 칸으로 된 간단한 통계학적 도표를 그렸다. 그리고 탐구의 초점이 될 '한 알의 모래알' 역할을 하도록 2주 내내 지우지 않고 그대로 두었다([그림3] 참조). 나는 이 도표를 탐색의 초점으로 삼아 학생들에게 끊임없이 질문했다. 그러는 동안, 나는 학생들이 반응할 때까지 침묵을 기다려 주려고 애썼다. 학생들을 수업에 참여시켜 나뿐 아니라 동료 학생들과도 대화하도록 유도하기 위해서였다. 토론이 아주 복잡하게 뒤얽히면, '짧은 강의'로 상황을 정리했고, 그러고 나면 다시 생생한 질문과 대화가 이어졌다. 내 의도는 학생들이 사회학의 연구 논리를 터득할 수 있도록, 적어도 사회조사의 지적인 소비자가 될 수 있도록, 그들을 방법론의 소우주 속으로 깊이 데려가는 것이었다.

2주간 학생들과 내가 거친 과정을 전부 설명하자면 지면이 부족할 테고, 독자들도 읽고 싶지 않을 것이다. 그러니 우리가 '개념 형성'이란 과

[그림3] 인종과 수입의 관계

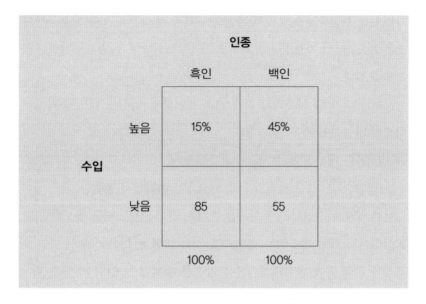

정에 접근한 방식을 간략히 설명하는 것으로 대신하겠다.

나는 개념 형성이란 말의 모호함을 없애기 위해 인종에 관한 학생들의 질문에 초점을 맞추기로 했다. 인종은 분명 우리 사회에서 커다란 논란이 되는 이슈이기 때문이다. 특히 당시 내가 가르치던 대학에서는 이 문제가 엄청난 논란거리였다. 나는 이 인종 개념을 탐색하는 것이 학생들의 관심을 사로잡는 데에 필요한 긴장감을 조성할 것으로 믿었는데, 실제로 그랬다.

나는 첫 시간에 학생들에게, 이 도표를 만든 연구자들은 인종을 연구 대상으로 삼았는데, 그들이 인종을 분류한 방법에 주목하자고 제안했다.

학생들에게 물었다. "한 사람이 어떤 인종인지 어떻게 아는지 말해 보세요."

몇몇 학생은 이렇게 어리석은 질문을 하다니 놀랍다는 듯이 나를 빤히 쳐다보았고, 대부분의 학생은 같은 이유로 내게서 눈길을 돌려 버렸다! 나는 그 침묵과 놀람의 공간을 견디기 위해 속으로 힘들게 분투했다. 소우주로부터의 가르침을 포기하고 그냥 강의를 하고 싶다는 강렬한 유혹도 느꼈다.

그러나 내가 그 침묵의 공간을 계속 유지하자, 마침내 맨 뒷줄에 앉은 학생이 망설이며 손을 들었다.

"네, 손 든 학생 말해 보세요." 내가 말했다.

"보면 알아요. 그냥 보기만 하면 돼요." 그 여학생이 말했다.

이런 식으로 수업하다가 침묵을 견디는 것이 고통스러울 정도가 되면, 교사로서는 어떤 반응이든 열렬히 환영하게 된다. 마음이 놓인 나는 이 학생이 지금 막 일반상대성이론을 발견한 것처럼 기뻤다! 나는 그 학생의 답변에 고마움을 표시한 뒤, 다음 대답을 재촉했다.

"여러분은 또 무엇을 보는지 말해 줄래요?" 내가 물었다.

이제 내가 정신이 나갔다고 생각하는 학생들이 훨씬 많아졌지만, 에너지는 한층 더 고양되었다.

"그야 뭐, 피부색을 보겠죠!" 앞쪽에 앉은 누군가가 짜증과 재미가 섞인 목소리로 말했다.

"고마워요." 내가 말했다. "이제 이 방에 앉아 있는 얼굴들을 살펴 봅시다. 여기에는 짙은 흑단색에서 옅은 흰색까지 열 가지 이상의 피부색이 있는 것 같군요. 그렇다면 이 방 안에 십여 개의 인종이 있다는 걸까요, 아니면 몇몇 백인 학생들이 한동안 일광욕을 했다는 뜻일까요?"

때로는 실망스럽고, 때로는 우스꽝스러운 우리의 대화는 그렇게 계속되었다. 그러나 우리는 서툴게 한 걸음씩 앞으로 나아가면서 '인종'에 관한 근본적인 사실에 점점 가까이 다가갔다.

인종은 흔히 유효한 개념이라고 생각하지만(토론 후 학생들은 이 문제를 더욱 진지하게 받아들였다), 신(God)이나 어머니 자연(Mother Nature)이 상자 속에 담아 제공한 것은 아니다. 뚜렷이 구분되지 않는 유전자 흐름의 연속체를 개념을 만들어 범주화한 결과물일 뿐이다. 우리는 유전자 연속체의 다양한 지점에 임의로 표지판을 세우고 '이 선을 넘으면 백인, 저 선을 넘으면 흑인, 또 다른 선을 넘으면 황인'과 같은 식으로 꼬리표를 단다.

학생들은 계속 탐색하는 동안 개념 형성에 필요한 여러 가지 중요한 사실을 이해하기 시작했다. 그들이 이해한 바로는, 인종이라는 개념은 우리의 마음이 인간 존재에 관한 복잡한 정보를 인위적으로 분류하고 단순화하는 하나의 방식에 불과했다. 그렇다고 그 인공물의 형태가 전혀 중요하지 않다는 것은 아니다. 좋든 싫든 우리가 인종을 개념화하는 방식은 이 세상에 커다란 영향을 미치기 때문이다.

인종 개념이 사회적으로나 과학적으로 세상에 영향을 미치는 만큼, 정보를 분류하는 타당한 규칙이 존재하는지를 아는 것은 중요한 일이다. 그렇다면 개념 형성은 사회적 편견에만 의지하는 임의적인 행위일까, 아니면 그 유전자 흐름의 연속체를 분류하는 좀 더 현실적이고 합리적인 방식이 따로 있을까?

물론 인종을 분류하는 타당한 규칙은 있고, 학생들은 그 규칙을 간절히 알고 싶어 했다. 소우주와 그것이 제기한 문제에 직접 참여해 깊이 생각하면서 수동적으로 강의를 들을 때보다 인종을 정의하는 과정의 중요성을 훨씬 더 깊이 이해했기 때문이다.

이렇게 인종이라는 특정 문제를 이해하는 방식은 다른 개념의 내적인 역학을 이해하는 데에도 도움을 준다. 몇몇 학생은 자신이 습득한 지식을 활용해 새로운 개념을 창조할 것이다. 분류의 규칙을 이해했으니 특정 패턴의 데이터에 대한 소유권을 내세우며 새로운 지식이라고 주장할 수 있게 되었기 때문이다. 다른 학생들은 좀 더 안목 있는 청취자 겸 화자가 될 수 있다. 이제 학생들은 성별이나 국적 같은 개념을 부주의하게 사용하지 않을 것이다. 우리의 마음이 '점들을 연결해' 경험의 현상을 구성하는 방식에 얼마나 많은 것이 달렸는지 이해했기 때문이다.

나는 소우주로부터의 가르침을 실천하기 전에도 이 주제에 관한 강의를 그럭저럭 했고, 학생들은 중요한 사실을 어느 정도 배울 수 있었다. 그러나 소우주로부터의 가르침을 시작하면서부터 내 말보다는 주제와 관련한 학생들의 말이 더 많은 공간을 차지했다. 그리하여 학생들은 더 많은 것을 더 잘 배우게 되었다. 사회과학자가 아는 내용뿐 아니라, 스스로 사회과학을 하는 방법까지 배우게 된 것이다.

열린 공간과 능숙한 솜씨

———

다른 교육자의 성공 사례도 많이 수집했지만, 나는 교실에서 진리의 공동체를 실천하는 공간을 창조하려 할 때마다 내가 받은 교육을 거스르기 위해 여전히 분투한다.

나 역시 대부분의 교사들처럼 공간을 열어두지 말고 장악하라고 교육받았다. 결국 교사는 무언가를 아는 존재이므로 그 지식을 전달할 의무가 있는 것이다! 지금껏 그 터무니없는 관례를 거부했지만, 그럴 때마다 나는 여전히 죄책감을 느낀다. 내면에서 올라오는 작지 않은 목소리가 밥값을 제대로 하려면 나의 지식으로 공간을 가득 채워야 한다고 주장한다.

　나는 비슷한 갈등을 겪는 의사를 알고 있다. 그는 어디가 '고장 났고' 어떻게 고쳐야 한다고(혹은 고칠 수 없다고) 일방적으로 말할 때보다 환자를 진단과 처방에 참여시킬 때마다 내밀한 죄책감을 느낀다고 한다. 사실 모든 분야의 전문가가 힘들게 얻은 다양한 지식으로 모든 공간을 가득 채우는 것이 고객을 섬기는 최상의 방식이라는 신화를 주입받았고, 이런 이유로 자신을 왜곡하는 것이다.

　교육 방식을 근본적으로 바꾸는 데에는 시간이 필요하다는 사실 때문에 우리는 공간을 채우는 대신 열어두는 것에 더 저항한다. 그 시간 동안은 가르치는 일을 훌륭히 해낼 수 없을 것이기 때문이다. 새로운 교육 방식으로 옮겨가는 동안, 우리는 학생들에게 제대로 봉사하지 못할 것이고, 더 심한 죄책감을 감내할 수밖에 없을 것이다.

　죄책감에 맞서기 위해, 나는 최소 두 가지를 준비한다. 배움의 공간을 열어두는 이론적인 근거(이것은 이 장을 쓰는 이유이기도 하다!)와, 열린 공간을 유지하는 데에 필요한 능숙한 수단이다.

　전문가의 역량을 평가하는 유일한 수단이 공간을 채우는 능력이라면(공간을 창조하는 것이 그저 흐름을 따라가는 것에 불과하다면), 우리는 결코 교실에서 진리의 공동체를 형성할 수 없을 것이다. 배움의 공간을 여는 것이 그 공간을 채우는 것보다 더 많은 기술과 권위가 필요하다는 사실을 이해하지 못하는 한, 우리는 죄책감에 시달릴 것이고 우리의 가르침은 진도 나가기로 축소될 것이다. 배움의 공간을 창조하는 기술을 존중하고 계발하길 원한다면, 먼저 그 기술이 어떤 것인지 분명하게 알아야 한다.

　기술들 중 몇몇은 수업을 시작하기 전부터 활용해야 한다. 학습 과정

개념화하기, 자료 선정하기, 과제와 훈련 구상하기, 시간 비워두기 등이다. 이런 결정 사항들을 공간 열기와 일치시키지 않는다면, 공간은 수업을 시작하기도 전에 사라져 버리고 말 것이다.

자료로 학생들을 압도하려 하지 말고 참여를 유도하는 방식으로 수업 방향을 설정하고, 학생들이 주제와 동료들 그리고 자신과 접촉할 수 있도록 여건을 조성해야 한다. 학습 내용과 관련한 독서 목록도 추천해야 하지만, 자발적으로 생각할 수 있는 여백도 마련해야 한다. 이런 덕목은 일차 텍스트에서 주로 찾을 수 있으므로, 교사는 전공 분야의 문헌도 잘 알고 있어야 한다. 미지의 것을 탐색하도록 학생들을 이끄는 훈련은 물론, 배운 것을 활용하도록 돕는 훈련까지 함께 고민해야 한다. 시간을 짜내는 한이 있더라도, 예상치 못한 상황에 대비한 예비 시간을 만들어 두어야 한다.

배움의 공간을 준비하는 일은 좋은 강의를 준비하는 일 못지않은 숙련도가 필요하다. 그러나 '해야 한다'의 목록을 충족시키는 숙련도를 갖추었더라도, 아직 교실 안으로 들어선 것은 아니다. 일단 교실로 들어서면, 그 공간을 활용하고 보호하기 위해 또 다른 기술이 필요하다. 예를 들어, 앞서 언급한 '사회조사 방법론'에서 나는 '질문하기'라는 기술에 의존했다. 이 기술은 직접 사용하기 전까지는 아주 쉬워 보였지만, 막상 해 보니 결코 간단하지 않았다. 무수히 많은 질문 중에서 선택해야 한다는 사실을 깨달았다.

"저자는 책의 4장에서 개념과 지표에 관해 뭐라고 말했나요?" 이런 질문은 공간을 닫아걸고 학생들의 사고를 가로막는다. "네 칸으로 이루어진 이 도표는 무엇을 말하는 걸까요?" 이런 질문은 학생들이 방향 감각을 완전히 잃을 정도로 공간을 지나치게 열어 놓는다. 학생들의 배움에 도움이 되는 질문은 이 둘 사이의 어디쯤이다. '여러분이 연구자라면, 피험자의 인종을 어떻게 판단했을까요?'와 같은 질문이다.

질문하는 기술은 질문의 내용을 넘어 질문자의 태도까지 포함한다. 교사는 위협적이거나 모욕적이지 않은 방식으로 질문하고, 개방적이고 부드러운 방식으로 답해야 한다. 학생의 질문에 올바르게 답하면서도 비언어적으로는 멸시하는 느낌을 주기 쉬운데, 훌륭한 교사는 이런 태도가 토론의 분위기를 얼마나 차갑게 만드는지 잘 알고 있다.

좋은 질문을 하려면 또 다른 능력이 필요하다. 교사와 학생 두 사람의 질의응답을 교실 안에 있는 모든 학생을 아우르는 공적 대화의 장으로 바꾸는 능력이다. 학생들이 교사에게서 시선을 돌려 서로를 바라볼 수 있게 하면, 학생들은 훨씬 더 많은 것을 배울 것이다.

그러려면 교사인 나는 내게로 향하는 발언을 학생들에게 다시 돌려야 한다. '산드라가 방금 한 말을 여러분은 어떻게 생각하나요?'라고 해도 되지만, 좀 더 은근하게 묻는 것이 더 좋다. 어떻게 하든 되돌려 보내는 방식은 내게 하나의 도전 거리이다. 학생들이 그 문제를 다루는 데에 필요한 자원을 이미 갖추었다고 믿어야 하기 때문이다.

학생이 얼토당토않은 말을 할 때, 나는 그 도전을 가장 절실히 느낀다. 이때는 내 안에 있는 모든 것이 일어나 그 오류를 진리의 칼로 내리치고 싶어 한다. 그러나 진리의 공동체에 필요한 대화를 촉진하고자 한다면, 그 절박한 순간에 간단하면서도 중요한 질문을 자신에게 해야 한다. '칼을 얼마나 빨리 내리쳐야 하지? 30초? 1분? 강의가 끝날 때까지? 다음 시간까지?'

내가 선택지를 검토하는 동안, 지금 바로 내려칠 필요는 없다는 사실이 분명해진다. 우리 앞에 진리 아닌 것이 놓여 있을지라도 우리 그리고 진리는 몇 분 혹은 몇 시간, 며칠 정도는 견딜 수 있다. 내가 나를 사로잡은 긴박감에서 물러서면 학생들 중 누군가가 나서서 그 오류에 도전할 가능성이 높아진다. 그렇게 되면 진리의 공동체는 더욱 생생한 생명력을 얻는다.

내가 좋은 질문을 하고, 학생들에게 발언을 되돌리고, 학생들을 대화로 연결하는 법을 배웠다고 해서 할 일이 끝난 것은 아니다. 나는 학생들이 한 말을 종합하고 재구성해서 결론을 내려 주어야 한다. 그래야 우리가 어디까지 왔고, 목표까지 얼마나 더 가야 하는지 알 수 있기 때문이다.

진리의 공동체가 풍요로울 수 있는 것은 그 진행 과정이 단선적이지 않기 때문이다. 그 경로는 다양한 방향으로 뻗어 나가기도 하고, 원점으로 돌아오기도 하며, 멀리 도약하기도 한다. 교사는 이 창조적 혼돈의 한가운데에서 적절한 순간에 적절한 방식으로 학생들의 발언을 연결할 수 있어야 한다. 지금까지 밝혀진 것, 앞으로 탐구해야 할 것을 선명하게 정리해 주어야 한다.

이렇게 하자면 나는 방금 들은 말을 20분 전에 들은 말과 연결할 수 있을 만큼 학생들의 말을 경청해야 한다. 주의 깊게 듣는 것은 결코 쉽지 않다. 어마어마하게 정신적 에너지가 소모되고, 사람을 지치게 만든다. 그러나 권위를 행사하고자 하는 욕구를 제어하면 경청하기가 한결 수월해진다. 잠시라도 다음에 할 말을 가둬 두고 있으면, 외부의 대화를 받아들일 수 있는 내면의 공간이 열린다.

일단 학생들의 말에 귀 기울여 대화의 윤곽을 파악했다면, 나는 토론의 내용을 종합할 준비를 해야 한다. 우리가 배운 것을 확인하면서 지금까지의 논의 방향과 앞으로의 전개 방향을 제시할 수 있다. 예를 들어,

'사회조사 방법론'을 수강한 학생들은 그들의 힘으로 인종이 생물학적 현실보다는 정신적 구성물에 더 가깝다는 통찰을 얻었다. 그러나 인종을 '뚜렷이 구분되지 않는 유전자 흐름의 연속체를 범주화한 결과물'로 정의하는 데에까지 나아가지는 못했다.

학생들은 그렇게 표현할 만한 어휘가 부족했기 때문에 내가 나서서 대화의 흩어진 조각들을 재구성해 주어야 했다. 그러나 나는 학생들이 그것을 자신의 것으로 경험할 때까지 기다려야 한다. 그들 스스로 발견했지만 아직 언어로 표현하지 못했을 뿐이라고 생각하게 만드는 것이다. 이 과정을 통해 우리는 세 가지 중요한 목표를 이루었다. 첫째, 우리는 대화의 요소들을 한데 모아 일관성을 획득했다. 둘째, 다음 주제로 이어지는 다리를 마련했다. 셋째, 학생들을 작은 규모의 진리의 공동체에 온전히 참여시켰다.

나는 진리의 공동체 내에서 가르침과 배움의 역학을 재구성하면서 이런 수업 방식이 일반적인 흐름에 편승하는 것보다 더 많은 것을 성취한다는 사실을 다시 확인했다. 교사는 이런 유형의 교육을 위한 공간을 만들어 나가면서 기존의 기술을 더욱 세련되게 만드는 것은 물론 다른 기술도 배워야 한다.

공동체의 다양성과 장애물들

———

학생들을 진리의 공동체에 참여시키는 것은 건전한 교육법의 기본 원칙이다. 그러나 내가 사회학 강좌에서 공동체를 형성하기 위해 사용한 방법은 표준이지도, 완벽하지도 않다. 진리의 공동체를 만드는 데에 활용하는 '올바른' 방법은 교사의 정체성과 진실성에서 나온다.

몇 년간 탐색한 끝에 내가 옳다고 결론 내린 방식은, 학생들과 둥그렇게 둘러앉아(혹은 강당에서 강의하더라도 마치 둥글게 둘러앉은 것처럼 상상하라) 우리들 가운데 놓여 있는 위대한 사물을 탐구하도록 이끄는 것이다. 교실에서 공동체를 창조하는 다른 방법도 있는데, 그중 어떤 것은 겉으로만 보면 전혀 '쌍방향 소통'으로 느껴지지 않는다.

1장에서 언급한 그 말 많은 멘토가 대표적인 예다. 그 교수는 사회사상사 수업을 하면서 우리가 줄지어 앉아 노트 필기를 하는 동안 쉴 새 없이 강의만 했다. 그러나 그 수업은 교사 중심이 아니었다. 그의 강의는 교수 자신이 아니라 주제를 관심의 중심에 두었고, 우리는 말 한마디 하지 않았지만 주제 주위에 둘러앉아 주제와 상호작용을 했다.

그렇다면 내 멘토는 어떻게 진리의 공동체를 만들고 학생들을 그 속으로 끌어들였을까? 그의 강의는 사회 이론에 관한 정보를 단순히 제시하는 데에서 그치지 않았다. 그의 강의는 사회사상에 관한 한 편의 드라마나 다름없었다. 그는 위대한 사상가의 사상을 설명하면서 그들의 흥미진진한 인생사를 곁들이는 방식으로 강의했다. 덕분에 우리는 대영박물관 도서관에 홀로 앉아 《자본론》을 집필하는 카를 마르크스를 눈앞에 생생히 그려볼 수 있었다. 우리는 이렇게 적극적으로 상상하면서 사상가와 그의 사상을 자극한 개인적 또는 사회적 조건과 깊은 관계를 맺었다.

그러나 내 멘토가 연출한 드라마는 여기서 한 발 더 나아갔다. 언젠가 그는 강력한 어조로 마르크스주의적인 발언을 했고, 우리는 마치 성경 구절이라도 되는 양 그 말을 노트에 받아 적었다. 그때 그의 얼굴에 난처한 빛이 스쳐 지나갔다. 그는 잠시 말을 멈추고 옆으로 비켜서서 조금 전까지 서 있던 공간을 쳐다보며, 이제 헤겔의 관점에서 마르크스의 사상을 반박했다! 그것은 결코 인위적인 연기가 아니었다. 그 교수의 마음을 줄곧 사로잡아 온 지적인 드라마의 진정한 표현이었다.

'드라마'는 결코 인위적인 연기가 아니다. 이 사실을 기억하면 상호작용의 성격을 띤다고 할 수는 없지만 여전히 강력한 진리의 공동체가 있다는 것을 알 수 있다. 나는 좋은 연극을 볼 때 마치 내 삶이 무대 위에서 펼쳐지는 것처럼 그 드라마와 강하게 연결된 기분이 든다. 그러나 배우의 대사에 크게 대답하고 싶은 욕구도, 무대 위로 뛰어올라 연극에 참여하고 싶은 충동도 느끼지 않는다. 나는 관람석에 앉아 있지만 이미 '개인적인 방식'으로 무대 위에 있는 것이다. 내면적으로 무대 위에서 펼쳐지는 강력한 진리의 공동체에 참여하는 것이다.

드라마만 훌륭하다면, 등장인물이나 그 생애에 과도한 상호작용의 느낌을 가지지 않아도 좋다. 마찬가지로, 좋은 강의는 위대한 사물의 드라마를 우리들 한가운데에 둠으로써 진리의 공동체를 충실히 구현할 수 있다. 앞서 들려준 의과 대학의 교육과정이나 대화를 통해 주제에 접근한 사회조사 방법론 강좌처럼 말이다.

나는 학생들과 개인적으로 만날 때는 어눌하기 짝이 없던 나의 멘토가 진리의 공동체는 어떻게 그토록 멋지게 창조할 수 있었는지 의아했는데, 이제는 이해한다. 그는 우리 없이도 끊임없이 사상가들의 공동체와 연결되어 있었던 것이다! 마르크스와 헤겔, 뒤르켐Durkheim(프랑스의 교육자이자 사회학자로 '뒤르켐학파'를 형성해 세계의 사회학계를 이끎-편집자), 베버, 트뢸치Troeltsch(독일의 종교사가, 철학자, 신학자로서 각 부문에서 거대한 업적을 남김-편집자) 같은 사상가와 교유하는 사람에게 시골에서 온 스무 살 청년들이 무슨 필요가 있었겠는가?

그 멘토는 가까이 있는 사람보다 위대한 사회사상가와 더 친밀하게 교감했지만, 학생들도 깊이 배려했다. 그는 강의에서 학습 주제뿐 아니라 배우는 우리에게도 열정을 보여 주었다. 우리가 자신의 상상 속에 사는 지적인 동료들과 만나 배우길 원했고, 이런 중재자의 역할을 자신의 본성에 아주 충실하게 수행했다.

그의 강의 덕분에 몇몇 학생은 죽은 자들과 대화하는 능력이 특징인, 강력한 형태의 공동체에 참여하게 되었다. 이 능력은 광기의 징후가 아니라 교양인이라는 증거이다. 보이지 않는 역사와 사상의 공동체 속에서 말하고 듣는 법을 배우는 것은 한 사람의 세상을 헤아릴 수 없을 만큼 확장해 그 삶을 영원히 바꿔 놓는다.

그러나 이런 교육에 관심을 갖는 몇몇 교사들은 공동체를 공공연한 상호작용으로 정의하든, 드라마나 내적 대화로 정의하든 별 차이가 없다고 생각한다. 이들은 교사와 학생의 관계가 지위와 권력의 불균형으로 가득한 이상, 어떤 유형의 교육 공동체도 불가능하다고 주장한다. 교사는 학생이 하는 일을 평가하고 학점을 매겨야 한다. 이런 현실은 교사와 학생, 학생과 동료들 사이를 멀어지게 한다. 이런 분열의 역학이 작용하는 현실에서 어떻게 공동체가 가능하겠는가?

이 질문은 지위와 권력이 분열되지 않는 곳에서만 공동체가 형성될 수 있다고 전제한다. 그러나 세상에 그런 곳은 없다. 공동체는 사람이 모이는 모든 곳에서 발견되는 불균형의 한가운데에서 형성된다. 학점을 없애야야만 진정한 공동체가 형성된다는 주장은 현실과 너무도 동떨어진다. 그런 태도는 사실상 공동체를 완전히 포기하는 것과 다름없다.

진정한 공동체가 나타나면, 성별이나 인종과 같은 권력과 지위의 그릇된 차이는 사라진다. 그러나 진정한 차이는 유지되며, 사실 유지되어야 한다. 왜냐하면 그런 차이는 공동체가 번성하는 데에 필요한 기능에서 나오기 때문이다. 예를 들어, 최선의 공동체를 규정하는 기준을 설정하고 또 유지하는 리더십은 그런 차이를 만드는 기능이다.

교육 분야에서 이루어지는 평가는 그런 기능 가운데 하나이다. 진리의 공동체는 지속적인 안목이 필요하다. 어떤 관찰은 정확하지만 다른 관찰은 그렇지 않고, 사실에 관한 몇몇 주장은 유효하지만 다른 주장은 그렇지 않으며, 특정한 가설은 타당하지만 다른 가설은 그렇지 않다는 것을 판별해야 하기 때문이다. 이렇게 구분하기 위해 학점을 사용한다면, 진정한 가르침의 바탕이 되는 진정한 역학을 모방하는 것이다.

이런 현실 세계의 원칙을 명심하면 우리는 평가보다는 배움, 경쟁보다는 협동을 강조하는 학점 제도를 운영할 수 있다. 이렇게만 된다면 학점제는 공동체를 위해 더 크게 기여할 것이다. 예를 들어, 나는 학생들에게 학기가 끝날 때까지 몇 번이고 논문을 고쳐 쓸 기회를 준다. 그러고는 각각의 논문에 장단점을 평하면서 학점을 준다. 마지막 학점을 줄 때에는 평균 점수를 주는 것이 아니라 마지막 논문을 기준으로 학점을 준다. 이렇게 하면 학생들은 평가의 의도가 점수를 내기 위한 것이 아니라, 학습의 지침을 제공하는 것이란 점을 이해한다.

나는 학생들에게 조별 과제도 내준다. 맡은 역할에 따라 각자 다른 점수를 받는 것이 아니라, 최종 결과물로 모두 같은 점수를 받는다고 미리 말해 둔다. 학점을 주는 권한은 하나의 권력이다. 우리가 해야 할 질문은 '그 권력을 어떻게 제거할 것인가?'가 아니라 '그 권력을 더 나은 목적을 위해 어떻게 사용할 것인가?'이다.

물론 A, B, C, D로 학점을 주는 것이 좋은 평가 방식이라고 생각하지 않는다. 좀 더 개선한 제도인 학생 생활기록부 평점제에 비하면 아주 신통치 않다. 그러나 학점제는 오래전부터 있었고, 앞으로도 한동안 그럴 것이다. 그러나 교실에서 공동체를 형성하는 어려움을 피하려고 학점제를 값싼 구실로 이용하는 것은 분명 잘못된 일이다.

공동체를 진정으로 위협하는 것은 교사와 학생 간의 권력과 지위의 차이가 아니라, 그런 차이가 상호 의존성을 방해한다는 것이다. 학생은 학점 때문에 교사에게 의존한다. 그렇다면 교사는 무엇 때문에 학생들에게 의존할까? 이 질문에 학점만큼이나 구체적인 답을 내놓을 수 없다면 공동체는 형성되지 않을 것이다.

문제는 교사들이 다른 전문가들처럼 완전히 자율적으로 일하도록 훈련받았다는 것이다. 이런 방식 때문에 교사는 대체로 학생으로부터 독립되어 있다. 솔직히 말하자면, 교사는 성공하기 위해 학생이 필요하지는 않다.

교사는 우월한 권력과 지위 덕분에 독립적으로 일하는 것이 허용되지만, 강제되지는 않는다. 학생들의 운명이 우리 손에 달렸듯이, 우리의 운명 일부를 학생들에게 맡기는 방식으로 가르칠 수 있다. 이런 교육 방식은 더 강한 공동체를 만들 뿐 아니라, 교사를 진리의 공동체 속으로 더 깊이 밀어 넣어 더 훌륭한 배움을 끌어낸다.

초청 강연에 초대받았던 나의 경험담으로 설명해 보겠다. 그 대학의 담당 교수는 강의가 1시간 반 동안 진행된다고 했고, 나는 20~30분 정도만 강의하고 나머지 시간은 토론을 하겠다고 대답했다. 그러자 그녀는 말리면서 이렇게 충고했다. "이 수업은 150여 명이 참여하는 대형 강의입니다. 학생들은 강의에는 익숙하지만 토론은 잘 못해요. 당신의 접근법이 실패할까 봐 걱정되네요."

나는 처음의 계획을 고수했다. 그러나 막상 강연장에서 무표정한 얼굴들을 마주 보며 강연하다 보니 그 교수가 옳았다는 생각이 들었다. 강연을 마치고 질문이나 의견이 있는지 물었을 때(당황한 나머지, 구체적이고 명확한 질문을 하라는 당부도 잊어버렸다!), 나는 그녀의 조언을 듣지 않은 것을 후회했다. 그 강연은 시간이 갈수록 초청 강연이 아니라 공개 처형에 가까워졌다.

그때 나만큼이나 초조해 보이던 여학생이 손을 들어 질문했고, 나는 바로 답해 주었다. 아마도 내가 안쓰러워 보여 힘들게 용기를 낸 듯했다. 그 후 두세 명의 학생이 더 손을 들었고, 질문하는 학생은 점점 늘어났다. 에너지는 고조되었고, 잠시 후에는 진짜 대화가 시작되었다. 의미의 층위는 다양했지만, 방향성만큼은 일관되었다.

강연이 끝날 무렵, 나는 수업에 호응해 준 학생들에게 감사했다. 그들은 열광적으로 박수를 쳤고, 나와 대화하기 위해 학생 20여 명이 강단 앞으로 나왔다. 10분 뒤, 다음 수업이 가까워져서 우리는 대화를 중단하고 복도로 나와 10~15분 정도 더 얘기를 나누었다. 진정한 배움을 얻은 학생이 많았다는 사실이 명백해지는 순간이었다.

초청한 교수는 나를 주차장까지 배웅하면서 이렇게 말했다. "놀라운 강의였어요! 저는 이 수업이 이토록 활기 넘치는 모습을 처음 봐요. 지켜보니 대화를 끌어내기 위해 몇 가지 기발한 테크닉을 구사하시더군요." 그녀는 분명히 나를 잘 몰랐을 것이다. 그렇지 않다면 내게 '테크닉'을 사용했다고 표현하지는 않았을 테니까!

그러나 난 호기심이 생겨서 물어보았다. "무슨 말씀이죠?"

그녀가 말했다. "학생이 머뭇거리며 손을 들 때마다 당신은 앞으로 몸을 숙이며 그 학생을 향해 이렇게 손짓했어요." 그녀는 재촉하는 손짓을 했다. "그러고는 '어서'라고 말했어요. 그 후에 학생이 무슨 말을 하든 상관없이 미소 지으면서 '고맙습니다'라고 말했어요. 마치 진심에서 우러나온 것처럼 말이에요."

이 교수는 그런 동작이 학생들의 감정을 조종하기 위한 전략적인 몸짓이라고 생각했던 것 같다. 그러나 결코 그렇지 않다. 그 행동은 죽어가는 한 남자의 절망적인 몸부림이었다!

'어서'라고 말하면서 애원하는 행동에는 이름이 있는데, 바로 '구걸'이다. 아주 작은 빵조각 하나에도 '고맙습니다'라고 말하는 태도에도 이름이 있다. 그것은 '감사'이다. 굶어 죽어가고 있을 때 우리는 부끄러움 없이 도움을 구걸하며, 무엇이 주어지든 상관없이 진심을 다해 감사한다. 그날 나는 1시간이나 남겨둔 상태로 강연을 끝냈다. 그 만남을 의미 있는 것으로 만들기 위해서는 학생들의 도움이 절실하게 필요했다.

우리가 자기방어적인 전문가의 자율성을 기꺼이 포기하고 학생들이 우리에게 의존하듯이 우리도 학생들에게 의존한다면, 진리의 공동체가 요구하는 상호 의존성에 더 가까이 다가갈 수 있다. 학생들이 필요해서 '어서'라고 말하고, 학생들에게 진심으로 고마워서 '고맙습니다'라고 말할 수 있다면, 공동체를 가로막는 장애물은 서서히 사라질 것이다. 그렇게 된다면 교사와 학생들은 의미와 상호 연결성의 더 깊은 차원에서 새롭게 만날 것이고, 모두는 놀랍도록 생생한 방식으로 배우게 될 것이다.

6장

공동체 속에서 배우기

동료 교사들과의 대화

:
.

"슬픔의 가장 좋은 점은 뭔가를 배우는 것이다.

배움만이 결코 실패하지 않는다.

당신은 노쇠해 몸이 부르르 떨릴지도,

혈관이 꿈틀대는 소리를 들으며 밤을 샐지도 모른다.

…

사악한 미치광이들이 세상을 망치는 것을 볼지도,

야비한 이들의 하수구에서 명예가 짓밟힐지도 모른다.

거기에는 배운다는 단 하나의 목적만 존재한다.

세상은 왜 흔들리며, 무엇이 흔드는지 배워라.

결코 끝내거나 소외시킬 수 없고,

결코 괴롭힘당하거나 두려워하거나 불신할 수 없고,

결코 후회할 수 없는 것은 오직 배움뿐이다.

배움이야말로 당신을 위한 것이다."

— T.H. 화이트, '과거와 미래의 왕'[1]

닫힌 문 뒤에서 가르치기

DNA에서부터 《암흑의 핵심(The heart of Darkness)》을 거쳐 프랑스혁명에 이르기까지 진리의 공동체가 위대한 사물 주위에 모여 있는 모습을 상상하면, 나는 이런 생각이 든다. 교사들이 다른 주제를 대할 때처럼 존중하는 태도로 '가르침과 배움'이라는 위대한 사물 주위에 모여 그 신비를 탐험할 수는 없을까?

우리는 그 방법을 배워야 한다. 진리의 공동체 주위에 함께 모이는 것은 더 나은 교사가 되는, 몇 안 되는 수단 중 하나이기 때문이다. 좋은 가르침을 위한 공식은 없으며, 전문가의 조언은 부분적으로만 도움이 될 뿐이다. 교사로서 성장하고 싶다면, 우리가 찾아야 할 곳은 두 군데이다. 하나는 좋은 가르침의 근원인 내면 영역이고, 다른 하나는 자신과 교직에 관해 더 많이 배울 수 있는 동료 교사들의 공동체이다.

잘 가르치고 싶다면, 반드시 자신의 내면부터 탐색해야 한다. 그러나 그곳에서 길을 잃고 자기기만에 빠져 한 걸음도 나아가지 못하고 빙빙 돌고 있을 수도 있다. 그래서 우리는 동료들의 공동체에서 안내받아야 한다. 또한 공동체의 지지와 모든 교사에게서 찾을 수 있는 경험적이고 집단적인 지혜도 필요한데, 교직의 시련을 이겨 낼 힘을 주기 때문이다.

더 좋은 가르침에 필요한 재원은 동료 교사에게서 얻을 수 있다. 우리가 그들에게 접근할 수 있다면 말이다. 하지만 쉬운 일은 아니다. 학원 문화는 교사와 학생 사이의 벽보다 더 높고 넓은 벽을 동료 교사들 사이에 세워두곤 한다. 이 벽은 부분적으로는 두려움으로 우리를 조각내는 경쟁에서 온다. 또한 이 벽들은 교육이 모든 전문직 중 가장 개별화한 직업이라는 사실에서 오기도 한다.

교사는 학생들 앞에서 가르치지만, 거의 동료들의 시야 밖에서 혼자 수업을 한다. 외과 의사나 법정 변호사가 전문 지식을 갖춘 다른 사람들 앞에서 일하는 것과는 대비된다. 변호사는 다른 변호사들 앞에서 변론하기 때문에 업무상에 하자가 있으면 모두 즉시 알아챈다. 외과 의사 역시 손이 떨리지는 않는지 지켜보는 전문가들의 시선 속에서 수술하기 때문에, 실수하더라도 즉시 교정할 수 있다. 하지만 교사는 희생자를 제외한 목격자가 아무도 없는 곳에서 의료용 거즈를 잃어버릴 수도, 엉뚱한 팔다리를 절단할 수도 있다.

교사는 일터인 교실로 걸어 들어가면서 동료들을 향해 문을 닫아건다. 그리고 일단 교실에서 나오면, 교실에서 있었던 일이나 다음 수업 계획에 관해 거의 아무 말도 하지 않는다. 이야깃거리가 될 만한 공통된 경험이 전혀 없기 때문이다. 우리는 이것을 소외주의로 보고 극복하는 대신, '학문적 자유'라고 부르며 미덕으로 추켜세운다. '내 교실은 나의 성이므로, 다른 영지의 영주들이 들어와서는 안 된다'라는 식이다.

우리는 이런 개별화에 비싼 대가를 치른다. 교직을 평가하는 방식을 생각해 보라. 서로 가르치는 모습을 관찰할 수 없을 때 교사의 평가제도는 현실과 동떨어지고, 사기를 꺾으며, 심지어 불명예스러운 것이 된다. 서로에 대한 직접적인 정보가 없으니 수업 평가라는 인위적인 제도가 사적으로만 알 법한 사실을 대체하도록 내버려 두는 것이다.

교사를 평가하는 통상적인 방식은 수업이 끝날 무렵 학생들에게 설문지를 돌리는 것이다. 교육이라는 복잡한 직무를 5점 만점에 10~15가지 항목으로 축약한 그 설문지에는 '간단명료하게 설명함', '강의 준비를 잘함', '학점을 주는 기준이 객관적임' 등의 항목이 포함되어 있다.

교사는 이렇게 단순한 방식으로 평가당하면 의기소침할 수밖에 없다. 가르침의 미묘한 뉘앙스는 이런 식으로는 결코 포착되지 않는다. 평가 문항을 아무리 잘 만든다 하더라도 좋은 교육을 담보하는 그 많은 원천들을 다 담아낼 수는 없다. 우리가 계속 문을 닫아건다면, 학기가 끝날 무렵 학생들에게 설문지를 돌리는 것 외에 우리를 평가할 다른 방법이 어디 있겠는가? 이런 유형의 평가 방식은 교사들이 가끔 불평하듯이 단순히 행정적으로 무능해서만은 아니다. 다른 대안을 허용하지 않는 문화가 낳은 필연적인 결과이다.

슬프게도, 이 평가제도의 한계는 매우 냉소적으로 받아들여지며, 평가의 결과 역시 지나치게 임의로 활용된다. 다시 말해 그 데이터는 얼마든지 제도적인 사기 행각에 쓰일 수 있다. 수업 평가는 좋지만 간행물 출간 실적은 미미한 교수를 해고하고 싶으면, 평가 설문지는 고작 인기도를 반영할 뿐이라고 주장한다. 수업 평가는 나쁘지만 간행물 출간 실적은 좋은 교수를 진급시키고 싶으면, 그 설문지가 교수의 심오한 학문적 역량과는 아무 상관도 없다고 주장한다.

좋은 교육의 다양한 측면을 섬세하게 평가하는 믿을 만한 방법은 하나뿐이다. '그 교육 현장에 있어 보는 것'이다. 따라서 우리는 가끔이라도 서로의 수업 광경을 지켜봐야 하며, 동료들과 가르침에 관해 대화하는 시간도 더 늘려야 한다. 그렇게만 한다면 마음대로 오용할 수 있는 통계적 허구 대신, 믿을 만한 진정한 평가 자료를 바탕으로 승진이나 종신 교수직 등을 결정할 수 있을 것이다.

교사들은 바빠서 동료 교사의 수업에 자주 참석하지 못하는 것 같다. 그러나 주기적으로 동료들과 만나 교육에 관해 대화한다면, 평가할 시기가 되었을 때 동료들과 진정한 질문과 답변을 주고받을 수 있을 것이다.

- 이 사람은 가르침에 관한 대화에 참여하는 교사들처럼 교직을 진지하게 받아들이는가?
- 이 사람은 강의를 계획하는 동안 어떤 절차를 거치는가?
- 이 사람은 강좌가 진행되는 동안 일어나는 문제를 어떻게 파악하고 대처하는가?
- 이 사람은 강좌를 계획하고 실행할 때 과거의 실수에서 얻은 교훈을 활용할 줄 아는가?
- 이 사람은 교직의 어려움을 호소하는 동료를 도와주려 애쓰는가?

교수법과 관련된 대화의 공동체에 참여하는 것은, 성장을 위한 지원과 기회를 찾는 개인의 자율적인 선택에 맡길 문제가 아니다. 그것은 교육 기관이 교사에게 당연히 요구해야 하는 직업적인 의무 사항이다. 교육의 개별화는 교사 개인의 성장을 늦추는 것은 물론, 교육 기관도 무능력하게 만들기 때문이다. 교육을 개별화하면, 교육 기관도 원활하게 업무를 수행하기 어렵다.

어느 영역에서든 직업적인 역량을 향상하려면 동료와 경험을 공유하며 솔직하게 대화해야 한다. 물론, 우리는 개인적으로 시행착오를 거듭하며 성장하기도 한다. 그러나 공동체가 위험을 감수하도록 지지하지 않으면, 기꺼이 시도하고 실패하려는 개인의 의지는 심각하게 제한된다. 어떤 기능을 개별화하면, 사람들은 그 기능을 보수적으로 수행하면서 '통설'에 기댄 암묵적인 합의에서 크게 벗어나지 않으려 한다. 그것이 명백히 효과가 없을 때조차 말이다.

위험을 회피하는 보수주의는 현재의 교육 상황을 잘 대변한다. 다른 직업보다 교직이 훨씬 더 느리게 진화한 것은 바로 이런 개별화 때문이다. 의료와 법률이 교육처럼 개별적인 방식을 따랐다면, 우리는 여전히 환자를 거머리로 치료하고, 피고를 물방아용 저수지에 빠뜨렸을 것이다.

교사로 성장하기 위해 우리에게 필요한 재원은 동료 교사의 공동체 속에서 풍부하게 발견할 수 있다. 그렇다면 고질적인 개별화에서 벗어나 공동체의 풍성함을 이용할 수 있도록 지속적인 대화의 장을 마련하려면 어떻게 해야 할까? 우리에게 필요한 것은 좋은 가르침에 관한 좋은 대화이다. 교사로서의 직업적 역량과 좋은 가르침의 원천인 자아의식을 모두 높여 주는 그런 대화 말이다.

지금부터는 그런 대화를 촉진하는 세 가지 필수 요소를 탐색하고자 한다. 우리를 테크닉 너머 교육의 근본적인 문제와 대면하게 하는 '화제', 우리의 대화가 충분히 깊어지기도 전에 찬물을 끼얹지 않도록 지켜 주는 '기본 규칙', 우리를 대화에 참여하도록 초대하고 이끌어 주는 '리더'가 그 요소들이다.

동료 교사들과 '무엇'을 이야기할 것인가

가르침을 테크닉으로 보는 성향은 우리가 동료들과 깊고 지속적인 대화를 하지 못하는 이유 중 하나이다. 테크닉에 관한 대화가 일상적으로 부딪히는 문제를 '실용적'으로 해결해 주기는 한다. 그러나 유일한 화제가 테크닉이라면, 그 대화는 곧 시들해진다. 이때 교육에 내재한 인간적인 문제는 무시되며, 교사 역시 무시당하는 기분을 느낀다. 가르침을 테크닉으로 격하하면 결국 교직과 교사까지 함께 깎아내리게 된다. 이렇게 되면 사람들은 자신을 폄훼하는 대화에 다시 참여하고 싶지 않게 된다.

방법론을 얘기하지 않는다면, 무엇을 말해야 할까? 선택지는 많고 다양하며, 우리는 그 일부를 이미 탐색했다. 1장에서 우리는 내면의 교사를 일깨운 주제와 멘토에 관해 이야기했다. 두려움을 탐색한 2장에서는 교사와 학생들의 인간적인 조건에 관해 이야기했다. 3장에서는 역설의 개념을 활용해 최고의 수업과 최악의 수업, 교사의 재능과 한계, 교육 환경 창조하기 등에 관해 이야기했다. 4장과 5장에서는 인식하는 방법과 그것이 교수법에 미치는 영향도 논의했다.

이 장에서 나는 좋은 가르침과 교사의 정체성에 관해 훌륭한 대화를 나누게 하는 두 가지 화제를 더 탐색하고자 한다. 하나는 '가르침과 배움의 결정적인 순간'이고, 다른 하나는 '교사의 자아의식을 풍요롭게 해주는 비유와 이미지'이다.

'결정적인 순간'은 내가 워크숍에서 교사가 경험담을 개방적이고 솔직하게 털어놓도록 활용하는 간단한 접근법이다. 먼저 칠판에 수평선으로 화살표를 하나 그리면서 워크숍을 시작한다. 화살표는 강좌가 지속되는 기간을 나타내는데, 사람들에게 강좌가 진행되는 동안 겪은 결정적 순간을 떠올려 보라고 한다. 내가 말하는 결정적 순간이란, 교사가 개입하면서 '어느 정도' 영향을 받아 학생들을 위한 배움의 기회가 열리거나 닫혔던 순간을 뜻한다. 여기서 '어느 정도'는 중요한 조건인데, 교육상의 모든 결정적인 순간을 전부 교사가 통제할 수는 없기 때문이다. 이것이 교직 생활의 어려움이기도 하다.

사람들이 말하는 순간은 숫자도 많고 종류도 다양하다. 나는 사람들이 말하는 각각의 순간을 선 위에 표시하고, 거기에 한두 단어로 이름을 붙인다. 그 선은 곧 모든 교사에게 익숙한 일화로 가득 찬다. 첫 수업과 그 수업이 나머지 수업에 영향을 미친 방식, 처음 받은 '어리석은' 질문, 내용을 이해한 학생이 거의 없다는 점을 보여준 첫 시험, 교사의 자질이나 권위에 대한 최초의 도전, 학생들 사이에 벌어진 첫 번째 논쟁, 처음으로 언급된 성차별적 또는 인종주의적 발언 등이다.

결정적 순간이라고 해서 반드시 긴장이나 불화가 있는 것은 아니다. 어떤 순간은 무척이나 고무적이다. 학생들이 수업 내용을 너무 잘 이해해서 진도에 앞서 새로운 주제를 미리 언급한 순간, 학생들끼리 너무 활발하게 토론해서 교사가 끼어들 틈이 없었던 순간, 예상치 못한 중요한 화제가 생겨서 미리 준비한 화제를 폐기했던 순간 등이다. 이런 순간은 교육적인 잠재력으로 가득하지만, 교사가 발을 헛디디면 기회를 그냥 놓쳐버릴 수도 있다.

결정적 순간을 계속 떠올리다 보면, 간단하면서도 핵심적인 현상이 벌어진다. 교사가 교실에서 수월하게 대처한 일뿐 아니라, 자신을 당황스럽게 하고 좌절시킨 사건까지도 터놓고 이야기하기 시작하는 것이다. 이것은 우리가 교사로서 서로의 성장을 돕고자 한다면 반드시 해야 하는 일이다. 자신의 성공뿐 아니라 어려움까지 공개적으로 솔직히 이야기하는 일 말이다.

교사들에게 처음부터 교실에서 겪은 실패담을 털어 놓으라고 했다면, 이 정도로 솔직한 대화를 끌어내지는 못했을 것이다. 그러나 개방적이고 강요하지 않았던 이 훈련은 솔직한 태도를 쉽게 끌어낼 수 있었다. 자발적이고 무비판적인 방식으로 성공과 실패의 순간을 털어놓도록 교사들을 자극했기 때문이다.

이 훈련을 이끄는 동안, 교사들에게 동료가 해야 할 일을 조언하는 것이 아니라 자신의 경험을 이야기하는 것이 중요하다는 점을 분명히 한다. 누군가가 조언하려고 하면 멈춰 달라고 요청한다. 결정적인 순간에 관해 대화하는 동안, 우리는 이 대화가 자신만을 위한 것인 양 말할 기회를 얻는다. 동료들과 공통점이 얼마나 많은지 발견할수록 교사들 사이에서는 자연스럽게 공동체 의식이 형성된다. 자기만 그런 어려움을 겪는다고 믿었던 젊은 교사가 선배들도 같은 어려움으로 힘들어 한다는 사실을 알고 안도하는 모습을 볼 때 나는 특히 감동한다.

도표는 채워질수록 화살표보다는 지도에 더 가까워진다. 어떤 선은 한 교실에서 벌어진 일을 다른 교실에서 벌어진 일과 연결하며, 다른 선들은 교실과 연관된 교실 외부의 역학(기숙사 내부의 갈등, 캠퍼스에서 일어난 비극, 곧 다가올 큰 대회 등)을 보여준다. 우리는 이 복잡한 지도 앞에서 우리의 일을 더 벅차고 더 흥미롭게 만들어 주는 무언가를 이해한다. 때로는 가르침이 하나의 수업에서 다른 수업으로 이어지는 직선적인 경험의 흐름처럼 느껴질 것이다. 그러나 사실 그것은 리듬과 질감, 형태를 지닌 정교한 삶의 무늬이자, 우리가 즐기는 법을 배울 수 있는 일종의 창조적 혼돈이다.

'이런 복잡한 상황에 어떻게 대응할 것인가?'라는 질문은 우리를 다음 훈련 단계로 이끈다. 도표에 기록한 경험을 탐색하면서 비슷한 순간들끼리 한 덩어리로 묶는다. 교실에서 일어난 갈등과 관련된 덩어리, 교사의 권위 문제와 관련된 덩어리, 이론과 실천을 연결하는 문제를 모은 덩어리 등등.

나는 흥미를 느끼는 덩어리를 골라 소그룹을 만들라고 요청한다. 그런 뒤에 그 결정적인 순간에 대응하기 위해 무엇을 했는지 서로 대화하게 한다. 소그룹을 만드는 목적은 서로의 교수법을 평가하기 위해서가 아니라, 자신의 경험을 솔직하게 털어놓고 다른 사람들의 경험에도 귀를 기울이기 위해서이다. 이 과정을 거치면서 우리는 다양한 테크닉을 탐색하지만, 교육을 테크닉으로 격하하는 것은 아니다. 한 가지 방식을 선택하지 않고, 온갖 형태의 교육 방식을 배운다.

우리는 소그룹에서 진행되는 탐색을 통해 방법론보다 더 깊은 차원에 닿는다. 서로의 이야기를 듣는 동안 자신의 교사로서의 정체성과 진실성을 성찰한다. A가 말하는 동안, 그에게는 효과가 있는 방법이 나에게는 그렇지 않을 수도 있다는 점을 깨닫는다. 내 정체성에 바탕을 둔 방법이 아니기 때문이다. 그러나 B의 이야기를 들으면서 그가 사용한 방식을 배우면 좋겠다고 생각한다. 그 방법은 내 본성과 일치하기 때문이다. 우리가 만든 이 대화의 장은 항해사가 사용하는 삼각측량법과 같다. 동료 교사들의 위치를 이해하면 가르침의 내면적인 영역에 자신을 더 정확하게 위치시킬 수 있다. 게다가 이 대화에서는 그 누구도 새로운 위치로 옮겨 가라고 강요받지 않는다.

좋은 가르침에 관한 대화를 자극할 수 있는 화제를 한 가지 더 제안하겠다. 이 화제는 교사의 자아의식이라는 신비 속으로 우리를 이끌 것이다. 최고의 가르침을 펼 때 자신이 어떤 이미지인지 떠올리고, 무엇에 비유할 수 있는지 탐색하는 것이다.

교사 워크숍에서 분위기가 무르익었다고 생각되면 참가자들에게 다음 문장의 빈칸을 채워보라고 한다. '최고의 가르침을 펼 때 나는 마치

_____와 같다.' 나는 이 질문에 되도록 빨리 답하라고, 내면에서 일어나는 이미지를 검열하거나 편집하고자 하는 유혹을 뿌리치고 생각나는 대로 적으라고 요청한다.

이 훈련의 목적은, 이성적인 마음은 절대 포착하지 못할 통찰이 담긴 은유가 우리의 무의식에서 떠오르게 하는 것이다. 그러므로 그 내용이 아무리 황당하고 낯설지라도 그냥 물리쳐서는 안 된다. 모든 소그룹이 이런 작업이 수월할 만큼 자신의 내면과 친밀하게 연결된 것은 아니다. 그러나 동료들 앞에서 조금 바보스러워 보이더라도 개의치 않을 때, 그 보상으로 얻는 자기 이해는 상당하다.

나 자신에 대해 떠올린 이미지를 탐색하면서 이 훈련의 위험과 보상을 설명해 보겠다. 이 이미지가 떠오른 것은 20여 년 전인데, 구체적인 상황은 잘 기억나지 않는다. '내가 최고의 가르침을 펼 때, 나는 마치 양치기 개와 같다.' 크고 복슬복슬하고 사랑스러운 개가 아니라, 목장에서 바쁘게 뛰어다니며 양 떼를 모는 보더콜리 말이다.

언젠가 바위로 덮인 스코틀랜드의 들판에서 그 개를 보았는데, 아마도 그때 이미지가 각인된 것 같다. 물론, 당시에는 교사가 될 생각이 조금도 없었다. 그러나 그 이미지의 의미를 해석하면서(워크숍 참가자들도 자신의 이미지를 해석하게 한다), 나는 양치기 개의 이미지가 교사로서의 내 정체성과 진실성에 어떤 단서를 제공하는지 이해하기 시작했다.

내 상상 속에서 양치기 개는 네 가지 핵심 기능을 수행한다. 첫째, 양들이 풀을 뜯는 공간을 유지하고 관리한다. 둘째, 옆길로 새는 양들을 끊임없이 다시 데려와 그 공간 안에 묶어둔다. 셋째, 위험한 포식자들에게서 그 공간을 보호한다. 넷째, 필요한 먹이를 얻을 수 있도록 양들을 데리고 다른 공간으로 이동한다.

이 이미지를 탐색하기 시작했을 때는 의미가 분명하지 않았지만, 이제는 이 작업으로 내가 어디로 가고 있는지 명백해졌다. 나는 양치기 개라는 투박하고 불편한 이미지로 가르침에 관한 보다 정제된 이미지를 정립해 왔다. 앞서 여러 장에서 탐색한 대로 '가르친다는 것은 진리의 공동체가 살아 숨 쉬는 공간을 창조하는 것이다'라는 문장으로 요약된다.

교실에서의 나의 역할은 상상 속에서 이해한 양치기 개의 역할과 비슷하다. 우선 학생들은 스스로 풀을 뜯어 먹어야 하는데, 대개 '능동적 학습'이라고 한다. 그러려면 나는 학생들을 먹을거리가 있는 곳으로 데리고 가야 한다. 좋은 텍스트, 잘 계획된 훈련, 생산적인 질문, 정제된 대화 등이 먹을거리에 해당한다. 학생들이 그곳에서 배워야 할 것을 다 배우고 나면, 나는 그들을 먹을거리가 있는 다른 곳으로 데리고 가야 한다. 학생들을 그곳에 묶어 두어야 하며, 길을 잃거나 이탈하는 학생들에게는 특별히 주의를 기울여야 한다. 또한 그러는 동안에 학생들을 두려움과 같은 치명적인 포식자들로부터 보호해야 한다.

다른 교사들도 이런 식으로 가르칠까? 나는 모른다. 이 이미지는 나의 무의식에서 왔기 때문에 나의 정체성과 진실성을 거칠고 원초적인 방식으로 반영한다. 내가 이끌었던 워크숍에서 사람들은 자신에게 맞는 유익한 이미지를 많이 떠올렸지만, 내게는 그 어떤 것도 도움이 되지 않았다. 폭포, 등산 안내원, 정원사, 기상관측기 같은 이미지는 그들 각자를 위한 것이었다. 이와 같이 좋은 가르침은 결코 테크닉으로 격하될 수 없다. 좋은 가르침은 교사의 정체성과 진실성에서 나오는 것이다.

이런 '은유 게임'으로 두 걸음 정도 더 나아감으로써 우리의 정체성과 진실성을 좀 더 깊이 탐구할 수 있다. 첫째, 우리의 은유가 드러내는 강점뿐 아니라, 그것이 암시하는 내면의 그림자까지 검토할 수 있다. 앞서 보았듯이, 정체성과 진실성이 항상 밝고 빛나는 것으로만 구성되지는 않기 때문이다.

나의 은유가 암시하는 그림자는 분명하다. 나는 '양 떼'라는 단어를 나쁜 의미로 생각하는 것이다. 나는 온순하거나, 생각이 없거나, 몸을 사리는 듯 보이는 학생들의 모습에 가끔 화가 난다. 이 그림자가 나와 학생들 사이에 끼어들게 내버려 둔다면, 나는 제대로 된 가르침을 펼 수 없을 것이다. 그러나 양치기 개의 은유가 내면에 잠재된 그림자를 알아차리도록 나를 일깨운다면, 나와 학생들에게 도움이 될 것이다.

둘째, 우리는 교사로서 어려움을 겪을 때 우리의 은유에서 도움이 될 만한 지침을 발견할 수 있다. 3장에서 언급한 두 번째 사례를 떠올려 보자. 행동이 불량한 여학생 세 명과 교실에서 신경전을 벌인 그 이야기 말이다. 그럴 때 나는 '양치기 개라면 이런 상황에 어떻게 대처했을까?'라고 자문할 수 있다. 그러고 나서 그 은유에 최대한 충실한 방식으로 질문에 답하려고 애쓸 수 있다. 이렇게 하다 보면 문제 해결을 위해 테크닉에만 의존하지 않게 된다.

이 훈련은 마음 깊은 곳에서 솟아나는 이미지에 뿌리를 두기 때문에, 교실에서 힘든 순간을 맞닥뜨릴 때마다 습관적으로 의지하는 기술적인 임시방편과는 다른 방식을 생각하게 한다. 상상에서나마 가장 깊이 있는 지침을 발견하는 정체성과 진실성의 내면 영역으로 나를 인도하기 때문이다.

나의 경우는 그 지침이 아주 구체적이었다. 양치기 개는 나처럼 수업 분위기가 흐려지도록 내버려 두지 않고, 다스리기 힘든 양들이 완전히 삐뚤어지지 않게 끊임없이 짖으며 경고했을 것이다. 거듭 경고했는데도 계속 무리를 이탈하려 한다면, 양치기 개는 나처럼 나머지 양 떼를 모두 희생시키지 않고, 그들이 늑대에게 잡아먹히게 내버려 두었을 것이다.

양치기 개라면 사태를 수습할 수 없을 때까지 '착한 사람' 노릇을 하는 대신, '강인한 사랑'을 실천했을 것이다. 나는 이 은유의 의미를 다양한 실천적인 행동으로 번역할 수 있다. 태도가 불량한 학생들에게 직접적으로 주의를 주는 방식부터 행동을 개선하기 위해 학점을 짜게 주는 것까지 다양할 것이다. 그러나 나에게 필요한 지침과 그 지침을 따르는 데에 필요한 힘은 은유 자체의 정신적인 에너지 속에 이미 내재해 있다.

동료 교사들과 '어떻게' 대화할 것인가

새로운 화제는 좋은 가르침에 관한 유익한 대화를 유도하지만, 그것만으로는 충분하지 않다. 이 화제는 테크닉에 관한 객관적인 대화와는 달리 우리를 취약하게 만들곤 한다. 따라서 서로의 취약성을 존중하도록, 그리하여 대화가 무르익기도 전에 찬물을 끼얹지 않도록 대화를 위한 새로운 규칙을 반드시 덧붙여야 한다.

새로운 규칙이 없다면 우리 문화에 내재한 전통적인 대화 규칙으로 되돌아갈 것이다. 우리 문화의 규칙에는 공손하기, '자신과 상관없는' 일에 참견하지 않기, 상대를 일단 믿어 보기 등이 포함된다. 학원 문화에서는 이 기본 규칙 위에 경쟁을 부추기는 또 다른 규칙이 추가된다. 우리는 상대의 주장에 의문을 제기해야 하고, 들은 내용을 정반대로 생각해 봐야 하며, 상대의 말에 빠르게 답할 준비도 되어 있어야 한다.

이렇게 상반되는 규칙이 섞이면 당연히 혼란이 있다. '좋은 사람'이라는 전통적인 규범에 경쟁을 중시하는 직업적인 규범을 겹치자, 먼저 말하면 손해라는 분위기가 생겨났다. 우리는 여기에 전통사회와 학술 문화 모두에 내재한 세 번째 규범을 덧붙여 혼란과 위험을 키운다. 우리는 서로 조언하고, 교정하고, 구제하기 위해 태어났으므로, 기회가 있을 때마다 그렇게 해야 한다는 것이다!

이런 교정 반응은 누군가가 첫 번째와 두 번째 규범을 떨치고 교사로서 겪는 어려움을 솔직하게 털어놓을 때 거의 반사적으로 끼어든다. 신중해야 하고 경쟁력을 갖춰야 한다는 기존의 규범을 모두 위반하고 가장 취약한 상태에 처한 바로 그 순간, 그의 동료들은 갑자기 조언을 쏟아내기 시작한다. "저도 같은 문제를 겪었는데 이렇게 해결했어요." 또는 "누구누구의 책을 읽어 보세요. 똑같은 상황에 어떻게 대처해야 하는지 알려줄 거예요." 등등.

사람들은 도움을 주거나 때로는 우월감을 느끼려고 조언한다. 그러나 여기서 중요한 것은 동기가 아니다. 그 결과는 늘 같기 때문이다. 자신의 문제를 털어놓은 사람은 급조된 해결책을 들을 때 무시당했다고 느낀다.

내면의 삶을 서로 지지해 주길 바란다면, 우리는 간단한 진리를 기억해야 한다. 인간의 영혼은 교정받는 것이 아니라, 그저 관심과 존중을 원할 뿐이라는 사실이다. 상대에게 관심을 기울이고 그를 존중하고자 한다면, 기억해야 할 또 다른 진리가 있다. 영혼은 야생 동물처럼 강인하고 유연하지만, 수줍음도 많다는 사실이다. 도와줄 테니 나오라고 소리치면서 수풀을 헤치고 다가가면, 영혼은 더 깊이 숨을 것이다. 조용히 앉아서 기꺼이 기다리면, 영혼은 스스로 모습을 드러낼 것이다.

따라서 우리는 조용하고 수용적인 방식으로 서로의 문제를 경청할 수 있도록 대화의 기본 규칙을 마련해야 한다. 상대에게 무엇이 좋다고 재단하지 말고, 그의 영혼이 자신만의 방식으로 해답을 찾도록 허용하는 것이다.

나는 이런 소통 방식 중 한 가지 모델을 직접 경험했다. 3백 년 이상 성직자의 지도 없이 지내 온 퀘이커Quaker 공동체의 어느 지부에서 시행해 온 것이다. 대부분의 교회에서는 임명된 리더가 하는 일(삶의 문제에 대처할 수 있게 사람들을 돕는 일 등등)을 퀘이커 교도는 구성원 모두가 서로를 위해 할 수 있는 구조를 만들어야 했다.

그들이 만든 모델의 기본 규칙은 다음과 같은 퀘이커 교도의 강력하고도 역설적인 신념에 바탕을 둔다. '인간은 모두 진리의 중재자인 내면의 교사가 있으며, 그 목소리를 듣기 위해서는 서로 주고받는 공동체를 형성해야 한다.' 따라서 퀘이커 교도의 사회구조는 구성원이 내면의 목소리를 들을 수 있도록 도와주는 공동체를 제공하는 한편, 그 공동체가 외부의 안건이나 조언 등으로 개인의 내면을 침해하지 못하게 막아 주는 기본 규칙도 제공한다.

내가 교사들에게 적용하려고 채택한 퀘이커식 사회구조는 '정화위원회'이다. 60년대식 용어이지만 실제로는 1660년대에 만들어진, 훨씬 오래된 이름이다. 정화위원회는 개인적인 문제를 지닌 사람들끼리 영혼의 존엄성을 보호하는 규율을 지키면서 서로를 돕게 하는 유서 깊은 프로그램이다.[2]

내가 가르침과 연관된 문제와 씨름한다고 가정해 보자. 다음 학기 수업 내용을 구상하는 것부터 버릇없는 학생을 향한 화를 다스리는 것까지 어떤 문제든 상관없다.(전자는 교사들 대부분이 함께 탐색할 수 있는 문제로, 최소한의 신뢰만 있으면 된다. 반면, 후자는 서로를 진정으로 신뢰하는 사람들이 아니면 함께 해결하기 힘든 문제이다.)

'초점 인물'인 나는 문제를 마음속에 품은 채 정화위원회의 구성원으로 네다섯 명의 동료를 초대한다. 모임을 갖기 전에 동료들이 읽을 수 있도록 문제에 관한 내용을 종이에 적어 둔다. 어떤 형식으로 기록해도 좋지만, 다음과 같은 세 가지 제목으로 정리하면 도움이 된다. 첫째, 문제의 본질을 명확하게 진술한다. 둘째, 문제와 관련한 배경을 적는데, 예전에 비슷한 경험을 했다면 그 내용을 적는다. 셋째, 문제와 관련한 전망을 적는데, 내가 현재의 문제를 대하는 마음가짐(너무 의욕이 꺾여서 일을 그만둘까 생각 중이다) 등이다.

사람들은 문제를 종이에 적는 것만으로도 정화가 시작된 것 같다고 한다. 사실 이런 글쓰기 활동은 느낌과 사실을 키질하여 껍질은 날리고 알맹이만 남게 만든다. 일단 머리 밖으로 나와 햇살에 노출된 문제는 두려움과 의심 속에서 끊임없이 되풀이될 때와는 다른 모습을 띤다.

이어 위원회는 두세 시간 동안 집중적으로 모임을 갖는다. 위원회 구성원들은 초점 인물과 함께 원형으로 둘러앉아, 그와 그의 문제에 온전히 주의를 집중하는 훈련을 한다. 이 모임에서 초점 인물은 소규모 진리의 공동체의 중심에 놓인 위대한 사물이자, 존중할 가치가 있는 성스러운 주제가 된다.

온전히 주의를 집중한다는 것은, 스스로 중심을 차지하려고 애쓰지 않고 초점 인물과 그의 문제가 모임의 중심이 되도록 허용한다는 뜻이다. 위원회 구성원들은 우스운 일이 생겼을 때 큰소리로 웃어서도 안 되고, 초점 인물이 고통스러워 할 때 서둘러 위로해서도 안 되며, 그의 걱정거리에 거짓으로 공감해서도('어떤 기분인지 알겠어요') 안 된다. 이런 반응은 초점 인물이 아니라 말이나 행동을 한 사람이 관심을 끌기 때문이다. 온전히 주의를 집중한다는 것은, 몇 시간만이라도 자신을 잊고 마치 그 사람을 돌보기 위해 지구상에 존재하는 것처럼 행동한다는 뜻이다.

초점 인물이 자신의 문제를 간단히 언급하면서 모임은 시작된다. 위원회 구성원들은 모임의 기본 규칙을 철저히 지키면서 자신의 역할을 하기 시작한다. 기본 규칙은 다음과 같다. 구성원들은 솔직하고 개방적인 질문을 할 때 외에는 초점 인물에게 어떤 말도 하면 안 된다. 질문은 아주 천천히 하는데, 박사 학위 논문 심사나 법정의 반대 심문이 아니라 정화의 과정이기 때문이다. 초점 인물은 질문에 크게 답하되, 필요하면 언제든 질문을 건너뛸 수 있다. 위원회 모두는 답변과 다음 질문 사이에 충분한 침묵을 허용해 정중하고 위엄 있는 분위기를 유지한다.

오직 질문만 해야 한다는 기본 규칙은 간단하지만 내포된 뜻은 아주 까다롭다. 결국 조언하지 말고, 과도하게 동조하지도 말고('저도 그런 문제를 겪었는데, 이렇게 하니 해결됐어요'), 다른 누군가를 소개하지도 말고('그런 문제라면 X라는 사람과 대화해 보세요'), 책이나 특정한 기법이나 명상 같은 것도 제안하지 말라는 것이다. 위원회 구성원들은 초점 인물에게 오직 솔직하고 개방적인 질문만 해야 한다. 게다가 질문은 질문자가 아는 내용을 홍보하는 것이 아니라, 초점 인물이 스스로 지혜를 발견할 수 있도록 돕는 것이어야 한다.

정화위원회가 열리기 전에, 참가자에게 솔직하고 개방적인 질문이 무엇인지부터 주지시켜야 한다. 우리는 조언을 질문처럼 가장하는 데에 너무 능숙하기 때문이다. "심리치료사에게 상담받을 생각은 해보셨나요?"라는 질문보다는 "당신은 심리치료사를 만나야 하지 않을까요?"라고 말하는 것이 더 솔직한 질문이다. 질문을 하고 어떤 '정답'을 기대하는 것도 솔직한 질문이 아니다. "전에도 이런 일이 있었나요?"라고 질문했는데 있었다는 답을 들었다면, "그때 기분이 어땠나요?"라고 묻는 것이 개방적이고 솔직한 것이다. 이런 솔직한 질문을 하다 보면, 특정한 대답을 기다리지도 않고 또 '올바른' 대답을 미리 상정하는 일도 하지 않게 된다.

두 시간 동안 이런 질문과 답변을 계속하면 놀라운 누적 효과가 일어난다. 초점 인물이 자신의 진실을 이야기할수록 그와 내면의 교사 사이의 장애물이 한 겹씩 벗겨진다. 그리하여 그는 내면에서 흘러나오는 목소리를 점점 더 잘 듣게 된다.

과정을 진행하는 동안, 우리는 간단한 진실 한 가지를 깨닫는다. '우리는 다른 사람의 영혼 속으로 들어갈 수 없는 만큼, 절대 다른 사람의 문제에 대해 해결책을 알 수 없다'라는 진실이다. 사실 우리는 그 사람의 문제가 무엇인지조차 정확히 모른다. 정화위원회의 구성원으로 봉사할 때, 나는 종종 이 사실을 다시 떠올린다. 10분쯤 지난 후, 나는 이 초점 인물이 무엇이 잘못되었고 그것을 어떻게 고쳐야 하는지 안다고 확신한다. 그러나 2시간 동안 집중적으로 청취하고 나면 내가 얼마나 오만했는지 깜짝 놀란다. 그때에야 비로소 내가 이해하지 못했다는 사실을 깨닫기 때문이다. 설령 내가 이해했더라도 나의 추상적인 이해는 의미가 없다. 어디까지나 이해는 그 문제를 겪는 사람의 내면에서 일어나야 한다.

나는 수많은 정화위원회의 구성원으로 일하면서 놀라운 광경을 목격하는 특권을 누렸다. 사람들이 자기 내면의 교사와 대화하는 모습을 두 눈으로 직접 볼 수 있었다. 나는 이런 모임에 소속되어 초점 인물을 바라보면서 '모든 사람에게 내면의 교사가 있으며, 우리에게 필요한 것은 오직 듣고 말하고 배울 수 있도록 여건을 마련해 주는 환경뿐'이라는 사실을 더없이 생생하게 확신했다.

정화위원회 구성원들이 자신에 관해 배운 것을 직접 말하지는 않지만, 그것 역시 중요하다. 우리는 오직 질문만 하는 훈련을 하면서 다른 사람을 받아들일 내면의 공간을 열게 된다. 이 내면의 공간은 누군가를 어떻게 바로잡을지 고민하거나 다음에 할 발언을 준비하는 동안에는 닫혀 버린다. 구성원들은 종종 위원회 활동을 하면서 터득한 수용적 개방성이 배우자와 자녀, 친구, 학생과의 관계에까지 영향을 미친다고 한다.

그 공간은 다른 사람뿐 아니라 우리 자신도 받아들인다. 초점 인물이 그의 진실 속으로 더 깊이 들어갈 수 있도록 돕는 질문을 찾는 동안, 우리는 자신의 진실 속으로 더 깊이 끌려 들어간 자신을 발견한다. 이 과정이 끝날 즈음, 다른 사람에게 충실히 주의를 기울인 우리는 자기 삶의 핵심적인 측면들까지 함께 기억한다.

일정이 마무리되기 15분쯤 전에 누군가가 초점 인물에게 계속 질문만 하는 것이 좋을지, 추가 질문에 더해 약간의 미러링을 추가하는 것이 좋을지 묻는다.

여기서 미러링mirroring(되비추기)은 조언하는 시간이 아니다. 초점 인물의 언행 중에서 본인이 의식하지 못했을 법한 것을 알려 주는 과정이다. 'A에 관해 질문했을 때, 당신은 B라고 답했어요'라거나 'X에 관해 말할 때는 목소리에 힘이 없고 피곤해 보였지만, Y에 관해 말할 때는 힘이 솟구치면서 눈빛도 밝아졌어요.'와 같은 말이다.

사람들은 단지 자기가 무언가를 언급했다는 이유만으로 그것을 이해한다고 생각하는 기이한 자만심이 있다. 그러나 늘 그렇지는 않다. 자신이 말하면서도 의식하지 못했을 수도 있고, 의식했더라도 말의 의미를 이해하지 못했을 수도 있다. 미러링은 우리가 겪는 딜레마를 해결하는데에 도움이 되는 언어적 또는 비언어적 실마리를 자신의 언행에서 찾아낼 기회를 준다.

정화위원회가 끝나갈 즈음에는 두 가지 사실을 상기시킨다. 첫째, 구성원들은 이 과정의 가치를 초점 인물의 문제가 '해결'되었는지에 따라 판단해서는 안 된다. 실제의 삶은 그렇게 돌아가지 않기 때문이다. 진정한 교육이 그렇듯이, 중요한 것은 씨앗을 심는 일이다. 그 씨앗이 언제 어디서 어떻게 꽃을 피울지는 아무도 알 수 없다.

둘째, 이 과정의 모든 것은 비밀 유지를 위한 두 가지 규칙으로 보호한다. 하나는 모임에서 오간 말이 밖으로 새어나가지 않도록 해야 한다는 통상적인 규칙이다. 다른 하나는 더 깊은 차원의 비밀을 유지하기 위한 특별한 규칙이다. 구성원들은 정화위원회가 끝나더라도 조언이나 제안을 하면서 초점 인물에게 접근해서는 안 된다. 그렇게 하는 것은 이 과정의 정신을 위반하는 일이기 때문이다. 이 규칙을 시작부터 분명히 이해할 때, 초점 인물은 한결 안심하고 진실을 말할 수 있다. 그리고 나머지 구성원들은 위원회가 끝난 후에도 그의 영혼의 고독을 존중할 수 있다.

교사 워크숍에서 정화위원회를 활용할 때마다, 많은 참가자가 동료들과 자신에게 놀라울 만큼 깊이 귀 기울일 수 있었다고 고백한다. 새 강좌를 계획하는 것과 같은 평범한 문제를 다룰 때도 마찬가지이다. '서로의 말에 귀를 기울이는' 능력은, 우리의 정체성과 진실성을 심화하는 데에 도움이 되는 대화 공동체를 형성하는 데에 꼭 필요하다.

물론, 대화의 기본 규칙을 한결 부담 없고 까다롭지 않게 바꾸는 방법도 있다. 모든 상황에서 정화위원회의 방법을 선택할 필요는 없다. 그러나 이 대화 모델은 바로 그 극적인 성격 때문에 왜 대화 규칙을 바꿔야 하는지, 어떤 변화를 추구해야 하는지 등을 깊이 생각하게 한다. 그리하여 통상적인 대화 규칙을 따를 때 우리가 잃는 공동체의 기회는 무엇인지 생각하게 한다.

진리의 공동체에 필요한 리더십

리더십을 말할 때, 우리는 리더가 없어도 되는 공동체와 리더가 필요한 제도적인 기관을 대비시키곤 한다. 그러나 정반대의 주장도 가능하다. 기관은 관료적인 규칙을 단순히 따르기만 하면 리더가 없어도 한동안 살아남을 수 있다. 그러나 공동체는 역동적인 생활 현장이기 때문에 언제 어디서나 리더십이 필요하다.

공동체는 결코 저절로 생기지 않으며, 교사들 대부분이 일하는 복잡하고 갈등이 잦은 기관들 속에서는 더더욱 그렇다. 가르침과 배움에 관한 대화의 공동체(탐색할 주제와 지켜야 할 기본 규칙을 신중히 설정하는 공동체)가 형성되려면, 그 비전 아래로 사람을 불러 모을 수 있는 리더가 반드시 있어야 한다.

교장이나 총장, 학장, 학과장 또는 다른 영향력 있는 인물이 기대하거나 초대하지 않는 한 좋은 교육에 관한 좋은 대화는 시작되지 않는다. '기대'와 '초대'라는 단어는 의미심장한데, 대화를 강요하는 리더는 실패할 수밖에 없기 때문이다. 대화는 자유로운 선택이어야 한다. 그러나 사립 교육기관의 경우에는, 리더가 고립된 구성원을 밖으로 불러내 그 자유를 생산적으로 활용할 수 있도록 이끄는 경우에만 제대로 된 대화를 시작할 수 있다.

이런 유형의 리더십을 더 정확히 정의하자면, '사람들이 하고 싶어 하지만 앞장서서 시작할 수 없는 일을 하도록 권한과 명분을 제공하는 일'이라고 할 수 있다. 학문과 무관한 영역의 사례를 들어 이 말의 의미를 더 명확히 설명해 보겠다.

나는 한때 공동체 조직위원으로 일했다. 그곳은 오랫동안 백인 거주지였지만, 인종 구성이 점점 다양해지는 교외 지역이었다. 그곳에서 오래 살아온 백인 거주민 중 일부는 이 변화에 저항했고, 노골적으로 인종주의를 표방하는 표지판까지 내걸었다. 동료들과 나는 좀 더 숙련된 공동체 조직가들과 함께 단점보다 장점이 많은 다원주의적 비전을 제시할 방도를 찾아야 했다.

다른 조직가들처럼 나도 적과 동지를 구분하는 리더십 스타일을 훈련받았다. '동지를 찾아 그들과 함께 공통된 명분을 세운 뒤, 그 집단적 힘을 활용해 적을 밀어내고 패배시켜야 한다'라는 것이 주된 내용이다. 그러나 이 공동체를 알아가면서 나는 희망적인 사실을 발견했다. 백인 거주자 모두가 적은 아니었던 것이다.

그들 중 다수는 살면서 한 번은 인종적 다변화를 피해 도망쳤지만, 이에 지친 나머지 더 이상 달아날 수 없다는 사실을 이해했다. 그들은 이제 다양성을 받아들이고 변화하는 상황에 적응할 방법을 찾고 있었다. 실제로 그들 중 일부는 다원주의의 가능성을 이전보다 훨씬 높게 평가했다.

겉으로는 저항하는 것 같았지만, 자신들의 공동체가 제 기능을 다하길 바라는 사람이 많았다. 그들에게는 다원주의의 잠재력을 믿는 '현명한 이기심'이 있었다. 그 신념을 밀어붙여 생산적인 결과를 얻어낼 수만 있다면, 더 이상 고립주의라는 신기루를 좇으며 방황할 필요는 없었다.

조직가인 우리에게 필요한 것은 표면적인 두려움에 바탕을 둔 적과 아군의 대결 전략이 아니었다. 그런 전략은 피하려 했던 갈등을 오히려 불러들이는 자기충족적 예언에 그칠 것이 분명했다. 우리는 사람들의 좀 더 깊은 희망에 바탕을 둔 전략을 택해야 했다. 그들이 하고 싶어 하지만 어떻게 하는지는 모르는 일을 하도록 권한과 명분을 제공해야 했다.

우리가 제공한 권한과 명분 중 가장 효과가 있었던 것은 공동체 조사라는 활동이었다. 사람들이 낯선 이웃을 만나서 그들이 뿔 달린 괴물도 아니고 조그마한 선물도 가져왔다는 것을 알면 두려움이 서서히 사라질 것이라고 믿었다. 기존 거주자들이 새로 이사한 사람들의 집을 찾아가 자신을 소개하고 환영 인사를 건넬 수만 있다면, 미래에 대해 그렇게 불안해하지 않을 것이라고 생각했다. 그러나 사람들에게 그런 일을 요청하는 것은 달을 따다 달라는 것과 다름없었다.

우리는 공동체에 관한 자료를 수집한다는 구실로 교회와 유대교 예배당에서 기존 거주자들을 선발했다. 그들의 임무는 서류 판과 설문지를 들고 새 입주자를 찾아가 자신을 소개한 뒤, 환영 인사를 건네는 것이었다. 또 5점 만점의 몇 가지 질문을 활용해 현황도 파악해야 했다. 손에 들린 서류 판과 설문지는 세상에서 가장 평범한 일을 하기 위한 권한과 명분을 그들에게 제공했다. 조사원 신분 덕분에 부담 없이 이웃을 만나 인사를 나눌 수 있었던 것이다.

조사원이 수집한 자료는 그 자체로도 가치가 있었지만, 그들은 훨씬 더 가치 있는 것을 함께 가지고 왔다. 다른 인간 존재와의 대면 접촉과 그들이 만난 이웃에 관한 이야기들이다. "그녀에게는 귀여운 아이들이 있더군요.", "그들은 우리 교회를 더 알고 싶어 해요.", "알고 보니 그도 리틀리그 출신이었어요." 이런 만남과 이야기는 그 종교 공동체를 활성화해 기금운동으로 이어졌고, 마침내 재단이 발족했다. 그리고 훗날 그 재단의 프로그램은 공동체를 재편하는 새로운 기회가 되었다.

내 이야기가 교육과 무관해 보일지도 모르지만, 여기에는 교육에 필요한 리더십과 관련한 중요한 내용이 담겨 있다. 좋은 교육에 관한 좋은 대화를 촉진하고 싶다면, 리더는 교사가 자신에 관해 하는 말과 그의 진정한 욕구를 구분할 줄 알아야 한다. 그런 뒤에 리더는 그 진정한 욕구를 충족시킬 권한과 명분을 교사에게 제공해야 한다.

어떤 교사들은 가르침이나 가르침에 관한 대화를 별로 가치 있게 여기지 않는 것처럼 말한다. 중요한 것은 연구와 출판, 협회 활동, 관련 분야 학자들과의 대화뿐이라는 식이다. 그들에 따르면, 가르침은 학문 활동을 위해 치러야 할 대가이자 불가피한 허드렛일일 뿐이다. 이런 말을 하는 사람에게 가르침을 개선하기 위해 시간과 에너지를 투자한다는 생각은 그리 달가울 것 같지 않다.

몇몇 교사는 이렇게 말하더라도 모든 교사가 그렇지는 않다고 나는 굳게 믿는다. 내가 일한 그 공동체의 모든 백인이 다원주의에 반감을 드러내지는 않은 것처럼 말이다. 나는 많은 교사가 가르침에 큰 의미를 부여한다고 믿는다. 그렇기 때문에 가르침이 제대로 되지 않을 때마다 자신을 보호하기 위해 스스로 소외시키기도 하는 것이다.

많은 교수가 교실 밖에서 이루어지는 전문적인 활동에 어마어마하게 투자한다. 그러나 그들은 삶의 많은 시간을 교실에서 보내기 때문에, 그 시간을 최대한 활용하고자 하는 현명한 이기심도 있다. 그들 중 몇몇은 젊은이들의 삶과 의미 있게 연결되고, 정체되어 있기보다는 생산성을 택하는 훨씬 더 고상한 이기심을 드러내기도 한다.

학술 영역에서 리더십을 지닌다는 것은, 우리가 쓰는 가면의 뒤를 꿰뚫어 보고 우리의 진정한 조건을 인식한다는 뜻이다. 즉, 교사가 자신에 관해 아는 것보다 교사를 더 잘 안다는 뜻이다. 좋은 교사가 학생이 자신에 관해 아는 것보다 학생을 더 잘 알듯이 말이다. 또한 리더십을 지닌다는 것은, 교사로서 풍성하게 경험하길 바라지만 어떻게 해야 할지 모르는 교사에게 권한과 명분을 제공한다는 뜻이기도 하다.

오늘날 이러한 권한은 흔해졌다. 많은 캠퍼스에서 리더는 매년 워크숍을 열어 교사들에게 가르침과 배움에 관해 이야기할 명분을 제공한다. 이런 워크숍은 좋은 출발이기는 하지만 충분하지는 않다. 다른 교육기관의 리더들은 교육센터를 설립해 연간 워크숍과 같은 효과를 내면서 더 착실하게 누적 효과를 쌓는다. 진정한 대화를 촉진하는 기본 규칙을 지키면서 중요한 주제를 다룬다면, 이런 센터들이 지닌 잠재력은 실로 엄청날 것이다.

나는 교사에게 권한을 부여하는 색다른 방식도 경험했는데, 이 방식은 다른 대학들이 그대로 가져다 써도 좋을 것이다. 예를 들어, 어느 대학은 '교육 컨설턴트'라는 보직을 새로 도입했다. 해마다 존경받는 원로 교수 한 명이 보직을 맡았고, 그 기간에는 강의 부담이 크게 줄어든다.

컨설턴트 일은 크게 두 부분으로 나뉜다. 하나는 단순히 가르침과 관련해 도움을 청하는 동료와 함께 시간을 보내는 것이다. 강의안을 짜거나, 당면한 위기에 대처하거나, 강의를 청강하고 강의에 대해 함께 고민하는 일일 수도 있다. 다른 하나는 가르침 및 배움과 관련해 학교에서 일어나는 일을 파악한 뒤, 교사들이 그들의 걱정거리에 관해 토론할 수 있는 환경을 제공하는 것이다. 그 환경이란 공식적인 워크숍 또는 비공식적인 커피타임이 될 수도 있으며, 때로는 토론 과정에 학생들을 참여시킬 수도 있다.

이런 보직을 두는 데에 드는 비용은 상대적으로 적지만, 그 보상은 엄청날 수 있다. 예를 들어, 내가 가르침에 관한 걱정거리를 가지고 컨설턴트의 사무실을 찾았을 때, 존경받는 동료가 '자세한 얘기 좀 들어 봅시다'라며 따뜻하게 맞아 준다면 어떨까. 나는 가르침에 관한 대화를 나눌 수 있는 권한을 부여받은 듯한 기분을 느낄 것이다.

어떤 대학은 업무 시간을 늘리지 않으면서 동료들을 서로의 강좌에 참여시킬 방법을 고안해 냈다. 이 대학에서는 강의 중에나 끝날 무렵에 내가 선택한 동료 한 명이 교실에 들어와 30분간 나를 대신해 강의한다. 이 동료(강의에 대한 걱정과 희망을 나와 미리 논의한)는 학생들을 상대로 내 강의가 어떻게 진행되는지 공개 인터뷰를 한다. 그는 학생들에게 질문하고 답을 들으며, 미묘하고 복잡하고 자세한 사항들을 알아본다. 그런 다음 내 동료는 나와 함께 앉아서 학생들의 답변을 정리한다.

이 방법은 교사들에게 서로의 강의 방식을 탐색할 기회를 줄 뿐 아니라, 학생들의 경험과 직접 대면할 기회까지 제공한다. 더욱이 이 방법은 학생들에게 강의 평가 설문지보다 훨씬 더 생생하고 현장감 있는 목소리를 내게 한다. 주의 깊게 인터뷰하다 보면 얼마든지 그들의 진정한 느낌을 끌어낼 수 있다. 마지막으로, 이 방법은 학생들이 서로에게 귀 기울일 수밖에 없게 만드는데, 때로는 이런 활동이 기존의 경험을 재해석하는 계기가 되기도 한다. 맨 뒷줄에 앉아 강의를 못 견뎌 하던 학생이, 맨 앞줄에 앉아 인생이 바뀌는 경험을 한 학생의 말을 경청하는 상황이 벌어지기도 하는 것이다.

또 다른 대학은 좋은 교육에 관한 좋은 대화에 학생들을 훨씬 더 깊이 참여시키는 방법을 찾아냈다. 이 대학에서 학생들은 학점과 무관한 강의를 청강하면서 참여 관찰자 역할을 하는 법을 훈련받는다. 이 학생들은 교실에서 일어나는 일을 관찰하고 평가하는 법에 관한 교육 강좌를 수강하면서 이 강좌로 학점을 받는다.

1~2주마다 학생들은 청강 수업을 진행하는 교수와 대화를 나눈다. 이때 학생들은 수업이 어땠는지 개인적인 느낌을 말할 수도 있고, 주변에서 들은 내용을 전달할 수도 있다. 또한 학생들은 강의 과정("교수님은 몇몇 학생하고만 눈을 마주치시는 것 같아요")이나 실질적인 문제("오늘 강의

한 주제를 다시 다룰 생각은 없나요? 학생들이 그 내용을 제대로 이해하지 못한 것 같아서요")에 관해서도 의견을 말할 수 있다. 몇몇 교수는 먼저 나서서 도움을 청할 정도로 이 대화를 가치 있게 여긴다. "학생은 어제 교실에서 일어난 갈등을 어떻게 생각하나?", "지난 수업 내용을 아직 이해하지 못한 학생들과 다음 수업으로 넘어가려면, 어떻게 하는 게 좋을지 말해줄 수 있을까?"

좋은 교육에 관한 좋은 대화는 다양한 형태일 수 있고, 때로는 대화 상대가 많이 필요할 수도 있다. 무엇보다도 그런 대화는 가르침과 배움의 방향을 바꿔 놓을 수 있다. 그러나 좋은 교육에 관한 좋은 대화는 리더가 그것을 기대하고, 권장하고, 거기에 알맞은 공간을 제공할 때만 가능하다. 이런 방식으로 일하는 리더는, 훌륭한 리더십이 때로는 가르침의 형태를 취한다는 것을 이해한다. 그들은 우리가 가르침을 탐색하면서 밝힌 것과 똑같은 모델을 토대로 대화를 끌어 나간다. 공간을 형성한 뒤 가르침과 배움이라는 위대한 사물을 그 중심에 놓음으로써, 그 주위에 진리의 공동체가 형성되도록 유도하는 것이다.

이렇게 공간을 장악하기보다는 열어 놓는 리더가 되고자 한다면, 우리가 지금껏 탐색한 것과 똑같은 내면의 여행이 필요하다. 그것은 두려움을 넘어서서 진정한 자아의식으로 나아가는 여행이다. 타자성을 존중하면서 우리의 잠재력과 상호 연결성을 이해하는 여정이기도 하다. 이러한 내면의 자질이 심화하면 리더는 진리의 공동체가 형성되는 공간을 더욱 잘 열 수 있게 된다.

우리를 분열시키는 요인이 많다는 점을 고려하면, 학문 영역에서는 동료들 간의 지지 공동체를 형성하기가 그리 쉽지 않을 것이다. 그런 공동체는, 리더가 교사를 가르침과 배움의 핵심으로 인정할 때, 교사가 사랑하고 열정을 나누는 작업으로 그들을 불러들일 때 가능할 것이다. 우리가 그런 대화 공동체를 형성할 수 있다면, 그 공동체는 교직 관련 기술을 발전시키는 것 이상의 역할을 할 것이다. 오늘날 많은 교사가 호소하는 단절의 고통까지 함께 치유할 것이다.

이 장의 첫머리에 인용한 '과거와 미래의 왕'에서 멀린은 리더 수업을 받는 아더의 멘토로 등장해 그의 슬픔과 고통에 대한 치유책을 제시한다. 이 글은 다시 읽어 볼 가치가 있다. 여기서 언급한 병폐는 교직 생활을 해본 이들에게 너무도 익숙하고, 그 치유책은 사실상 교육의 임무와 완전히 일치하기 때문이다.

멀린이 대답했다. "슬픔을 느낄 때 가장 좋은 점은 무언가를 배운다는 것이다. 배움은 결코 실패하지 않는 유일한 것이다. 당신은 나이가 들어 몸이 부르르 떨릴지도 모르고, 혈관이 꿈틀거리는 소리를 들으며 밤을 새울지도 모른다. … 사악한 미치광이들이 세상을 무너뜨리는 것을 볼지도 모르고, 당신의 명예가 야비한 사람들의 하수구 속에서 짓밟힐지도 모른다. 거기에는 오직 하나의 목적만 존재한다. 배우는 것이다. 세상이 왜 흔들리는지, 무엇이 그것을 흔드는지 배워라. 결코 끝낼 수 없고, 결코 소외시킬 수 없고, 결코 괴롭힘당할 수 없고, 결코 두려워하거나 불신할 수 없고, 결코 후회할 수 없는 유일한 것은 오직 배움뿐이다. 배움이야말로 당신을 위한 것이다."[3]

리더이자 교사인 우리가 이 조언을 가슴에 새길 수만 있다면, 행정가와 교사와 학생 모두가 마음을 치유하고 새 삶을 누릴 기회를 얻을 것이다. 배움(함께하는 배움)은 진정 우리 모두를 위한 것이다.

7장

더 이상 분열되지 않기

희망의 가슴으로 가르치기

:
:

그것은 한 번에 하나씩 진행된다네.
당신이 관심을 갖고 행동할 때 시작되고,
그들이 아니라고 하는데도
당신이 다시 시도할 때 시작되네.
그것은 당신이 '우리'라고 말하면서
그 우리가 누구인지 알 때 시작되네.
그리고 그 '우리'는 매일
한 사람씩 늘어 간다네.

— 마지 피어시, '낮은 길'[1]

교육개혁, 그 절망과 희망

마지막 장에서는 관심의 초점을 가르침의 실천에 관한 문제에서 교육 개혁에 관한 문제로 옮겨 간다. 가르침과 배움에 관한, 최선의 가르침에 관한 우리의 통찰을 교육을 활성화하는 사회운동에서 구현할 수 있을까?

내게는 이 질문이 단순한 이론이 아니라 개인적인 딜레마에서 시작되었다. 교사들과 가르침에 관해 대화하며 미국 전역을 여행하면서 교육에 깊은 관심을 갖고 설득력 있는 개혁 방안을 제시하는 사람을 많이 만났다. 그러나 이야기를 나누다 보면 대화는 곧 비관적인 방향으로 흘러 맥이 빠지곤 했다.

우리의 대화가 희망이 넘치고, 많은 동료가 새로운 비전을 받아들이고, 실현할 수 있는 것들을 많이 탐구했지만, 이렇게 말하는 사람은 늘 있었다. "모두 훌륭한 아이디어예요. 하지만 우리 학교의 상황은 그런 가능성을 모조리 좌절시키고도 남을 겁니다."

이런 주장은 종종 개혁을 가로막는 제도적인 장애물에 관한 이야기로 이어졌다. 교육보다 사업을 더 잘 이해하는 총장이나 학과장, 교육의 질을 신경 쓸 수 없을 만큼 부담스러운 강의나 수강 인원, 강의를 가치 있게 여긴다면서도 출간 실적이 있는 교수만 승진시키는 보상 체계, 교육 대신 행정이나 연구 또는 시설에 투자되는 빈약한 예산 등등.

나는 몇몇 교사가 이런 어려움을 이야기하며 좌절할 때마다 공감할 수밖에 없었다. 그래서 이 비관론자들이 정말로 옳은 것은 아닌지 자문했다. 그들이 옳다면, 나는 양심상 가르침과 배움의 개혁에 관한 거짓된 희망을 퍼뜨리는 일을 멈춰야 할 것이다.

비관론자들의 말처럼 제도권이 막강한 힘을 가지고 개혁에 저항한다고 가정해 보자. 그러면 우리는 먼저 이 질문에 답해야 한다. '막강한 제도적 반대를 극복하고 중요한 사회적인 변화가 일어난 적이 있는가?' 그 대답은 명백해 보인다. 이런 반대에 직면했을 때만 중요한 사회적 변화가 있었기 때문이다. 제도권이 끊임없이 진화하는 능력이 있었다면, 개혁이 필요한 위기 상황은 결코 없었을 것이다.

제도적 저항에 대립하는 힘은 이 장의 주제이기도 한 사회운동의 형태를 띤다. 그러나 이 논의를 양극화하여 제도권과 사회운동을 대립시키기 전에(그리하여 또 다른 양자택일로 전락하기 전에), 나는 이 둘의 역설적인 관계를 예찬하고 싶다. 양쪽 모두를 긍정함으로써, 건강한 사회에 필요한 이 둘의 공생 관계를 전면에 드러내고자 하는 것이다.

조직과 운동은 모두 창조적인 역할을 하지만, 그 목적은 완전히 다르다. 조직은 질서와 보존의 원리로 움직이는데, 힘들게 얻은 과거의 보물을 담아내는 사회의 그릇에 해당한다. 운동은 유동성과 변화의 원리를 지지하는데, 쇄신과 혁신을 위해 에너지를 투입하는 사회적 과정에 해당한다. 건강한 사회라면 이 둘의 상호작용을 권장할 것이다. 개혁 성향을 지닌 조직의 리더는 운동이 불러올 혼란에도 불구하고 그런 에너지를 환영한다. 그리고 운동의 리더는 원하는 개혁을 성취하려면 제도적인 구조가 필요하다는 사실을 이해해야 한다.

그러나 사회운동의 한계를 정하기 위해 운동 특유의 감수성이 필요한 문제에 조직의 원칙을 적용하면, 그 결과는 처참할 수 있다. 이제 이런 질문을 하게 된다. '원하는 목표를 성취하도록 조직 구조의 힘을 재배치하고 재조정하려면 어떻게 해야 할까?' 적절한 맥락에서만 한다면 좋은 질문이다. 그러나 오직 조직만 중요하다고 전제하는 상황에서는 형편없는 질문이 된다. 이 시나리오에서는 소수의 개인이 제기한 약하고 검증되지 않은 비전이 조직의 막강하고 뿌리 깊은 패턴과 정면으로 대치한다. 그러면 개혁은 시작하기도 전에 물 건너간 일이 되고 만다.

이런 조직의 전제조건에 제약을 받으면, 개혁의 비전이 있는 사람들은 상황을 다른 관점에서 바라보도록 관계 당국을 설득하는 데에 에너지를 소비한다. 효과가 있다면 훌륭한 전략이지만, 이 전략은 종종 역효과를 낳는다. 관계 당국이 허락하지 않아 개혁주의자가 배신감을 느끼면 결과적으로 남는 것은 분노뿐이다. 조직이 변화보다는 기존의 질서를 유지하려고(사실, 이것이 그들의 일이다) 할 때, 개혁주의자는 배에서 뛰어내려 절망의 바다로 가라앉아 버린다.

그러나 변화를 일으키는 다른 방법도 있다. 바로 사회운동의 길이다. 나는 다음과 같은 관찰과 질문을 통해 사회운동을 이해했다. '많은 사람이 제도권의 저항에 직면해 개혁을 포기한다. 그러나 어떤 사람들은 그 저항 속에서 운동의 에너지를 발견한다. 왜 그럴까?'

나는 저항을 끝이 아닌 모든 것의 시작점으로 보는 '사회운동 심리'가 있다는 사실을 이해하기 시작했다. 이런 심리를 가진 사람은 제도권의 저항에도 불구하고 변화가 일어날 뿐만 아니라, 저항이 변화를 돕는다고까지 생각한다. 저항 그 자체가 새로운 무언가가 필요하다고 말해 준다는 것이다. 이런 심리는 우리에게 대안을 모색하도록 자극한다. 게다가 그 일에 소명감을 느끼는 사람들에게 에너지를 불어넣기도 한다.

만약 성차별적이고 인종차별적인 조직이 민권운동과 여권운동의 규칙과 싸움터를 정했다면, 그 운동은 태어나자마자 죽었을 것이다. 그러나 몇몇 소수 인종과 여성들은 제도적인 저항에 반응해 내면의 연금술을 일으켜 사회적인 억압을 개인적인 영감과 힘의 원천으로 탈바꿈시켰다. 두 운동의 리더들은 모두 조직의 저항을 발판 삼아 스스로를 조직에서 해방했다. 그들은 조직 외부에서 기존의 구조에 대항하는 힘의 원천을 발견하고 통합했다. 그리하여 그 조직에 일정한 영향력을 행사하게 되었다.

사회운동의 대가들은 역설적인 방식으로 일한다. 그들은 조직의 논리를 바꾸는 데에 필요한 추진력을 얻기 위해 스스로 조직의 논리를 포기한다. 민권운동과 여권운동의 리더는 힘을 얻기 위해 인종주의 및 성차별주의 조직에서 스스로 해방되어야 했다. 그 후에 그들은 그 힘을 갖고 돌아와 지형과 지도를 바꾸기 시작했다.(대중과 국가의 법률 모두를 바꾸었다.)

교육개혁 운동이 일어나길 바란다면, 우리는 이 역설을 포용해야 한다. 또한 사회운동의 논리와 방식도 배워야 한다. 그래야 운동이 어디쯤와 있는지 알 수 있고, 도움이 되는 방식으로 참여할 수 있기 때문이다. 나는 지금껏 연구한 사회운동(민권운동, 여권운동, 동유럽·남아프리카 공화국·라틴 아메리카의 자유화 운동, 성소수자 인권운동 등)에서 다음과 같은 네 가지 발전 단계를 발견했다.

이런 모델이 흔히 그렇듯이, 이 모든 단계는 하나의 이상적인 유형일 뿐이다. 발전 단계는 이 모델처럼 산뜻하게 전개되지 않는다. 서로 중첩되기도 하고, 되돌아가기도 하며, 때로는 순서가 역전되기도 한다. 그러나 추상적으로나마 단계에 이름을 붙여 혼란스러운 에너지장에서 사회 운동의 본질적인 역할을 살펴볼 수 있다.

1단계 고립된 개인이 '더 이상 분열되지 않는' 삶을 살겠다는 내면의 결심을 한 뒤, 제도권 밖에서 그런 삶을 위한 모임을 찾는다.

2단계 이 개인들이 서로를 발견하고 일치의 공동체를 형성한다. 그리하여 공동의 비전을 발전시키기 위해 서로 돕고 지지하는 기회를 갖는다.

3단계 이 공동체들이 스스로 공식화하기 시작한다. 자신들의 관심사를 공적인 문제로 전환하는 법을 배우고, 이 과정에서 중요한 비판을 받는다.

4단계 대안적인 보상 체계가 생겨 운동의 비전을 지속시키고, 제도권의 보상 체계를 바꾸도록 압박한다.

지금부터 각각의 단계를 살펴보자. 단순히 과거를 회상하는 선에서 그치지는 않을 것이다. 사회운동이 어떻게 전개되는지 이해하면 우리가 이미 교육개혁 운동에 참여하고 있다는 사실을 발견할지도 모른다. 또한 자신이 내적인 여정을 거치고 있다면 진정한 힘(사회운동의 형태로 구현되어 우리 시대의 진정한 변화를 이끈 개인적 진실의 힘)을 목전에 둔 것과 다름 없다는 사실 또한 발견할지도 모른다. 그런 힘이 우리 내부에 있다는 것을 알면, 우리는 제도권의 압력에 굴복하지 않을 것이고, 절망에 빠져 허우적거리지도 않을 것이다.

더 이상 분열된 삶을 살지 않겠다는 용기

―――

사회운동의 출발점은 조용하고 잘 보이지도 않지만, 꽤 정확하게 설명할 수 있다. 사회운동은, 변화가 필요한 상황에서 고통을 겪어온 고립된 개인들이 '더 이상 분열된 삶을 살지 않기로' 결심할 때 시작된다. 이들은 자신의 개성이 그냥 죽게 내버려 둘지, 좋은 삶과 좋은 교육의 원천인 자신의 정체성과 진실성을 주장할지 선택해야 하는 시점에 이른다.

사람들은 개인적인 경험을 통해 분열된 삶을 사는 것이 어떤 느낌인지 안다. 우리는 내면적으로 삶에 대한 지고한 어떤 것을 감지하면서도, 겉으로는 전혀 다른 것을 추구한다. 물론 이것은 인간의 생존 조건이기도 하다. 우리의 내면세계와 외부 세계는 결코 완벽하게 조화를 이룰 수 없다. 그러나 이런 분열이 극한에 이르면 개인은 더 이상 견딜 수 없으며, 자신의 행동을 내적인 삶과 조화시키지 않고는 더 이상 살 수 없겠다고 느낀다. 중요한 사회적인 문제와 관련해 이런 일이 여러 사람의 마음속에서 계속 생기면, 그때 사회운동이 일어난다.

더 이상 분열된 삶을 살 수 없다는 것이 곧 운동의 출발점이 된다. 우리가 학교, 직장, 시민사회와 같은 제도적인 조건 속에서 사는 것은 이들 기관이 우리가 소중히 여기는 기회를 제공하기 때문이다. 그러나 이 기관들이 우리에게 부여하는 의무는 때때로 우리의 가슴과 조화를 이루지 못한다. 예를 들면, 옳든 그르든 기업에 충성하라는 요구는 진실을 말하라는 내면의 요구와 충돌한다. 이런 긴장은 어느 지점까지는 창조적일 수도 있다. 그러나, 우리가 조직의 논리를 내면화해 삶의 논리를 억누른다면(우리의 가슴이 조직에 속한 자회사로 전락해 버리면), 그 긴장은 병리 현상이 된다.

분열되지 않는 삶을 산다는 것은 제도권과 그 요구 사항에서 벗어난, 삶의 새로운 중심을 찾는다는 뜻이다. 그렇다고 해서 그 조직을 떠나라는 말은 아니다. 얼마든지 현직에 그대로 머물러도 된다. 다만 정신적으로는 그 조직을 벗어나라는 뜻이다. 개인이 제도권 외부에서 자기 존재의 견고한 기반을 찾으면, 그것을 토대로 조직의 가치가 내면의 가치가 될 때 생기는 병폐에 더 잘 맞설 수 있다.

우리들 대부분이 분열되지 않는 삶을 살겠다는 결심을 오래 이어간다면, 마침내 사회적, 정치적 영향력을 가질 수도 있다. 그러나 이것은 정치적 목적을 달성하기 위한 전략적 결심이 아니다. 자신의 정체성과 진실성을 위해 내린 지극히 개인적인 결심이다. 분열되지 않는 삶을 살겠다는 결심은 다른 사람들의 신념을 공격하기 위한 전략이 아니라 자기 삶의 주인이 되어야 한다는 근원적인 신념이 발현된 것이다. 진정한 사회운동의 힘은 정체성과 진실성이 없는 '적들'을 비난하는 데에서 오는 것이 아니라, 자신의 정체성과 진실성을 알고 주장하는 행위 자체에서 나온다.

나는 이것을 '로사 파크스Rosa Parks'의 결정이라고 한다. 그녀는 분열되지 않는 삶을 상징하는 우리 시대의 가장 생생한 사례이다. 그녀는 아직 갈 길이 먼 운동을 촉발한 장본인이니 기억할 가치가 있는 인물이다. 1955년 12월 1일, 앨라배마주 몽고메리시에 살던 로사 파크스는 더 이상 분열된 삶을 살지 않기로 결심했다. 제도권의 인종차별주의가 요구하는 대로 자신이 온전한 인간이 아닌 것처럼 행동하는 일을 더 이상 참지 않겠다고 결심한 것이다. 그녀는 자신의 인간성에 관한 가슴의 지식을 따르기로 마음먹었고, 간단한 일 한 가지를 실천했다. 흑인과 백인을 구분한 버스에서 백인 좌석에 앉아 백인 남성에게 자리를 양보하지 않은 것이다.

로사 파크스는 이 순간을 위해 단단히 준비했다. 그녀는 하이랜더 공민학교에서 비폭력 전략을 공부했고, 전국유색인지위향상협회(NAACP, National Association for the Advancement of Colored People) 몽고메리 지부에서 비서로 일하기도 했다. 그녀의 행동은 마틴 루서 킹이 이끈 대중교통 보이콧 운동을 촉발했고, 마침내 연방법원은 버스인종분리법이 위헌이라고 결정했다. 이 판결은 민권운동의 기폭제가 되었다.

그러나 역사의 위대한 순간을 사후에 의도적으로 재구성하면, 그녀의 고독한 결정과 그녀가 겪었을 불안과 회의는 망각하기 쉽다. 그리고 그런 것들을 잊을 때, 우리는 우리의 힘도 망각한다.

하이랜더 공민학교 설립자 마일스 호튼Myles Horton은 로사 파크스를 엘리너 루스벨트에게 소개하던 순간을 이렇게 회상했다.

루스벨트 여사가 물었다. "파크스 부인, 혹시 공산주의자란 소리를 들어보셨나요?" 로사가 그렇다고 답하자, 루스벨트 여사는 말했다. "당신이 하이랜더에 있을 때 마일스가 당신에게 언젠가는 공산주의자라 불릴 거라고 말해 줬을 것 같은데요." 로사는 내가 경고한 적이 없다고 말했다. 그러자 루스벨트 여사는 나를 비난했고, 나는 이렇게 말했다. "그녀가 무슨 일을 할지 알았다면 그렇게 말해 줬을 겁니다. 하지만 하이랜더에 있을 때 그녀는 어떤 행동도 하지 않겠다고 했어요. 백인은 흑인이 뭔가를 하게 내버려 두지 않을 테고, 흑인은 단결할 생각이 없으니 자기는 아무것도 하지 않을 거라고요. 저로서는 아무것도 하지 않겠다는 사람에게 공산주의자란 낙인이 찍힐 거라고 미리 경고할 이유가 없지요. 그녀가 민권운동을 시작하려 한다는 걸 알았다면, 그녀에게 경고했을 겁니다." 그러자 로사가 말했다. "그래요, 그는 나중에 경고했죠. 제가 체포된 후에 말이죠."[2]

로사 파크스는 자신의 회의를 극복하고 행동에 나서기로 결심했다. 그녀는 자기가 한 훈련이 효과가 있을지, 비폭력 전략이 성공할지, 동료들이 자신과 함께 위험을 감수할지, 자신이 전국적인 규모의 운동에 불을 붙이게 될지 아무것도 알 수 없었다. 실제로 비슷한 일을 했다가 처벌 외에는 어떤 결실도 얻지 못한 사람도 많다. 로사 파크스가 그 자리에 앉아서 역사에 이름을 남길 가능성을 계산했다면, 그냥 버스 뒷좌석으로 조용히 자리를 옮겼을지도 모른다. 그녀가 내린 결정은 마음속 깊은 곳에 뿌리내리고 있었다. 내면의 진실성이 그녀에게 그렇게 행동하도록 강력히 권했던 것이다.

로사 파크스는 왜 그날 자리를 양보하지 않았을까? 이 질문에 대한 최고의 답변은 그녀의 말 속에 있다. "사람들은 내가 피곤해서 자리를 양보하지 않았다지만, 그건 사실이 아닙니다. 나는 피곤하지 않았어요. 평소 퇴근길보다 더 피곤하진 않았거든요. 어떤 사람들은 당시의 나를 늙은이로 상상하지만, 나이가 많지도 않았어요. 마흔두 살밖에 안 됐거든요. 내가 피로를 느낀 유일한 이유는 굴종적인 태도입니다. 나는 굴복하는 데에 지쳤어요."[3]

로사 파크스의 이 말은 그녀의 행동에 담긴 순수한 인간성을 주목하게 한다. 그녀는 단지 가슴과 영혼이 지쳤던 것뿐이다. 인종차별주의에 지쳤고, 거기에 공모한 자신에게 지쳤으며, 백인에게 자리를 양보한 그 모든 순간에 지쳤고, 자신이 거기에 동조하면서 불러온 자기 모욕적인 고통에 지쳐 있었다.

이런 분석에는 종종 무시되는 사회운동에 관한 진실이 숨어 있다. 분열되지 않는 삶을 살기로 결심하는 개인은 단순히 제도를 비판하는 데에서 나아가 자신까지 비판하게 된다는 사실이다. 우리는 분열되지 않는 삶을 선택함으로써 공개적으로 선언하는 셈이다. 내가 제도권에 순응하기를 거부했으니 더 이상 내게 영향력을 행사할 수 없다! 내가 맞닥뜨리는 문제는 더 이상 '저 사람들' 혹은 '저곳'이 아니다. 문제는 저항하지 않고 제도권과 묵묵히 공모한 나 자신이며, 제도권이 내 삶을 통치하도록 허용한 것이다.

분열되지 않는 삶을 선택하는 것은 '우리의 진정한 적은 우리 자신이다!'라는 포고Pogo 원칙을 현실화하는 것이다. 자신의 적이 되지 않기로 결심하는 순간, 우리는 제도적인 제약에서 스스로를 해방하고, 기성 제도에 맞설 힘 또한 얻는다. 그러나 나는 이 지점에서 사회운동과 제도권의 관계를 좀 더 신중하게 설명해야 한다고 생각한다.

대개 사회운동이라고 하면 사악한 조직구조를 향해 독선적이고 분노에 찬 비난을 쏟아붓는 행위를 떠올린다. 또 제도권의 '느리고, 꾸준하고, 책임 있는' 과정 혹은 내부의 변화 작업과는 대조된다고 생각한다. 그러나 이런 대조는 쉽게 뒤바뀐다. 예를 들어, 조직 내부의 싸움에만 몰두하는 사람들은 내부의 적과 제도권 내의 악마에만 집착한다. 그리고 사회운동을 시작하는 사람들은 제도권을 혐오해서가 아니라, 오히려 자신이 사랑하는 제도권이 그렇게 타락하는 것을 두고 볼 수 없어서 운동에 나선다.

로사 파크스가 인종주의가 만개하도록 허용한 미국 민주주의에 대해 느낀 것도 바로 이런 사랑이었다. 그녀는, 민주주의는 경멸당하거나 인종적 다양성이 무시되는 전체주의적 환상으로 대체할 수 없다고 믿었다. 민주주의는 타락의 늪에서 구제되어 원래의 가장 높은 이상을 회복해야 했다. 로사 파크스는 적이 단순히 '저기 바깥'에만 있지 않고, 악에 동조하는 우리의 '마음속'에도 있다는 것을 인식하면서 혐오보다는 사랑의 마음으로 행동에 나설 수 있었다. 그 사랑은 우리 주변과 우리 내면에서 발견되는 적들 모두를 구제하기 위한 것이었다.

그런데 이 모든 것이 교육개혁과 무슨 상관이 있을까? 사회운동의 본질을 분명하게 이해할수록 그동안 내가 미국 전역에서 로사 파크스를 연상시키는 교사를 만나 왔다는 사실을 깨달았다. 그들은 교육이 타락하는 것을 두고 보지 못할 만큼 교육을 사랑했다. 또한 그들은 그 사실을 인식하든 못하든 더 이상 분열된 삶을 살지 않기로 결심하면서 교육개혁 운동에 불을 붙이고 있었다.

이들은 자신을 이 길로 이끈 열정을 기억했고, 교직을 선택하게 한 근원적인 에너지를 지키고자 했다. 학생들의 삶을 깊이 보살피고 싶어 했고, 젊은이들과 단절되지 않기를 간절히 바랐다. 자신이 교육에 쏟아온 정체성과 진실성을 이해했고, 계속 심화시키고 싶어 했다. 제도권의 보상이나 인정이 없을지라도 말이다.

이들은 자신이 속한 기관이 교육을 버스 뒷좌석으로 내몰 때조차, 교육을 버스의 앞좌석에 두려 애썼다. 그들은 교육의 질을 떨어뜨린 제도적인 조건을 탓하지 않았고, 그런 조건과 공모하는 일도 중단했다. 대신에 그들은 교육이 중요하다고 믿는 자신의 신념을 존중하는 방식으로 행동했다. 이들의 행동은 버스에서 자리 옮기기를 거부하는 것만큼이나 단순했다. 그들은 제도권의 규범에 순응하는 대신, 자신의 가장 깊은 가치를 존중하는 방식으로 가르침을 폈다. 때로는 좀 더 공식적인 위험을 감수했는데, 교육정책을 결정하는 교수 토론회 같은 곳에서 대안이 될 만한 교육적 비전을 제시하기도 했다.

그렇다면 이 모든 위험에도 분열되지 않은 삶을 살도록 추진하는 힘은 무엇일까? 제도권으로부터 비난받고 이미지, 지위, 안전, 돈, 권력을 잃을지도 모른다는 사실을 알면서도, 사람들은 어떻게 내면의 확신을 외적인 행동과 조화시킬 용기를 낼까? 버스 뒷좌석으로 옮겨 가는 사람과 앞좌석에 앉아 있기로 결심하는 사람의 차이는 정확히 알 수 없을지도 모른다. 그러나 로사 파크스와 비슷한 사람들에게서 나는 이 문제의 실마리를 찾았다. '자신의 진실성을 파괴하는 것에 더 이상 협조할 수 없다고 깨달을 때, 징벌의 의미를 지금까지와는 달리 이해하게 된다'라는 사실이다.

그 버스에서 경찰이 로사 파크스에게 다가와, 자리를 옮기지 않으면 감옥에 가둘 수밖에 없다고 말했을 때, 그녀는 매우 정중한 어조로 이렇게 답했다. "필요하다면 그렇게 하세요.[4] 당신들의 감옥은 인종차별에 동조한 몇 년간 내가 갇혔던 내면의 감옥에 비하면 아무것도 아니랍니다."

분열되지 않는 삶을 선택한 대가로 받게 될 처벌과 마주하는 용기는 단순한 통찰에서 온다. '누군가가 내게 부과한 징벌은, 억압적인 제도에 동조함으로써 내가 나에게 부과한 징벌에 비하면 아무것도 아니다.' 이러한 통찰이 있다면, 애초부터 열려 있던 감옥 문을 열고 들어가 자기 가슴의 주장을 존중하는 새로운 가능성을 개척할 수 있다.

일치의 공동체 만들기

아무리 강력한 동기로 분열되지 않는 삶을 살겠다고 결심했더라도, 처음에는 허약한 갈대와 같을 수밖에 없다. 그렇게 결심한 사람은 곧 두려움과 자기 의심에 빠지기 때문에 꾸준한 격려와 지지가 필요한데, 이것은 자연스러운 현상이다. 우리는 분열된 삶이 정상이고, 분열되지 않는 삶은 어리석거나 무책임하다는 문화 속에서 살아 왔기 때문이다.

분열되지 않는 삶을 어리석다고 하는 이유는, 내면에서 벌어지는 일을 다른 사람이 알게 하면, 그들이 당신을 거부하거나 해칠 수도 있기 때문이다. 따라서 마음속에 감정을 숨겨 두는 편이 더 낫다고 생각한다. 분열되지 않는 삶을 무책임하다고 하는 이유는, 일단 내면의 진실을 드러내고 나면 더 이상 냉정한 태도로 의무(무심하고 '객관적인' 입장에서 가르침을 펴는 것과 같은)를 이행할 수 없기 때문이다. 그러니 그냥 역할을 연기하면서 마음속에 개인적인 진실을 숨겨 두는 편이 더 낫다고 생각한다.

사회운동의 두 번째 단계에서는 분열되지 않는 삶을 선택했지만 여전히 확신이 없는 사람들이 한데 모여 일치의 공동체를 형성한다. 이 공동체의 일차적인 목적은 단순히 서로를 안심시키는 것이다. 같은 길을 가는 사람들과 함께 있으면, 제도권의 '정상적'인 행동도 비정상적일 수 있고, 진실성을 추구하는 행위가 궁극적으로는 건전하다는 사실을 이해하게 된다.

로사 파크스가 불을 붙인 운동의 경우, 일치의 공동체가 자리 잡은 곳은 흑인 교회였다. 남부 전역의 교회는 온전한 삶을 선택한 사람은 나만이 아니라는 사실을 확인하고 싶은 사람들이 모이는 장소였다. 그러나 교회는 사람들이 모이는 물리적 공간 이상의 역할을 했다. 사회운동이 계발되고 유지되는 개념적인 공간으로서의 역할까지 한 것이다.

이것이 일치의 공동체의 두 번째 기능이다. 사회운동의 비전을 표현하는 언어를 만들어 내게 하고, 그 언어가 공적인 영역의 험난한 파고 속에서도 살아남도록 힘을 싣는다. 최근에 자신의 영혼을 해방한 사람들이 모여 담론할 때, 그 언어는 취약하게 느껴진다. 실용성을 강조하는 사회에서 꿈을 말하거나, 경쟁에 사로잡힌 사회에서 공동체를 말하거나, 안정감을 강조하는 사회에서 모험을 말할 때 느껴지는 그런 취약함과 같다. 가슴에서 우러나온 이런 언어를 사용하는 사람들은 그 언어를 연습하고, 그 언어에 익숙해지고, 비슷한 생각을 하는 사람들에게 그 언어를 인정받을 장소가 필요하다. 그런 뒤에야 비로소 회의적이거나 적대적인 대규모의 청중 앞에서 그 언어를 사용할 수 있다.

마틴 루서 킹이 대규모 청중 앞에서 자주 인용한 '꿈'이나 '산봉우리'의 이미지는 위대한 웅변가 킹의 전유물이 아니었다. 그는 일치의 공동체에서 수없이 반복했던 상징의 저수지를 끌어왔다. 그 언어들은 평범한 사람들의 공용어였다. 다만 흑인 교회에서 끊임없이 활용하는 동안 특유의 접근성과 힘을 얻었을 뿐이다.

흑인 교회는 일치의 공동체에서 찾아볼 수 있는 세 번째 역할도 해냈다. 분열되지 않는 삶을 사는 사람들이 자신의 가치를 더 큰 세계로 가져가는 데에 필요한 기술과 습관을 훈련할 장소도 제공했다. 나는 이것을 생생하게 경험한 적이 있다. 조지아주의 어느 시골 공동체를 방문했을 때, 소수의 흑인 신자들과 함께 예배에 참석했다. 제시간에 도착해 일요 성경교실에 참여했는데, 겨우 세 명이 모여 성경 구절을 토론할 준비를 하고 있었다. 그런데 놀랍게도 그들은 《로버트 회의법(Robert's Rules of Order)》에 따라 예배를 진행했다. 게다가 그들 각자는 의장, 서기, 의원이라는 역할이 있었다.

예배가 끝난 후, 나는 초대한 친구에게 당혹감을 털어놓았다. 그는 지역민이자 예배에 자주 참석한 신도였다. 세 사람이 전부인데 왜 굳이 그런 공식적인 절차에 따라 예배를 진행할까? 그냥 앉아서 서로 대화하는 것이 더 효율적이지 않을까?

그는 이렇게 말했다. "자네는 방금 본 걸 이해하지 못하는군. 이 교회는 사회적인 역할을 박탈당한 사람들에게 그 역할을 하는 도구를 익힐 기회를 주는 곳이라네. 언젠가 이들은 자신들의 합법적인 역할을 주장할 것이고, 그때쯤이면 그 역할을 하는 데에 필요한 능력도 갖추게 되겠지."

일치의 공동체는 교육개혁의 필수 요소이지만, 개별화한 학원 문화 때문에 그런 공동체를 형성하기 어렵게 되었다. 이삼일쯤 캠퍼스를 방문할 때면, 나는 이 사실을 종종 확인한다. 첫 강연이 끝나면 누군가가 나를 찾아와 이렇게 속내를 털어놓는다. "저는 선생님께서 교육에 관해 하신 모든 말씀에 동의합니다. 하지만 이런 느낌을 받는 건 이 캠퍼스에서 저 하나뿐입니다." 두 번째 강연이 끝날 무렵이면 서너 명이 각각 나를 찾아와 같은 비밀을 고백한다.

캠퍼스를 떠날 때까지, 나는 교육에 관한 비전을 공유하는 사람을 10~15명쯤 만난다. 그들은 각자 그렇게 생각하는 사람이 학교 안에 자기밖에 없다고 확신한다. 나는 일치의 공동체로 자랄 씨앗을 심는 계기가 되길 바라면서, 이 사람들을 서로에게 소개했다. 그런 공동체는 두세 사람이 한데 모여 서로를 위해 헌신할 때 생겨난다. 나는 특히 여교사들 사이에서 이런 일이 일어나는 광경을 자주 목격했는데, 그들은 한 번에 두 가지 운동에 참여하곤 했다. 하나는 좋은 교육을 위한 모임이었고, 다른 하나는 교직에 종사하는 여성을 위한 모임이었다.

그러나 일치의 공동체가 의미 있는 규모로 성장하려면, 구조적인 지원이 필요하다. 민권운동은 흑인 교회가 지원했다. 교회는 관심 있는 대규모의 지지층을 거느린 안정된 구조로, 자유의 언어를 제공하는 상징의 체계를 구축했다. 그렇다면 교육계에는 교사들을 위한 일치의 공동체를 지원해 줄 구조가 있을까?

교육계에는 흑인 교회만큼이나 신뢰성 있고 강력한 구조가 없다. 그렇다고 게임이 끝났다는 말은 아니다. 나는 사회운동의 잠재력을 지닌 교육학적 구조 두 가지를 아는데, 그들은 이미 소극적으로나마 이런 목적에 봉사하고 있다. 하나는 크고 작은 캠퍼스 내에서 점점 그 수를 늘려가는 '가르침과 배움의 센터'이다. 이 센터의 프로그램은 교사에게 필요한 테크닉을 훈련하는 데에 집중한다. 그리고 그 과정에서 헌신적인 교사들이 서로를 발견하고, 함께 대화하고, 서로를 지지할 수 있는 공간을 제공한다.

또 하나는 심층적인 개혁을 목적으로 조직되어 점점 그 수를 늘려가는 온갖 규모의 교육 협회들이다. 고등교육의 경우, 일반 및 교양교육 협회(Association for General and Liberal Studies), 미국 고등교육 협회(American Association of Higher Education), 고등교육을 위한 전문성 및 조직 개발 네트워크(Professional and Organizational Development Network in Higher Education) 등을 생각할 수 있다. 근무하는 학교에서 혼자라고 느끼는 교사가 이런 모임에 참석한다면, 먼 곳에서나마 같은 생각을 하는 동료와 친구를 만날 수 있다는 사실에 큰 힘을 얻을 것이다.

사회운동에 참여하는 사람은 주변보다 먼 곳에서 오히려 더 많은 친구를 찾는다. 그러나 전국 규모에서는 영감을 주는 개혁안이 지방 수준에서는 위협적으로 느껴지기도 한다. 캠퍼스에서 소외감을 느끼는 이상주의적인 교사들을 만나 비전을 알리기 위해 무엇을 했는지 물으면, 아무것도 하지 않았다고 답한다. 이것은 그들이 왜 고립되었는지 잘 보여준다. 불을 피워 자신의 위치를 알리지 않는 조난자는 결코 발견되지 않는다.

주변에서 친구를 찾는 방법도, 일치의 공동체로 자랄 씨앗을 심는 방법도 하나뿐이다. 우리는 분열되지 않는 삶을 살겠다는 우리의 결심을 다른 사람에게 알려야 한다. 눈에 띄게 하는 일은 쉽지 않다. 그런 행동은 다른 사람에게 비난받을 수도 있기 때문이다. 그러나 우리의 가치를 눈에 잘 보이고 실행할 수 있는 방식으로 선언할 때, 우리는 주위에서 동료들이 여기저기서 모여드는 것을 보고 놀랄지도 모른다.

교육개혁 운동을 공식화한다는 것

사회운동의 두 번째 단계가 지닌 강점은, 같은 생각을 하는 사람들이 한데 모여 취약한 믿음을 강화하는 공동체를 형성한다는 것이다. 그러나 이 강점이 약점이 될 수도 있는 두 가지 방식이 있다. 우선 우리가 동료들과만 이야기하고 대규모 청중과 대화하지 않는다면 그 어떤 운동도 일어날 수 없다. 그리하여 망상과 오류에 빠지기 쉽다.

사회운동이 공식화할 때, 그 고유한 가치로 다른 사람에게 영향력을 행사할 기회를 얻는다. 또한 외부의 도전에 직면해 그 가치를 점검하고 교정할 기회도 얻는다. 분열되지 않는 삶을 살기로 결심하는 데에는 엄청난 '영혼의 힘'이 필요하고, 그런 결단을 내린 사람들이 모이면 엄청난 강화 효과까지 일어나기 때문에, 독선의 그림자가 반드시 나타난다. 그림자를 최소화하고 빛을 극대화하는 유일한 방법은 그 운동을 대중에 노출해 비판을 진지하게 받아들이는 것이다.

나는 다른 사람들과 함께 사회운동 모델을 탐구할 때, 종종 너무 가치중립적이라고 비판받는다. 예를 들면, 비평가들이 찬사를 보내는 진보적인 운동이 되거나, 그들이 싫어하는 보수적인 운동이 되어야 한다는 것이다. 그러나 더 나쁜 것은 '더 이상 분열되지 않기'를 내세우는 모델은 자칫하면 파시스트적인 운동(나치, KKK단, 아리안 네이션 등)으로 흐를 위험이 있다는 것이다. 이 경우, 사람들은 자신의 가슴속 사악함에 발맞춰 행동한다.

이에 관해 나는 우선 이렇게 답한다. 사회개혁의 영역은 지식인들이 그토록 소중히 여기는 사상과 행동의 순수성을 보장하지 않는다. 조직이 반드시 가치 있는 목적을 추구한다고 장담할 수 없듯이, 사회운동이 바람직한 목표를 향해 나아갈 것이라고 장담할 수도 없다. 이 세상은 창조와 고통을 동시에 제공하는 혼란스러운 진흙탕이다. 변화를 위해 일하고 싶다면, 그 진흙탕 속에서 사는 법부터 배워야 한다.

나는 이어서 그 운동의 목적에 동의하는지와 관계없이, 진정한 운동과 사이비 운동을 뚜렷이 구분해야 한다고 답한다. 이 구분은 운동을 이끄는 사람들이 세 번째 단계로 진입해 운동을 공식화하고자 하는 의지가 있는지에 달렸다. 파시즘적인 '운동'은 스스로 공론화를 거부하면서 사회운동이 아니라 강압적인 힘을 행사하는 것으로 타락하고 만다.

진정한 사회운동의 리더는 운동을 공식화하고 의견 교환에 적극적이다. 그런 공공의 대화가 이해와 설득에서 나오는 권위를 부여한다는 사실을 잘 알기 때문이다. 그러나 파시즘적인 '운동'의 리더들은 운동을 공론화하고 평가받는 일에 관심이 없다. 사실, 파시즘은 그 운동에 대한 반대 세력이 형성되어 파시스트적인 가치가 도전받지 않도록 공공 영역을 차단한다.

전체주의 사회에서는 집권 세력이 공공 영역을 폐쇄해 버린다. 공공장소에서의 집회도, 자발적 결사체의 구성도, 자유로운 언론 활동도, 참다운 정치 활동도 허용하지 않는다. 우리 사회는 공공 영역이 약화하긴 했지만 여전히 개방되어 있다. 그러나 이런 사회에서조차 사이비 사회운동이 나타나 공적인 검증과 책임의식을 회피하려 한다. 근본주의적 종교단체와 그들의 '비밀' 후보를 떠올려 보라. 그들은 공직에 선출되기 전까지는 자신의 진짜 신앙을 대중에게 노출하지 않는다. 심지어 공공 영역이 개방되어 있을 때에도, 적어도 한동안은 공적인 검증을 피할 수 있다. 그러나 사회 집단이 그렇게 행동한다면, 도덕적 권위를 지닌 운동이 아니라 권력을 노골적으로 조종하는 이익 집단으로 전락해 버린다.

최근의 교육개혁 운동을 공식화라는 렌즈로 바라보면, 아주 느리고 유기적으로 진행되어 그 영향력을 거의 의식하지 못할 정도이다. 교육개혁운동이 아직 중요한 목적을 달성하지는 못했지만, 그 이미지와 상징은 오늘날의 공공 영역에 생생하게 살아 있다.

교육개혁이란 주제를 다룬 책들이 출간되었고, 그중 몇몇은 베스트셀러가 되었다. 강연자들은 미국 전역으로 워크숍과 집회를 다니며 변화의 씨앗을 뿌리고 있다. 새로 결성된 협회들은 온갖 규모의 모임을 열어 교육개혁의 대의를 제기하고, 캠퍼스에서 소외감을 느끼는 교사들은 그런 협회를 오아시스처럼 찾아다닌다. 또한 오래된 전국 규모의 협회들은 자체적인 쇄신의 방향을 그런 대의들 속에서 찾는다.

무엇보다도 중요한 것은, 교육개혁 운동이 학계의 울타리를 넘어 일반대중의 참여까지 끌어내고 있다는 사실이다. 학부모, 고용주, 국회의원, 칼럼니스트 등은 가르침과 배움에 관심을 더 많이 기울여 달라고 꾸준히 목소리를 내고 있으며, 종종 효과를 내기도 한다. 다음은 대개 개혁과는 무관하다고 생각하는 회계업 분야에서 가져온 관련 사례이다.

회계학과 졸업생 중 대다수는 국제적인 규모의 공인회계법인 '빅 식스Big Six'에 취직하고 싶어 한다. 이 회계법인은 해마다 1만여 명의 졸업생을 채용하며, 고등교육 지원 기금으로 260억 원 이상을 기부했다.

1989년, 일류 회계법인의 최고경영자들은 대학에서 배출해 주기를 바라는 전문직 지원 학생들의 자격 조건을 담은 공동백서를 발간했다. 그들은 이 백서에서 어떤 지식과 기술을 갖춘 졸업생을 채용하고자 하는지 자세히 설명했다.(여기에는 조직의 사회문화적 배경에 관한 지식, 창의적 문제해결 능력, 효율적 의사소통 능력, '다양한 사람들과 함께' 일하는 능력, 갈등을 견디고 해결하는 능력 등이 포함되었다.)

최고경영자들은 이렇게 보고했다. "공인회계사 시험을 통과하는 것이 회계 교육의 목적이어서는 안 된다. 교육은 빠르게 늘어나는 전문 지식을 암기하는 일이 아니라, 분석적이고 개념적인 사고를 계발하는 일에 초점을 맞추어야 한다."

그 백서에서 대규모 회계법인은 교육과정의 변화를 꾀하고자 5년간 50억 원을 후원하겠다고 약속했다. 단, 기금은 '혁신적 교육과정과 새로운 교육 방식을 고안하고 실행하는 데에만 사용해야 한다'라는 조건이었다.[5]

교육개혁의 언어가 '빅 식스' 회계법인 리더의 공용어가 되었다는 사실은, 조용하고 눈에 띄지 않는 형태로나마 교육개혁 운동이 궤도에 올랐다는 점을 암시한다. 그들은 곧 엄청난 영향력으로 경영대학이 변하도록 압박할 것이다.

나의 사회운동 발전 단계 모델과 비교할 때, 교육개혁 운동이 공식화한 방식은 현실이 얼마나 어수선한지 잘 보여 준다. 예를 들어, 교육개혁 운동은 사회운동의 3단계를 2단계의 규모와는 비교가 안 될 정도로 훨씬 더 성공적으로 이루었다. 말하자면, 전통적인 교육의 장에서 몇몇 일치의 공동체가 발생한 것이 아니라, 공공 영역에서 개혁적인 토론이 더 많이 이루어진 것이다.

이러한 차이는 그 모델의 가치를 부인한다기보다 오히려 그 모델이 얼마나 가치 있는지를 보여 준다. 모델과 현실의 불일치는 설명이 필요한 사항을 우리에게 많이 드러내 주기 때문이다. 아마도 2단계와 3단계의 차이는, 전통적인 학교에서 근무하는 교사들보다 다른 환경에서 가르치는 사람들이 교육개혁을 더 열렬히 요구한다는 사실에서 생겼을 것이다. 특히 비즈니스와 산업 분야의 사람들이 교육개혁에 관심이 많은데, 이 영역에서는 현재 미국에서 시행하는 2차 교육의 절반 이상이 이루어진다.

많은 대기업에서는 직원들이 급속도로 변하는 사회, 기술, 시장과 보조를 맞출 수 있게 사내 '대학'을 운영한다. 예를 들어, 빅 식스 회계 법인은 '자사의 직원들에게 대학원 수준의 교육을 꾸준히 제공하기 위해 자체적으로 교육 부서를 운영한다. 기업이 해마다 1백만 시간 이상의 훈련 프로그램을 제공하는 것은 드문 일도 아니다.'[6] 또한 이런 비전통적인 프로그램은 대학이나 학교보다 더 창의적인 교육 방식을 채택하기도 한다.

비전통적 교육이라는 거대한 분야의 에너지는 우리가 어떻게 활용할지만 안다면 교육개혁을 추진하는 동력이 될 수도 있다. 그러나 이런 일은 전통적인 교육기관의 교육자들이 고질적인 개별화를 극복하고 다른 영역의 교육자들과 협력할 때만 가능하다. 마지 피어시의 언어를 빌려 보자. "당신이 '우리'라고 말하면서 / 그 우리가 누구인지 알 때 시작되네. / 그리고 그 '우리'는 매일 / 한 사람씩 늘어간다네."[7]

내가 방문한 모든 캠퍼스에서 맞닥뜨린 문제는 새로운 둘파구와 인식 전환이 왜 필요한지 잘 보여 주었다. 비전통적인 방식을 활용하는 교사는 학생과 학부모, 몇몇 동료의 전통주의적 태도에 방해받는다고 느낀다. 동료들은 이렇게 말한다. "학생들에게 그런 '오글거리는(touchy-feely)' 방식을 사용하지 말게. 그냥 진도 나가고, 암기시키고, 어떻게 경쟁해야 하는지 보여 주면 돼. 그렇지 않으면, 자네 학생들은 현실 세계에서 불이익을 당할 거야."

이 말에 담긴 아이러니는 명백하다. 사실, '현실' 세계가 교육학적 실험과 변화의 장이 된 이유는, 전통적인 하향식 교육이 학생들에게 현실 사회에 적응하는 힘을 길러 주지 못했기 때문이다. 그런데도 일부 학생들과 학부모, 교사들은 문화적인 지체 상태에 빠져 있다. 그들이야말로 새로운 뉴스에 귀를 기울여야 한다.

그 뉴스가 교사의 입에서만 나온다면 그들은 믿지 않으려 할 것이다. 그 말은 사회의 권위 있는 목소리에서 나와야 한다. 그러나 많은 교육자, 특히 가장 혁신적인 교사들은 재계나 산업계의 인사들을 동료가 아니라 적으로 본다. 그래서 학생들이 현실적으로 성공하려면 교육 방법을 바꿔야 한다는 그들의 조언을 잘 믿지 않는다.

그러나 교사들이 사회운동이 일어나는 방식을 이해하고 그런 개혁적인 태도를 보인다면, 교육개혁에 관심이 있는 공공 영역의 종사자와 협력하기가 생각보다 쉽다는 것을 알 것이다. 그들 중 일부는 손만 뻗으면 닿는 곳에 있으며, 기꺼이 우리의 손을 잡을 의향도 있다. 그들도 제도권 교육의 졸업생이며, 학교 이사회의 구성원이기 때문이다.

우리가 고용주를 우군으로 생각한다면 서로를 잘 이해하게 될 것이다. 우리가 산업계에 유보적인 태도를 보이는 것이 어느 정도 근거가 있다는 것을 그들도 알 것이다. 사실 산업계가 교육개혁에 관심을 갖는 이유는 이윤을 늘리고자 하는 단 하나의 목적 때문이다. 예외적인 경우도 있겠지만, 그들 모두가 인문교육의 중요성을 인정하거나 존중하지는 않을 것이다. 또한 그들이 모두 '좋은 교육은 테크닉으로 격하될 수 없다'라는 이 책의 핵심 전제에 동의하지는 않을 것이다. 산업계는 교육계보다 훨씬 더 테크닉을 중시하기 때문이다.

사회운동을 함께 이끄는 파트너라고 해서 반드시 우리와 똑같은 비전을 지녀야 하는 것은 아니다. 함께 팔짱을 끼고 걷는 동안, 우리는 위험한 방향으로 쏠려 가는 듯한 느낌도 받을 것이다. 그러나 서로의 팔이 엮여 있으므로, 때로는 우리가 주도적으로 상대를 끌어당길 수도 있다. 다른 분야의 사람들과 맺는 파트너십은 낯선 영역에서 새롭게 가르치고 배울 기회를 열어 준다.

운동이 공식화되면, 구성원들의 정체성과 진실성은 공공 영역의 아주 다양한 가치나 비전과 부딪친다. 이 복잡한 힘들의 장에 노출되었을 때, 우리는 더욱 자신의 진실성과 밀착된 상태를 유지해야 한다. 이런 곳에서는 쉽게 길을 잃을 수 있기 때문이다. 그러나 우리는 이렇게 갈등하는 영향력을 향해 자신을 여는 위험 또한 감수해야 한다. 사회운동과 우리의 진실성은 오직 그런 방식으로만 성장하기 때문이다.

마음의 보상

사회운동의 마지막 단계인 네 번째 단계는, 1단계에서 생성된 사회운동 에너지의 궤도를 온전하게 드러낸다. 고립된 개인이 조직의 논리를 포기하고 분열되지 않는 삶을 살기로 결심한 순간 생성된 에너지는, 공동체 내부에서 공유되는 2단계와 대중에게 공식화되는 3단계를 거친 뒤, 형성된 지점으로 다시 돌아간다. 그 에너지가 최초로 해방되어 나온 조직 자체의 논리를 변화시키기 위해 시작 지점으로 복귀하는 것이다.

내가 조직의 논리를 '탈바꿈'하거나 '혁신'하는 것이 아니라 단순히 '변화'시킨다고 한 이유는, 대다수 사회운동의 결과가 그리 극적이지 못하기 때문이다. 그 결과는 깨달음이나 해탈과는 거리가 멀다. 대다수 사회운동은 기존의 질서를 전복하는 대신 그 질서를 점진적으로 수정해 나간다. 이때 수정이란, 토머스 머튼Thomas Merton이 '우리는 세상에 적응할 필요가 없다. 우리는 세상을 적응시킬 수 있다.'라고 말했을 때 암시한 정도의 규모이다.[8] 사회운동은 멋진 신세계를 만들어 낸다기보다는 현실을 섬세하게 조정하는 과정에 더 가깝다.

게다가 이런 섬세한 변화는 일단 제도화되면 결국 구체제(ancien regime), 즉 멋지지 않은 구세계가 되어 버린다. 새로운 제도가 다음 세대의 운동이 다시 압박해야 할 제도적 저항의 윤곽선으로 굳어지는 것이다. 그렇더라도 어쨌든 그것은 변화이며, 사회운동이 건전하다면 그 변화 또한 건전할 수밖에 없다. 적어도 당분간은 말이다.

사회운동은 조직의 논리를 바꿀 힘이 있다. 사실상 조직은 '이것을 하면 처벌받고, 저것을 하면 보상받는다'라고 말하는 사회적 제약의 한 체계이기 때문이다. 어떤 제도가 특정 활동 영역(가르침과 배움 같은)의 보상 체계를 통제하는 한, 그 활동에 참여하고자 하는 모두의 삶에 영향력을 행사할 수 있다.

그러나 이들이 그 제도의 처벌 기준이 부적절하다고 판단하고는(1단계), 사회운동을 일으켜 대안적인 보상 체계를 제시하자마자(4단계), 그 제도의 영향력은 즉시 위축된다. 이런 일이 벌어질 때 제도권은 종종 변화의 필요성에 눈뜬다. 그 변화가 다른 곳에서 이루어지도록 방치하면, 자신들은 사람들의 삶과 무관해질 수밖에 없기 때문이다.

예를 들어, 미국의 모든 3차 교육이 사실상 전통적인 대학 내부에서만 이루어졌을 때는 대학들이 변화의 필요성을 느끼지 못했다. 학생이나 교사가 되고자 하는 모두가 대학이 정한 규칙을 따를 수밖에 없었다. 그러나 이제는 3차 교육의 절반 이상이 기업, 산업, 군사 영역에서 이루어지자 위기를 느낀 전통적인 고등교육기관이 교육개혁에 문을 열고 있다.

그렇다면 기존의 논리를 재정립하도록 전통적인 교육기관을 압박하는 대안적인 보상은 무엇일까? 교육개혁 운동은 발달 단계마다 강력하면서도 비가시적인 보상을 제공한다. 1단계에서는 자신의 정체성에 관해 더 많은 것을 배우고, 2단계에서는 같은 생각을 지닌 우호적인 사람들과 함께하며, 3단계에서는 더욱 확대된 공적인 생활을 한다는 보상이 있다. 그 운동이 성장하면서 개인은 제도권에서 일할 때는 발견할 수 없었던 의미를 발견하고, 조직의 동료들에게는 외면당했지만 운동을 함께하는 동료들에게는 인정받는다. 또한 지금까지 자신의 영혼을 만족시키지 못했던 일 대신 운동의 목표에 부합하는 새로운 일을 찾는다.

사회운동은 영적인 보상뿐 아니라 물질적으로도 보상한다. 어떤 사람은 운동의 조직 위원으로 일하면서 적은 보수를 받지만, 운동에 헌신하다 보면 다른 영역에서 경제적인 보상을 얻기도 한다. 교육개혁에 투신한 몇몇 학자는 교육개혁 운동에 관한 책과 논문을 펴내면서 대학에서 승진하거나 종신 교수직을 얻었다.

궁극적으로 전통적인 조직은 사회운동이 전개될수록 그 정신을 반영하는 작업을 수행하고, 또 보상받는 공간을 점점 더 많이 만들어 낸다.

40여 년 전, 일터에서의 인종 다변화 정책을 공개적으로 추진하던 사람들은 직장을 얻지 못해 애를 먹었다. 그러나 오늘날에는 직원들 간의 인종적, 성별적 조화와 공정성을 위해 일하는 다양성 전문가를 고용하는 조직이 많다. 40여 년 전, 여성과 흑인은 학자로 부적합하다고 생각했지만, 오늘날에는 많은 교육기관이 흑인과 페미니스트 학자를 적극 채용한다.

사회운동의 마지막 단계에서 제공하는 다양한 보상은 가장 기본적인 보상의 변형일 뿐이다. 즉 분열되지 않는 삶을 사는 데에서 오는 보람인 것이다. 1단계에서 사람들은, 다른 사람이 부과하는 그 어떤 처벌도 제도권에 굴복함으로써 자신에게 스스로 가하는 처벌보다는 낫다는 사실을 이해한다. 4단계에서는, 다른 사람이 하는 그 어떤 보상도 자신만의 진실을 삶으로써 스스로 하는 보상보다 더 좋을 수 없다는 것을 이해한다. 이런 깨달음을 받아들이는 사람이 많아지면 제도권은 협상에 나설 수밖에 없다. 더 이상 사람들의 가슴을 구속할 힘이 없기 때문이다.

운동이 제공하는 이런 대안적인 보상은, 제도권이 충성파에게 주는 임금 인상이나 승진에 비하면 시시해 보일지도 모른다. 실제로도 그렇다. 냉소주의자들이 말하듯, 진실성은 식탁 위에 빵 한 덩이도 올려 놓지 못한다. 그러나 운동에 이끌린 사람들은 빵을 쌓아 두는 것이 삶의 중대사가 될 수 없다는 것을 깨닫는다. 그들은 빵을 충분히 가져서가 아니라 더욱 근본적인 차원의 허기를 느끼기 때문이다. 그들은 인간은 빵만으로는 살 수 없는 존재라는 사실을 분명히 이해한다.

사회운동의 길은 제도적 정체와 그것이 불러온 좌절에 대한 하나의 대안이다. 이 대안은 역사적인 선례와 힘이 있다. 지금까지 이 장에서 사회운동의 전개와 교육개혁에 미치는 파급 효과를 언급했으니, 운동에 대한 경고의 말을 하나 해둘까 한다. 이런 운동 과정의 지도를 손에 들고 있으면서도 우리는 무지보다 더 나쁜 이유로 제도권의 논리에 집착할 수도 있다.

우리는 때로 조직만이 변화의 길을 제시한다고 주장하면서 비뚤어진 위안을 얻는다. 그러다가 흔히 일어나듯 그 길이 막히면, 우리는 스스로 책임지는 대신 벌컥 화를 내면서 외부 요인을 비난한다. 우리 내면의 어떤 부분은 새로운 삶의 모험을 감수하기보다 절망 속에 뒹굴기를 더 좋아한다. '새로운 삶이 가능하다면 신께서 할 일을 알려 주셨겠지!'라는 식이다. 학자들이 이런 '죽음에 대한 동경'에 사로잡히는 일은 그리 드물지도 않다. 심지어 가장 이상주의적인 학자들도 이렇게 생각한다. 운동의 최전선에서 패배한 후 새롭게 시도하는 데에 지쳐 버린 이상주의자가 운동에 가장 격렬히 저항한다.

나는 천성이 교사여서 사회개혁의 난투극에 마음이 끌리지는 않는다. 사회운동을 지지하는 데에 에너지를 쏟다가 날아든 돌을 맞기보다는 조용히 가르치는 일을 더 좋아한다. 그러나 정말로 가르침을 소중히 여긴다면, 학생과 교과뿐 아니라 교직과 관련된 내외부의 조건에도 관심을 기울여야 한다. 교육개혁 운동에서 역할을 찾는 것은 더 큰 규모의 돌봄을 실천하는 하나의 방식이다.

사회운동의 네 단계는 그런 역할을 찾도록 우리를 돕는다. 우리 중 일부는 분열되지 않는 삶을 살기로, 교사로서의 행동을 우리가 교직에 부여한 의미와 조화시키기로 결심할 수 있다. 또 어떤 이들은 우리와 같은 가치를 공유하는 사람을 찾아서 변화를 지지하는 일치의 공동체를 만들 수 있다. 또 다른 이들은 우리의 신념을 공식화해 자신의 비전을 드러냄으로써 외부의 비판에 과감하게 도전한다. 그리하여 교사들은 우리가 생각하는 최고의 가치를 실천하며 사는 만족감이 전통적인 보상보다 더욱 보람 있다는 것을 깨닫는다.

사회운동에서 역할을 찾는 동안, 우리는 가르침을 사랑하는 것과 교육 개혁에 헌신하는 것은 본질적으로 어떤 갈등도 없다는 사실을 알게 될 것이다. 진정한 사회운동은 권력을 위한 게임이 아니라 가르침과 배움을 큰 규모로 확장한 것과 같다. 이제 세상은 우리의 교실이 되었고, 가르침과 배움의 가능성은 모든 곳에서 찾을 수 있다. 우리는 열린 가슴과 마음을 지닌 채 자신의 진정한 모습으로 그 세상 한가운데에 우뚝 서기만 하면 된다.

이렇게 우리는 순환을 마무리하고 이 책이 시작된 지점으로 다시 돌아왔다. 우리 내면에 자리 잡은 힘으로 우리 너머의 힘과 교감하며, 좋든 싫든 세상을 공동 창조해 나가는 그 내면의 힘으로 다시 돌아온 것이다. 시인 루미는 이렇게 말했다. '당신이 불성실한 태도로 우리와 함께한다면 / 당신은 지금 엄청난 피해를 주는 것입니다.'[9]

이 주장의 근거는 주변의 모든 곳, 특히 교육의 영역에서 볼 수 있다. 우리가 내면의 교사와 진리의 공동체를 불성실하게 대할 때, 우리는 자신과 학생들, 그리고 우리의 지식이 신임하는 세상의 위대한 사물에 엄청난 피해를 주는 것이다.

그러나 루미는 그 반대 역시 진실이라는 데에 동의할 것이다. 당신이 충실한 태도로 우리와 함께한다면, 당신은 풍성한 축복을 가져올 수 있다. 가르칠 수 있는 용기를 지닌 교사들 덕분에 인생이 바뀌는 경험을 한 수많은 학생은 그 축복이 어떤 것인지 잘 안다. 자기 내면과 세상의 가장 진실한 장소에서 가르침을 펴고자 하는 용기, 학생의 삶에서 그런 장소를 발견하고 탐험하고 거기에 머물도록 그들을 초대하는 용기야말로 그 모든 축복의 뿌리가 되는 진정한 용기이다.

새로운 전문인

변화를 위한 교육

·
·
·

벌어진 일은 알면서 그 실재는 인식하지 못하는 것,
나는 그것을 잔인함이라고, 모든 잔인함의 뿌리라고 부르네.
나는 모두가 말하는 소중하고 외딴 장소
어떤 음성을 향해, 그림자 드리워진 무언가를 향해 호소하네.
비록 우리가 서로를 속일 수 있다 하더라도, 사색해야 한다고.
우리가 함께하는 삶의 행진이 어둠 속에서 길을 잃지 않도록.
깨어 있는 사람들이 깨어 있는 것은 중요하거니와
그렇지 않으면 무너진 행렬에 의욕이 꺾여 다시 잠들 것이네.
우리가 전하는 신호(맞다, 아니다, 그럴지도)는 명확해야 하네.
우리를 둘러싼 어둠은 깊기에.

– 윌리엄 스태포드, '서로를 이해하는 의식'[1]

사회운동 모델 실행하기

―

《가르칠 수 있는 용기》의 마지막 장을 끝낸 후 10년 동안, 나는 사회 변화를 위한 운동이 전개되는 방식을 대략 설계한 이 책에 이의를 제기할 만한 것을 아직 보지 못했다. 게다가 '교사의 삶이 지닌 내면 풍경'을 진지하게 받아들이는 운동이 활기를 띠기 시작했다는 것을 암시하는 현상은 많이 보았다.

이런 주장은 나의 견해에 대한 나의 변함없는 충성심 외에는 아무것도 아닐 수 있다. 그러나 나는 교사와 학생의 내면생활을 존중해야 한다는 운동이 1997년 이후 더 눈에 띄고, 더 설득력 있고, 더 강력해졌다는 확실한 증거가 있다고 믿는다.

물론 이 운동이 10년 전에 시작된 것은 아니다. 게다가 역사가 언제나 그렇듯이, 사회운동의 역사는 그 어떤 모델의 운동 전개 방식과도 부합하지 않았다. 7장에서 살펴본 사회운동의 단계와 관련해, 나는 이 책의 초판에서 이렇게 말했다. '이런 단계는 모두 하나의 이상적인 유형일 뿐이다. 발전 단계는 이 모델처럼 산뜻하게 전개되지 않는다. 서로 중복되기도 하고, 뒤로 돌아가기도 하며, 때때로 순서가 바뀌기도 한다. 그러나 추상적으로나마 단계들에 이름을 붙임으로써, 그 혼란스러운 에너지 장

에서 사회운동의 핵심 역학을 가려낼 수 있다.'

그러나 혼란스러운 역사의 한가운데에서도 지난 10년을 되돌아보며 이 책에서 제시한 교육을 향한 변화의 신호를 알려 주는 순간들을 확인할 수는 있다.

1998년 9월에 나는 애머스트, 안티오크, 컬럼비아, 하버드, 서던 캘리포니아 대학 등 다양한 교육기관에서 온 교사, 학자 들과 함께 연단에 오른 적이 있다. 강연이 있었던 곳은 '고등교육에서 종교적 다원주의와 영성의 문제를 탐색'하기 위해 웰즐리 대학이 주최한 '변화를 위한 교육'이라는 학회였다.[2] 10~20년쯤 전이었다면, 주최 기관과 강단에 오른 학자들, 청중들 모두 이 주제를 그리 달가워하지 않았을 것이다.

학회에 참석한 한 교육자는 다른 사람들이 개인적으로만 꺼내던 이야기를 공개적으로 언급했다. "제가 여기에 온 이유는, 교육개혁 운동이 시작되었다는 사실을 알았기 때문입니다."[3] 250개의 교육기관에서 온 8백여 명의 청중(총장, 교수, 행정직원, 학생, 종교 담당자, 평의원 등)에게 기조연설을 하는 동안, 나는 그녀의 발언이 예언적이라는 느낌을 받았다. 실제로 이 학회는 오늘날까지 그 대의를 잇는 '변화를 위한 교육(Education as Transformation)'이라는 전국 규모의 조직을 창설하는 계기가 되었다.[4]

교사와 학생의 내면생활을 탐색하는 학회가 열렸다는 사실은, 이 책의 주제와 관련한 운동이 일어나고 있다는 것을 암시하는 의미 있는 신호이다. 그러나 최근 몇 년간은 그런 학회가 너무 많이 열려서 그 이름을 다 열거하기도 어려울 정도이다. 그래서 이 운동을 확장하고 합법화하는 데에 새로운 계기를 마련한 전국 규모의 모임을 두 가지만 소개하고자 한다.

2000년 6월, 웰즐리 학회에서 영감을 받은 매사추세츠 애머스트 대학의 총장 데이비드 스콧David Scott이 학회를 개최했다. '일과 고등교육에서 영성을 공식화하기'라고 이름 붙인 이 모임은 특히 주목할 가치가 있었다. 웰즐리 학회와는 달리, 정부의 지원을 받는 대학이 주최한 학회였기 때문이다. 전통적으로 이런 교육기관들은 영성을 공식화하기를 극도로 꺼렸던 것이다.[5]

한편, 2007년 2월 샌프란시스코에서 열린 '고등교육의 본질 드러내기-연결된 세상에서의 연민 어린 행동을 위한 통합 학습'이라는 제목의 학회에는, 260개 교육기관에서 온 6백 명 이상이 참석했다.[6] 이 학회(미국 대학 협회, 자립대학 협의회, 커뮤니티 대학 혁신 연맹, 학생 지도 행정관 협회 등이 후원한) 역시 주목할 가치가 있는데, 이런 부류의 전국 협회는 소속 기관이 원하지 않는 주제는 좀처럼 다루지 않기 때문이다.

운동이 전개된다는 또 다른 중요한 신호는, 통합적 가르침과 배움을 다룬 연구와 출판물이 점점 늘어난다는 것에서 찾을 수 있다. 이것은 교육에 관한 전국적인 대화가 내면생활의 문제를 포괄할 정도로 확장된다는 강력한 증거이기도 하다.

20년 전이었다면 아마도 대부분의 학자가 종교와 영성의 교육학적 '관련성'을 연구하려는 노력을 상스럽다고 생각했을 것이다. 그러나 정부 지원 대학에서 출판한 〈대학과 성격 저널(Journal of College and Character)〉이라는 전문 간행물이, '내면으로의 여행-대학생이 지닌 영성의 유형과 패턴'과 같은 내용만으로 광범위한 독자층을 확보한 것을 보면, 엄청난 변화가 일어나고 있는 것이 틀림없다.[7]

고등교육 영역의 존경받는 원로 중 한 명인 아서 치커링Arthur W. Chickering이 《고등교육에서 진실성과 영성 장려하기(Encouraging Authenticity and Spirituality in Higher Education)》라는 책의 주요 필자로 참여한 것을 보면, 변화의 물결이 일고 있다는 사실이 좀 더 분명해진다.[8] 게다가 UCLA의 명망 높은 연구 기관 '고등교육 연구 협회'가 '영성과 교사진-교사의 태도와 경험, 행동에 관한 국가적 연구', '고등교육에서의 영성-대학생의 의미와 목표 추구에 관한 국가적 연구'(이 연구의 책임자는 탁월한 교육학 연구자 알렉산더 아스틴Alexander W. Astin과 헬렌 아스틴Helen S. Astin이다) 등을 했다는 사실은, 근본적인 변화가 멀지 않았다는 사실을 암시한다.[9]

그렇다면 이 모든 현상은 이 책에 호응하는 것으로 나를 북돋운 초등학교 및 중등학교 교육자와 무슨 관련이 있을까? 매우 깊은 관련이 있다. 고등교육과 전문교육 영역에서 시도하는 수많은 개혁은 '강을 거슬러 오르기' 시작한 문제가 여럿 포함되기 때문에 강의 상류에서 일하는 교육자와 협력하는 것은 필수이다. 초·중·고 단계와 상관없이 사려 깊은 교육자는 우리를 나누는 인위적인 경계를 넘어서야 한다는 사실을 잘 안다. 그 경계가 우리를 갈라놓기 때문에 학생을 더 잘 가르치기 위해서는 행동뿐 아니라 영적으로도 협력해야 하는 것이다.

지난 십여 년간 대학 이전 단계의 모든 교육은 교사의 내면생활을 지지하는 프로그램 개발을 고등교육과 병행해 왔다. 같은 기간에 '낙제학생방지법(NCLB, No Child Left Behind)'이라는 연방 법안이 공교육을 이끌었다는 사실을 고려하면 특히 놀랄 만한 일이다.

이 법안은 단 하나의 핵심적이고 확고부동한 목적이 있었다. '교사에게 학생들의 성공을 책임지게 해, 공교육을 받는 모두가 학업에 성공할 기회를 얻는 것'이다. 그러나 NCLB는 근본적인 결함이 있는데, 사실상 자금 후원은 전혀 없는 의무의 총체에 불과한 법안이다. 사실 나는 NCLB야말로 공교육이 크게 실패하게 만들어 교육의 민영화를 더 매력적으로 보이게 한 주범이라고 생각한다.

설사 적절한 자금이 지원되었더라도, NCLB는 표준화된 시험으로 평가할 수 있는 형태의 배움에만 오로지 초점을 맞춘다는 한계가 있었다. 이런 태도는 시험 점수를 높이는 데에 도움이 되지 않는 모든 주제와 기술을 하찮게 만드는 결과를 낳는다. 여기에는 음악이나 예술과 같은 '쓸모없는' 교과는 물론, 교과서에 나오지 않는 질문을 탐색하거나, 교사가 가르치지 않은 해답을 찾아내는 것 같은 '쓸모없는' 기술도 포함된다.

NCLB는 학생들에게 진정으로 필요한 것을 가르치기보다는 '시험을 위해' 가르치도록 교사를 강하게 압박한다. 게다가 종종 교사를 경쟁 속으로 몰아넣는다. 학생이 이 법안의 단순한 기준을 충족시키는 데에 '실패'하면, 개인과 학교 모두가 그 책임을 떠안아야 하기 때문이다. 이런 압력은 학생의 배움에 매우 중요한 역할을 하는 교사와 학생의 신뢰 관계를 저해한다. 뿐만 아니라 교사를 초조하고 자기중심적이고 회의적으로 만들어, 홀로 또는 함께 하는 내면 작업의 가능성을 사전에 차단하기도 한다.[10]

따라서 《가르칠 수 있는 용기》가 출간된 후 10년간, 점점 독성이 짙어지는 공교육의 토양에서 교육자들이 뿌린 '내면 작업'의 씨앗이 발아하고, 뿌리내리고, 꽃을 피우기 시작했다는 사실은 놀랍기만 하다. 일부 지역에서는 그 씨앗에서 자란 식물이 토양의 독성을 정화하는 데에 크게 기여했다.

2006년 발간된 〈교육 포럼(Educational Forum)〉 가을호에서, 샘 인트라터Sam Intrator와 로버트 쿤즈만Robert Kunzman은 1997년과 2005년 사이에 있었던 '교사 쇄신 프로그램과 그것이 교육자에게 미친 영향'에 관한 17가지 실증적 연구를 조사하고 요약했다. 여기에는 '가르칠 수 있는 용기' 프로그램 참가자 대상 연구도 여럿 포함되었다. 그들의 주장에 따르면, 교사의 내면생활에 관심을 기울이는 일은 교사들의 교육자뿐 아니라 공립학교 교사와 행정가에게도 점점 비중 있는 주제가 되고 있다고 한다.

교사의 내면생활을 지지하는 프로그램에 관해 '우리는 아직 배울 것이 많다'라고 평한 인트라터와 쿤즈만은 이렇게 덧붙였다.

점점 더 분명해지는 것은…교육자가 학생을 가르치고 이끄는 일에 개인적, 영적, 감정적 차원을 포함해야 한다는 개념을 받아들이고 있다는 것이다. 파커 파머Parker Palmer(1998, 2004)와 마가렛 휘틀리Margaret Wheatley(2006), 리 볼멘Lee Bolman과 터렌스 딜Terrence Deal(2001), 앤디 하그리브즈Andy Hargreaves와 마이클 풀란Michael Fullan(1998)의 최근 저작들이 누리는 인기를 보면 이 점은 더 분명하다. 이들 중 다수는 교사의 내적인 삶에 관심을 기울일 정도로 직업의식이 발전된 것을 긍정적으로 평가한다. 또한, 교육 잡지는 훌륭한 가르침을 위해 온 마음을 다하는 태도의 중요성을 다룬 특별 기사를 집중적으로 싣고 있다. 예를 들어, 1999년 발간된 〈교육 리더십(Educational Leadership)〉 1월호는 교육에서의 영성에 초점을 맞춘 결과, 재인쇄 요청이 가장 많은 호수로 기록되었다.[11]

나는 〈교육 리더십〉 1월호 주요 에세이의 저자로서, 교육에서의 영성이라는 주제와 그 주제를 치우침 없이 다룬 편집자의 태도가 많은 이의 공감을 얻었다는 것을 지금껏 받아온 논평들을 근거로 증명할 수 있다.[12]

제도적인 변화에 관한 사례 연구

학회가 열리고, 연구가 진행되고, 논문과 기사와 책이 널리 알려졌다는 것은 운동이 일어나고 있다는 뚜렷한 증거이다. 그러나 가장 강력한 증거는 리더(지위가 있든 없든, 제도권 안이든 밖이든)들이 제도권의 변화를 촉구할 수 있을 만큼 영향력을 얻었다는 사실이다. 《가르칠 수 있는 용기》가 출간된 후 10년 동안 나는 크고 작은 사례를 많이 보았다. 다음은 그중 큰 규모의 사례이다.

2000년 6월, 나는 의학교육인증협의회(ACGME, Accreditation Council for Graduate Medical Education) 이사이자 의사인 데이비드 리치David Leach의 전화를 받았다. 시카고 지역에 백 명 이상의 직원을 거느린 의학교육인증협의회는, 미국 내에서 진행되는 8천 건 이상의 레지던트 프로그램을 모니터링하고 인증하는 기관이다. 이곳에서는 훈련 과정을 거치는 의사가 최종적으로 의사면허증을 얻기까지 최소 3년간 실무 교육을 받는다.[13]

리치 박사는 내게, ACGME가 레지던트 프로그램의 교육자들과 함께 의료의 전문성을 새롭게 하려고, 다시 말해 인본주의적인 의학을 실현하기 위해 일한다고 했다. 인본주의적 의학이란 다음과 같다.

레지던트는 직업적인 책임감과 강력한 윤리 의식, 다양한 환자를 살필 수 있는 민감성이 있는지 그 능력을 증명해야 한다.

- 존중과 연민, 진실성을 증명한다. 자신의 이익보다는 환자와 사회의 요구에 응답한다. 환자와 사회, 직업에 책임을 다한다. 직업적인

전문성을 꾸준히 계발한다.

- 임상 진료 제공이나 철회, 환자의 정보 보호, 사전 동의, 실무 실습에 적합한 윤리적인 원칙에 책임을 다한다는 사실을 증명한다.
- 환자의 문화, 연령, 성별, 장애 등에 대한 민감성과 대응 능력을 증명한다.[14]

이 정의에서 명확히 알 수 있듯이, 의학적인 전문성은 의사의 내면생활의 질에 크게 의존한다. 존중, 연민, 진실성, 민감성, 이기심의 극복 등과 같은 요인은 기술과는 거리가 멀다. 이런 요인은 사람들이 자기 삶의 내면 풍경 속에서 머물기로 선택할 수 있는(그곳에 이르는 방법을 안다면) 일종의 장소들이다.

리치 박사는 직원들과 이사회가 함께 《가르칠 수 있는 용기》를 공부했고, 1998년 의료개선협회(Institute for Healthcare Improvement)의 전국 학회에서 내가 한 강연까지 함께 청강했다고 한다. 그 학회에서 나는 의료 개혁과 연관 지어 사회 변화를 위한 운동 모델을 탐색했다.[15] 또한 그의 말에 따르면, 그들은 '용기와 쇄신 센터'가 '영혼과 역할을 재결합'시킬 수 있도록 공립학교 교육자를 돕고 있다는 사실도 알고 있었다.[16]

리치 박사는 우리의 작업이 레지던트와 그들을 이끄는 교사가 확신(교사가 레지던트를 정식 의사가 되도록 이끌어 준다는)을 가지고 서로 신뢰하도록 도움으로써, 전문성에 관한 자신들의 안건을 지지해 줄 것으로 믿었다. 실제로 그들은 이 모든 것을 위한 계획이 있었고, 나와 내 동료들이 그 계획에 참여하기를 바랐다. 자신들의 계획을 설명하고 내 질문에 답한 후, 그는 내게 공동작업에 관심이 있는지 물었다.

'글쎄, 어디 보자.' 나는 속으로 생각했다. 여기 자애롭고, 훌륭하고, 능력 있는 의학 교육의 리더가 한 명 있다. 그의 조직은 의학 교육의 핵심적인 부분에 영향력을 행사할 수 있다. 그와 직원들, 이사회는 우리 일을 이해하고 있고, 그들의 재원으로 지원할 수 있는 현실적인 계획까지 세워 둔 상태이다. 그 계획은 그들의 안건을 우리의 안건과 연결해 줄 것이다. 이 계획은 과연 시간과 에너지를 들일 가치가 있을까?

이 복잡한 문제를 잠깐 숙고한 후, 나는 리치 박사에게 "되도록 빨리 시작할 수 있을까요?"라고 거의 소리 지르듯이 물었다. 그 대화 이후 나에게는 직업적인 인간관계이면서 우정이랄 수 있는 것이 생겨났고, 이 우정은 직장생활과 사생활을 통틀어 내게 가장 귀중한 것이 되었다.

이제 실행된 지 6년이 지난 ACGME의 계획은 단순함과 천재성을 겸비한 계획안이었다. 2002년 이후 해마다 ACGME는 탁월한 성과를 낸 레지던트 프로그램 지도자 10명에게 '가르칠 수 있는 용기 상'을 수여했다. 이들은 교사로, 지도자로, 선배로, 부모로, 엄하게 꾸짖는 감독관으로 자신의 역할을 훌륭하게 해냈으며, 수많은 다른 분야의 감독자에게 모범이 될 만큼 프로그램을 성공적으로 진행했다. 이 지도자들이 운영한 프로그램은 학생들에게 의학적 전문성을 모범적으로 보여 주었다.[17]

이 상의 후보는 ACGME 공동체에 속한 모든 구성원이 추천한다. 직원들이 선별 과정을 거친 후, ACGME 이사회가 10명의 수상자를 선정하면, 그들의 이름을 협회 회보에 싣는다. 이후 수상자는 시카고에서 열리는 연회에서 축하받은 후, '가르칠 수 있는 용기' 수련회에 참석한다. 이 수련회의 지도부는 '용기와 쇄신 센터'에서 훈련받은 의사로 구성된다. 각각의 수련회와 전국 ACGME 모임에서는 예전 수상자와 올해 수상자가 한데 모여 이 운동에 불을 지피는 대화를 이어간다.

나는 수많은 '올해의 스승 상' 프로그램을 보았다. 대개 그런 프로그램은 훌륭한 교육자에게 그들이 받아 마땅한 찬사를 보내지만, 제도적인 영향력은 없거나 미미하다. 그러나 ACGME의 수상 프로그램은 다르다. 그 프로그램의 궁극적인 목적은 단순히 해마다 10명의 의료 교육자에게 경의를 표하는 것이 아니다. ACGME는 레지던트 교육이 변화하는 것을 돕기 위해 이 수상 프로그램을 의학적 전문성에 관한 심도 있는 대화의 장으로 활용한다.

이 인증협의회는 '가르칠 수 있는 용기 상' 프로그램을 통해 새로운 인증 기준을 확립하기 위한 지지를 모은다. 새로운 인증 기준이 확립된다면 8천여 개에 이르는 레지던트 프로그램은 의료 전문성의 새로운 표준을 받아들여야 할 것이다. ACGME 이사회 의장은 2002~2003년 연간 보고서에 이렇게 썼다. "우리의 모든 작업은 리치 박사가 이름 붙인 '미래의 인증 시스템'을 향해 나아가려고 한다. 그 새로운 인증 체계는 과정보다 결과를 훨씬 더 중시한다."[18]

(여기서 '결과'란 학생이 갖춘 전문가적인 자질을 말한다. 교육 인증 제도는 너무 오랫동안 개설된 강좌 수, 박사학위를 받은 교수의 비율, 도서관의 장서 수와 같은 교육의 '과정'에만 초점을 맞추었다. 마치 학교가 학생에게 제공한 것이 졸업생의 자질을 나타내는 것처럼 말이다.)

ACGME의 사례를 언급한 것은, 교육에서 내면생활의 문제에 관심을 갖는 것이 제도 개혁에 동력을 공급할 수 있다는 증거를 제시하기 위해서였다. 데이비드 리치와 그 동료들은, 의과 대학생을 가르치는 교수가 자기 삶의 내면 풍경에 참여하지 않는 한, 학생의 내면에 잠재된 전문적인 자질을 끌어낼 수 없다는 사실을 이해했다.

이 이야기를 언급한 이유는 또 있다. 의료 분야는 내게 새로운 영역이지만, 리치 박사나 폴 바탈덴Paul Batalden 박사 같은 현명한 안내자와 함께 탐색하는 동안 새로운 아이디어를 많이 떠올릴 수 있었다.[19] 예를 들면, ACGME와 함께 일하면서 나는 운동 모델의 일반성을 넘어섰으며 (일반성은 추상화라는 장단점이 있다), 내가 '새로운 전문인 교육'이라고 이름 붙인 좀 더 구체적인 안건에 집중할 수 있었다.

우리는 새로운 전문인이 필요하다

2002년 봄, ACGME에서 개최한 첫 번째 '가르칠 수 있는 용기' 수련회에서, 우리는 장기 기증자에게 피치 못할 죽음을 안긴 의료 과실 사례를 함께 탐색했다. 그 죽음은 레지던트 의사의 대응 또는 무대응과 연관되어 있기에 레지던트 교육의 실패로도 해석할 수 있다.

이 사례는 의료계에만 적용되는 사항으로 가득하지만, 모든 전문직이 처한 위기 상황을 생생하게 보여 준다. '의료와 교육에서부터 행정과 법률에 이르기까지, 우리가 몸담고 일하는 바로 그 기관의 제도가 직업적 표준과 개인적 진실성에 가장 큰 위협 요소'라는 사실이다. 그런데도 고등교육은 학생들이 머지않아 맞닥뜨릴 제도적인 조건에 맞서고, 도전하고, 그것을 변화시키는 데에 필요한 아무것도 준비시키지 않는다.

내가 충격적인 임상 사례를 설명하는 동안, 이 내용을 마음에 새기면서 자신의 영역에서 발생한 비슷한 일을 떠올려 보기 바란다.

2002년 1월 10일, 건강한 57세 남성이 간 기증 절차를 밟았다. 퇴행성 간 질환을 앓는 54세 남동생에게 간을 이식하기 위해 그의 오른쪽 간 60퍼센트를 성공적으로 절제했다.

특별할 것 없는 이식 절차가 끝난 후, 간을 기증한 환자는 수술 첫날을 잘 견디는 듯했다. 그러나 둘째 날 저녁부터 비정상적으로 심박수가 빨라지는 약간의 심계 항진 증상을 보였다. 셋째 날 아침, 그는 딸꾹질을 하기 시작했고 구역질이 난다고 호소해 약을 처방받았다. 하지만 그날 늦게부터 갈색 액체를 토하기 시작했고, 혈중 산소 농도가 부족한 산소 불포화 상태가 되어 마스크로 산소를 100퍼센트 공급받아야 했다. 그는…수술 삼일 후에 사망선고를 받았다.[20]

3개월 후, 주 정부의 보건위원회는 다음과 같은 내용의 사건 보고서를 제출했다. '병원은 환자가 중대하고 위험한 수술을 받았는데도 수술 후 간병 과정을 제대로 된 감독 없이 과중한 업무에 시달리는 낮은 연차의 의료진에게 맡겼다. 레지던트 의사의 간병 관리는 지나치게 허술하고 한심할 정도였고, 결국 끔찍한 결과를 초래했다.'[21]

나는 그 병원과 부적절한 의료진, 경험이 부족한 레지던트, 느슨한 감독관 모두 비난받아 마땅하다고 확신한다. 이런 시스템의 문제를 인식하고 고치는 것이 중요하다는 것도 의심하지 않는다. 그러나 나는 그 누구의 이름도 공개하지 않은 이 보고서의 추상적이고 비인간적인 본질에 충격받았다. 이 분석 보고서는 사람이 아니라 병원, 의료진, 경험 부족, 감독관 같은 명사에 책임을 돌리고 있었다.

시스템 분석만이 이런 재앙에 접근하는 유일한 방법일 때, 체제 유지라는 조직의 논리가 사랑과 의무라는 인간 마음의 논리를 압도한다. 이렇게 되면 시스템 분석은 우리 문화 안에 있는 연민과 책임감, 용기를 끊임없이 위축시킬 수밖에 없다.

이 사례를 읽으며 인간적인 관점에서 바라보려 애쓴 동안, 두 가지 세부 사항이 내 눈을 사로잡았다. 첫째, 기증자가 사망할 무렵, 장기 이식 병원에서 일한 경험이 12일밖에 안 된 레지던트는 기증자가 심각한 증상을 보인 3시간 동안 혼자서 다른 34명의 중증 환자까지 돌보도록 방치되었다. 분명 그 레지던트는 환자를 충분히 보살필 수 없었을 것이다. 훗날 그녀는 "너무 많은 환자를 돌봐야 한다는 책임감에 '압도되어' 어쩔 줄 몰랐다"라고 당시의 심경을 토로했다.[22]

둘째, 기증자의 아내는 수술이 끝난 후에도 남편을 간호하면서 계속 병원에 남아 있었다. 남편의 마지막 순간을 설명하는 그녀의 이야기를 듣자면 가슴이 찢어지는 듯하다. "저는 남편이 2시간 넘게 피를 토하다가 기도가 막혀 숨을 거두는 동안…옆에서 지켜보기만 했습니다. 남편의 상태가 안 좋다고 호소했지만 아무도 와주지 않았어요."[23]

나는 종종 이 여성과 그녀가 견뎌야 했던 악몽 같은 순간을 생각한다. 아마도 그녀는 여전히 그 악몽에서 벗어나지 못했을 것이다. 또한 나는 그 중요한 시간 동안 동료들에게 버림받은 젊은 레지던트를 생각하면서 그녀에게도 공감한다. 분명 그녀는 자신만의 악몽과 함께 살고 있을 것이다.

이런 파국적인 결말에 대한 도덕적인 반응은 개인적인 공감도 아니고, 뉴욕주 보건 당국이 병원에 부과한 벌금도 아니다. 우리는 대응이나 무대응으로 제도적인 비인간성에 협력하는 대신, 비인간성에 정면으로 맞서도록 레지던트 의사를 교육하려면 어떻게 해야 하는지 물어야 한다. 그 질문에 답을 얻는다면, 우리는 관련된 모든 사람(죽은 남성과 그를 사랑한 가족들, 그의 죽음을 책임져야 하는 의료 전문가 등)이 고통에서 벗어나는 방향으로 한 걸음 더 나아갈 것이다.

이 글의 도입부에 인용한 시에서, 윌리엄 스태포드는 '벌어진 일은 알면서 그 실재는 인식하지 못하는 것, / 나는 그것을 잔인함이라고, 모든 잔인함의 뿌리라고 부르네.'라고 말했다. 그 레지던트는 분명히 자기 주변의 시스템이 붕괴하고 있다는 것을 알았을 것이다. 침대에서 침대로 정신없이 뛰어다니는 동안, 그녀는 환자와 가족 그리고 자신이 치르게 될 인간적인 비용을 어떤 식으로든 인식했을 것이다.

그렇다면 무엇이 그녀에게 권위에 대항해 진실을 말하는 대신 계속 순종적인 역할을 하게 만들었을까? 병원 인력을 증원하기 위해 그녀는 어떤 조치를 할 수 있었을까? 일터에도 불을 피우거나, 경보음을 울리거나, 호루라기를 불거나, 큰소리로 항의하는 것과 같은 행동이 있을까? 윗선에서 잘못된 것은 없는지 물을 때까지 기다리기 전에, 아직 선택의 여지가 남아 있을 때 행동하려면 무엇을 갖춰야 할까?

물론 그 레지던트를 이 시스템의 또 다른 희생자로 볼 수도 있다. 어떻게 보면 그녀는 자신의 경력을 좌우할 수도 있는 상급자들에게 결코 함부로 맞설 수 없는 노리개일 뿐이었다. 이것은 우리가 일터의 도덕적 느슨함에 대해 스스로를 변명하는 방식이다. 그러나 이런 근거만으로 그녀에게 면죄부를 준다면, 우리는 그녀 내면에 자리 잡은 치유자의 마음을 존중할 수 없을 뿐 아니라, 사망자와 그를 잃고 살아가야 하는 그의 가족과 친구들을 존중할 수도 없다.

이 사례에서 실패한 것은 단지 시스템만이 아니었다. 치유자의 마음도 실패했다. 무슨 일이 일어나는지 분명히 알았지만, 그 내면의 실재는 인식하기를 거부한 레지던트의 마음 말이다. 그런데 교육이 변화시킬 수 있는 것은 시스템이 아닌 치유자의 마음이다.

그 레지던트의 마음은 왜 실패했을까? 무엇이 그녀에게 정신없이 바쁜 부하 직원의 역할을 하는 것 말고는 다른 선택지가 없다고 느끼게 만들었을까? 우리는 그녀를 희생자가 아니라 위기의 순간 이전과 이후에 제도권에 도전하고 그것을 변화시키려고 무수히 노력한 도덕적 행위자로 바꿔 생각할 수 있을까?

그렇다면, 마음의 명령을 위협하는 의료계가 처한 현실에서 치유자의 마음과 그 마음에 따를 용기를 지지해 주려면 레지던트 프로그램은 어떻게 바뀌어야 할까? 근본적인 가치를 너무 빈번하게 파괴해 온 제도권에서 학생들이 직업을 준비할 때, 모든 분야와 모든 단계의 교육에서는 이런 질문을 어떻게 다루어야 할까?

개인과 제도권

위에서 언급한 레지던트는 '새로운 전문인'을 교육할 필요성을 보여 주는 첫 번째 사례로 볼 수 있다. 여기서 새로운 전문인이란, 자신의 분야에서 능력을 발휘할 뿐 아니라, 해당 직종의 근본 가치를 위협하는 제도적인 폐단에 저항하고 그것을 변화시킬 수단과 의지까지 가진 사람을 뜻한다.

내가 보기에 새로운 전문인이 필요하지 않은 분야는 단 하나도 없다. 의료 영역이 특별히 주목받는 것은, 그 분야의 제도적 폐단은 죽음이라는 극적인 드라마로까지 이어질 수 있기 때문이다. 대부분의 직업 영역에서도 다른 형태의 죽음은 거의 매일 일어난다.

- 학교가 부유층 자녀를 더 우대하고 가난한 아이들에게 헌신하는 훌륭한 교사를 격려하고 지지하지 않는다면, 가난한 아이들은 삶의

기회를 얻기가 거의 불가능하다.

- 표면적인 정의를 추구하는 의뢰인은 법이 아니라 돈이 최선의 방어라는 것을 알게 되고, 무료 법률 상담에 헌신하고자 하는 변호사는 이런 식으로는 직업을 이어갈 수 없다는 것을 알게 된다.
- 자신의 신앙 공동체가 가난한 이들의 편에 서길 바라는 성직자는, 신도 수와 돈을 더 중시하면서 목회자나 예언자, 사제보다는 최고 경영자가 되라고 압박하는 제도권의 요구에 자신의 목표와 영혼이 왜곡되는 느낌을 받는다.

제도에 맞서고, 도전하고, 일터를 변화시키는 새로운 전문인이 필요하다는 나의 주장 이면에는 두 가지 중요한 사실이 있다.

첫째, 우리 사회의 거대하고 복잡한 기관은 외부의 압력에 점점 더 무감각해진다. 기관들의 이런 태도는 정보력과 조직력을 갖춘 대중의 요구가 변화하는 이례적인 상황에서도 별로 달라지지 않는다. 나는 그 장기 기증자의 아내가 남편이 급속도로 나빠진다고 호소하면서 무관심한 주변 사람들에게 끊임없이 도움을 요청하는 장면이 뇌리에서 떠나질 않는다. 그녀가 일반 대중을 대표한다고 생각해 보자. 의료와 교육, 정부 기관의 실패에 대한 대중들의 아우성은 대체로 무시당하며, 그들에게는 사회 변화를 위해 영향력을 행사하는 데에 필요한 지식도 부족하다. 그리고 그 레지던트와 그녀의 동료들이 변화를 일으킬 수 있는 모든 내부자를 대표한다고 생각해 보자. 그들은 변화를 위해 영향력을 행사하는 데에 필요한 기술과 의지가 있다.

나는 지금 더 많은 의사와 교사, 변호사, 회계사가 변화를 지지하면 대중들은 안심할 수 있다고 말하는 것이 아니다. 그런 역할을 할 수 있고,

하고자 하는 전문가는 항상 소수에 그치기 때문이다. 변화에 대한 의지가 대개 낮은 수준에 머물고 마는 것은, 보복을 두려워하거나 과도한 업무로 시간이 부족하고 변화를 옹호할 에너지가 고갈되어 버렸기 때문이다. 그래서 권력 앞에서 진실을 말할 수 있는, 주의 깊게 지켜보는 대중은 언제나 필요하다.

대중이 자신들의 목표를 성취하기 위해 전문가가 필요한 것처럼, 목소리를 내고자 하는 전문가들 역시 대중의 지지가 필요하다. 대중이 너무 느긋하게 체념하는 요즘 같은 시대에(우리 사회가 부분적으로 점점 권력을 통해 일반 대중의 삶을 위협하거나 침해하고 있기 때문이다.) 대중이 필요한 내부 혁신자의 존재는 희미해져 가는 시민의식을 되살리는 데에 큰 도움이 된다.

새로운 전문인이 필요하다는 나의 주장 이면의 두 번째 사실은 전략적이기보다는 철학적인 것으로, 첫 번째만큼이나 중요하다.

모든 직업의식의 핵심에는 그 직업의 임무와 제도적인 조직을 절대 혼동해서는 안 된다는 암묵적 동의가 있다. 학교가 있다는 것이 곧 교육의 실현을 뜻하는 것은 아니고, 병원이 곧 의료 서비스의 실현을 뜻하는 것은 아니며, 법정이 곧 정의의 실현을 뜻하는 것도 아니다. 또한 교회와 유대교 회당, 이슬람 사원이 있다고 해서 우리에게 믿음이 있다고 할 수도 없다.[24]

이런 상징 붕괴 현상은 냉소적인 구경꾼들이 아니라 그 직업의 뿌리에서 나온 것이다. 예를 들어 교회의 경우, 성직자들은 '우리가 이 보배를 질그릇에 가졌으니(고린도후서 4:5)'라는 구절을 2천 년 동안 마음에 새겨 왔다. 여기서 보배는 믿음을 상징한다. 그리고 질그릇은 무엇보다도 그 믿음을 성문화하고, 보여주며, 전파하는 기능을 가진 제도적인 교회를 상징한다.

질그릇이 보배를 왜곡하거나 모호하게 할 때, 전문직 종사자의 가장 큰 소명은 그 점토의 모양을 바로잡는 것이다. 그러나 다른 분야의 직업들이 보배의 세속적인 등가물을 망각한 것처럼, 교회를 이끄는 성직자들 역시 자신들의 이런 소명을 너무 자주 망각해 왔다. 질그릇은 그 자체가 목적이 되었고, 내용물을 무엇으로 대체하든 질그릇을 보호하는 일이 질그릇이 전달하고자 한 핵심 가치를 보전하는 것보다 훨씬 중요해졌다.

우리는 제도권 안에 있으면서도 거기에 종속되지는 않는 전문인이 필요하다. 자기 분야의 핵심 가치에 대한 그들의 충성심은 그 가치를 거스르는 제도적 폐단에 대항하도록 그들을 일깨울 것이다.

새로운 전문인을 위한 교육

새로운 전문인을 위한 교육은 과연 어떤 모습이어야 할까? 우리의 삶을 지배하는 제도에 도전하고 그것을 변화시킬 수 있는 교사와 변호사, 의사, 성직자가 되도록(부모, 이웃, 시민은 말할 것도 없고) 모든 학년을 교육하려면 무엇을 어떻게 해야 할까?

나는 이 책의 정신에 충실하기 위해서라도 조직적인 개선 전략을 탐색하지는 않을 것이다. 물론 그런 지식은 가치가 있지만, 나의 가장 큰 관심사인 '내면의 풍경'이라는 문제에 비하면 이차적인 것이다. 내면의 풍경과 관련된 문제는 다음과 같은 의문을 제기한다. '사람들이 너무 자주 낙담하는 환경에서 어떻게 교육해야 전문인들이 의욕을 잃지 않을 수 있을까?', '전문인들이 급여와 정체성을 제공하는 기성 제도에 맞서

거나 대항하도록 도울 수 있는 것은 무엇일까?'

나는 새로운 전문인을 위한 교육과 관련해 다음과 같은 다섯 가지 야심 찬 제안을 하고자 한다.

1. 우리는 제도가 우리 삶에 절대적이고 심지어는 결정적인 권한을 갖는다는 신화를 깨도록 학생들을 도와야 한다.
2. 우리는 학생들의 지성뿐 아니라 감성 또한 높이 평가해야 한다.
3. 우리는 학생들에게 지식을 얻으려면 어떻게 자신의 감정을 '살펴야' 하는지 가르쳐야 한다.
4. 우리는 학생들에게 인식과 행동 모두를 위한 공동체를 일구는 법을 가르쳐야 한다.
5. 우리는 학생들에게 '분열되지 않는 삶'을 향한 여정이 무엇인지 가르치고, 스스로 그런 삶의 모델이 되어야 한다.

지금부터 이 항목들을 하나씩 설명해 보겠다.

1. 우리는 제도가 마치 우리를 무력하게 만드는 절대적인 힘이 있으며, 우리와는 무관하고, 우리를 강제한다는 신화(대체로 무의식적이고 완전히 잘못된 것이다)를 학생들이 조사하고, 검토하고, 폭로할 수 있도록 도와주어야 한다.

어느 모로 보나 지구상에서 가장 힘 있는 사람들인 전문가는, 자신의 전문가답지 못한 행동을 변명하기 위해 '악마(상사, 규칙, 강압 등)가 나를 그렇게 만들었다'라며 희생자 역할을 자처하는 나쁜 습관이 있다. 우리가 이렇게 행동하는 것은 값싼 윤리적 면죄부를 얻을 수 있어서이기도

하지만, 그렇게 생각하도록 길들었기 때문이다.

우리 문화는 은연중에 제도권을 우리와 동떨어진, 우리가 영향력을 거의 행사할 수 없는 힘으로 묘사한다. 거스르려 하다가는 다칠 수도 있고, 제도권에 책임을 추궁하다가 굴욕이나 명예 훼손, 좌천, 멸시 등과 같은 대가를 치러야 할지도 모른다. 그러나 7장에서 언급했듯이, 우리가 치르는 가장 큰 대가는 밖이 아닌 안에서 일어난다. 자신의 진실성을 거스르는 것, 자신의 가장 깊은 신념과 소명에 따라 살지 못하는 것이다.

제도권이 우리 삶을 통제하는 범위는 우리 내면에서 무엇을 가장 가치 있게 여기는지에 달렸다. 이러한 제도는 우리 외부에 있거나 우리를 압박하지도 않으며, 우리와 분리되거나 이질적인 것도 아니다. 사실, 제도는 우리 자신이다! 제도가 우리의 윤리적인 삶에 드리우는 그림자는 개인적 또는 집단적인 내면의 그림자가 밖으로 표출된 것이다. 제도가 경직되어 있다면, 우리가 변화를 두려워하기 때문이다. 제도가 경쟁적이라면, 우리가 이기는 것을 그 무엇보다도 가치 있게 여기기 때문이다. 제도가 인간적인 요구를 소홀히 한다면, 우리 내면의 무언가가 무관심한 태도를 보이기 때문이다.

우리가 조금이라도 제도를 역동적으로 창조하는 데에 책임을 느낀다면, 우리는 그것을 변화시킬 힘이 어느 정도 있는 것이다. 새로운 전문인을 위한 교육은, 학생들이 제도적인 병폐를 함께 창조하고 재창조하는 수많은 방식을 이해하고 책임지도록 도와줄 것이다. 2장에서 두려움이라는 그림자를 해부했듯이, 그런 교육은 자신의 그림자를 확인하고 점검하도록 우리를 자극할 것이다. 오직 우리가 자신의 그림자에 이름을 붙이고 인정한 뒤, 우리가 창조한 그 어둠을 책임지려 할 때만, '우리 본성의 보다 선한 천사들', 즉 개인과 제도를 모두 더 인간적으로 만드는 내면의 빛의 원천을 일깨울 수 있다.

사회를 변화시키고자 했던 위대한 운동을 생각해 보라. 미국의 흑인 해방운동, 체코슬로바키아의 벨벳혁명, 남아프리카공화국의 인종차별 폐지 운동, 세계 전역에서 일어난 여성 해방운동 등등. 이 운동들은 외적인 힘을 모두 박탈당한 사람들이 생명력을 불어넣었다. 겉으로는 아무 힘도 없어 보이는 사람들이 인간의 마음속에 있는, 그래서 아무도 빼앗을 수 없는 힘으로 거대한 바윗덩어리를 움직였다.

새로운 전문인은 인간의 역사에서 종종 간과한 부분을 알게 될 것이다. 또한 인간의 마음이 가진 역동성과, '아무 힘도 없는' 인간이 내면의 힘을 활용해 제도와 세상을 변화시킨 놀라운 방식도 알게 될 것이다.

2. 새로운 전문인을 교육하고자 한다면, 학생의 정서 지능을 인지 지능 만큼이나 진지하게 받아들여야 한다.[25]

우리가 무의식적으로 실제로 지닌 것보다 더 많은 힘을 제도권에 부여하는 이유는, 우리 문화의 은폐된 교육 체계에 영향을 받았기 때문이다. 그러나 감정은 의식적으로 덜 존중하는데, 이는 우리가 노골적인 교육 체계를 통해 그렇게 교육받았기 때문이다. '감정을 내보이지 말아라', '남에게 자기 패를 보이지 말아라'와 같은 말은 메시지가 단순하다. '안전하길 바란다면 남들 앞에서 감정을 숨겨야 한다'라는 것이다. 관습적인 교육은 객관적인 지식을 위해 주관성을 억눌러 이런 속담을 철학적인 진리의 수준으로까지 올려놓았다.

그러나 철학자들은 인간의 주관성과 객관적 지식 사이에 반드시 갈등이 있어야 하는 것은 아니라고 한다. 이 책의 초반에서부터 거듭 주장했듯이, 실제로 지식은 내면과 외부의 복잡한 상호작용에서 생긴다. 그리고 상식은 우리에게 말한다. 로사 파크스, 바츨라프 하벨, 도로시 데이Dorothy Day, 넬슨 만델라Nelson Mandela 등 '오직' 감정을 스스럼없이 드러낸 사람들만이 긍정적인 사회 변화의 역사를 썼다고 말이다. 자신의 감정을 명명하고, 주장하고, 집중하는 능력을 갖춘 이들은 행동을 구체화할 뿐 아니라, 수백만 명을 자신들의 대의에 끌어들였다.

그러므로 새로운 전문인을 위한 교육은 전문가가 되기 위해 학생들이 자신의 감정을 억눌러야 한다는 학계의 주장을 뒤집는 것이다. 이 교육은 학생들이 자신의 감정, 특히 두려움, 화, 죄책감, 슬픔, 번 아웃 등 고통스러운 감정을 존중하고 돌볼 수 있게 도와줄 것이다. 학생들은 자신의 감정과 자신이 하는 일, 함께 일하는 사람들, 제도적인 환경, 자신이 살아가는 세상 등을 탐색하는 법을 배울 것이다. 그들은 고통스러운 감정이 개인적 나약함의 신호나 수치심의 원천도 아니며, 앎과 노동과 삶이라는 복합적인 도전과 무관하지 않다는 사실도 배울 것이다.

죽음을 맞은 장기 기증자의 사례에서, 1년 차 레지던트는 '압도당한' 기분이었다고 조사위원회에 진술했다. 그러나 그 감정을 행동으로 전환하지 않고, 자신을 마비시키고 얼어붙게 만들도록 내버려 두었다. 새로운 전문인을 위한 교육은 정서적 거리 두기가 생존 전략이라고 가르치지 않을 것이다. 학생들이 제도에 도전하고 제도를 변화시키는 에너지의 원천인 감정에 세심하게 주의를 기울이도록 가르칠 것이다.

학자들은 종종 감정에 호소하는 방식을 '오글거리는' 것으로 무시하곤 한다. 그렇게 경멸하면 논란이 가라앉을 것으로 생각하는 것 같다. 그러나 반세기에 걸친 교육학 연구는 훌륭한 교수법에 감정에 대한 관심이 필요하다는 개념을 거듭 입증했다. 학자들은 감정이 아니라 객관적인 사실을 통해 학문하는 것을 자랑스러워 한다. 그런데 이 연구가 밝힌 사실이 자신들을 감정적 안전지대 밖으로 내몬다는 이유로 방대한 양의 연구를 태연하게 무시한다면, 그보다 더 《이상한 나라의 엘리스》 같은 일이 어디 있겠는가!

이런 논란과 관련한 예로, 수학교육을 한번 살펴보자. 오래전부터 여성이 수학을 잘 못하는 것은 '그들의 두뇌 구조가 남성과 다르기 때문'이라고 가정했다. 그런데 새로운 세대의 교육자들은 다르게 말했다. "여러분, 이건 정말 간단한 문제입니다! 여성이 수학을 잘 못하는 건 어려서부터 '여자아이들은 수학을 잘 못한다'라는 말을 들었기 때문입니다. 그래서 두려움으로 정신이 마비된 채 교실에 들어서는 거죠. 여성의 감정을 다루어 그들의 지성을 해방한다면, 여성도 남성만큼 수학을 잘하게 될 것입니다."[26]

이런 논의는 지금도 진행 중이며, 많은 수학 교사와 일부 과학 교사는 정신뿐 아니라 감정에도 관심을 기울이기 시작했다. 그러나 다른 학문에서는 지성을 마비시키거나 자유롭게 하는 감정의 능력에 대한 관심을 고르게 유지하지 못했다. 게다가 나는 두려움과 같은 감정이 정신뿐 아니라 의지까지 마비시켜, 새로운 전문인의 특징이라고 할 수 있는 변화의 리더십에 부정적인 영향을 미칠 수도 있다는 사실에 진지하게 관심을 갖는 학문 분야를 아직 보지 못했다.

감정 속에 들어 있는 사실들

———

3. 나의 세 번째 제안은 정서 지능에 내재한 지성을 진지하게 받아들이기 시작해야 한다는 것이다. 우리는 배움과 리더십 모두를 활성화하는

감정의 힘을 인정하고 활용하는 것 이상의 일을 해야 한다. 학생들이 잘 배우고 잘 이끌길 바란다면, 그들이 앎을 위해 자신의 감정을 '발굴'하는 기술을 개발하도록 도와주어야 한다.

대개 학술 문화는 단 두 가지 지식의 원천만을 존중한다. 경험적 관찰과 논리적 추론이다. 그러나 우리는 과학만으로 살 수 없다. 생존하고 번영하려면 감정에 내재한 지식에도 의존해야 한다. 사실, 과학 자체는 검증할 수 있는 가설에 근거한 예감과 직관, 육감에서 시작한다. 그리고 어떤 분야든(기술적인 분야일지라도) 일을 훌륭하게 해내는 사람은 자신이 알고자 하는 모든 것을 자료 뭉치나 인지적 구성물에서 찾을 수 없다는 사실을 이해한다. 훌륭한 교사, 법률가, 의사, 지도자는 과학 못지않게 예술적인 것도 자기 일에 끌어들인다. 예술은 어느 정도 우리의 지성으로는 닿을 수 없는 정서적인 앎에 뿌리를 두고 있다.

그러나 대부분의 고등교육은 '감정은 객관성의 적이므로 억눌러야 한다'라는 기본 전제가 있다. 그 결과, 교육받은 사람들은 사적인 생활에서는 감정을 인정하지만 직업적인 생활에서는 위험한 것으로 간주하면서 감정을 구분한다. 전문가는 언제나 상황을 완전히 장악해야 하기에(우리 문화의 신화는 그렇게 말한다), 우리는 감정을 너무 깊이 느껴 통제력을 잃을까 봐 두려워한다.

그래서 기존의 교육은 우리의 감정에서 일과 관련된 정보를 끌어내는 능력은 물론, 그와 관련된 경험조차 제대로 제공하지 못한다. 35명의 중증 환자와 함께 홀로 남겨졌을 때 '압도당한' 기분이었다고 고백한 그 레지던트는, 아마 자신의 감정을 개인적 실패의 신호로 받아들였을 것이다. 그리고 이 좌절감은 그녀를 죄책감과 공포, 마비 등의 상태로 몰아넣었을 것이다. 물론, 그런 감정은 실패의 신호일 수도 있다. 그러나 이 경우, 그 레지던트의 감정 속에는 분명 자신의 한계에 대한 지식뿐 아니라 병원 환경의 기능적 장애에 대한 지식도 있었을 것이다.

"그래서 어쩌란 말인가?" 사적인 감정을 공적인 문제 제기로 전환하는 능력이 사회적 변화를 열망하는 모든 운동의 추진력이었다는 사실을 깨닫기 전에는, 아마도 이런 반응이 위의 상황에 대한 합리적인 반응일 것이다.

예를 들어, 프로이트에서 페미니즘에 이르는 여정이라는 특징을 가진 여성운동을 보자. 19세기 말에서 20세기로 넘어갈 무렵, 고립감이나 소외감, '광기' 등과 같은 여성의 감정은 개인적인 병리 현상으로 간주했다. 치료받을 여건이 되는 환자가 병원이라는 제분소에 공급하는 일종의 곡물에 불과했던 것이다. 그러나 이런 감정이 병든 정신이 아니라 성차별이라는 사회적인 문제를 드러낸다는 사실을 여성들이 이해하기 시작했을 때, 진정한 치료법은 사회가 변할 수 있도록 선동하는 데에 있다는 것이 명확해졌다.

'미친 듯한(바보가 된 것 같은, 두려운, 압도된) 기분이 들어요. 제가 뭔가 잘못된 것이 틀림없어요'라는 말을 '미친 듯한 기분이 들어요. 제가 몸담은 제도권이나 사회가 뭔가 잘못된 것이 틀림없어요'라고 번역하면, 우리는 감정에서 정보와 에너지를 끌어낼 수 있다. 새로운 전문인이라면 감정을 거부하거나 그것에 지배당하지 말고, 감정을 명명하고 주장하는 법을 알아야 한다. 즉, 감정을 현실에 반영할 수 있는지, 반영한다면 어떻게 할 수 있는지 식별해야 한다. 그리고 이런 감정이 구체적인 행동으로 이어지도록 요구해야 하고, 감정을 탐구해 사회를 바꾸는 전략의 실마리를 얻어야 한다.

물론, 모든 개인적인 감정이 세상에 관한 지식을 제공하는 것은 아니다. 그중 일부는 정말로 사회적 병리가 아닌 개인적 병리의 반영일 뿐이다. 진리를 위해 감정을 발굴하는 일은 감각과 지성을 발굴하는 일만큼이나 많은 훈련이 필요하다. 그리고 그 훈련의 핵심은 공동체 속에서 동료들과 함께 정보를 선별하는 과정이다.

4. 그래서 새로운 전문인을 교육하는 것과 관련한 네 번째 제안은, 학생들에게 통찰력 있는 공동체를 형성하는 데에 필요한 지식과 기술, 감수성을 제공해야 한다는 것이다. 지식을 얻기 위해 감정을 알아갈 때도 관찰력과 사고력을 끌어낼 때와 같은 훈련이 필요하다. 즉, 진정한 문제에서 허울뿐인 문제를 가려낼 공동의 분류 및 선별 작업을 거쳐야 한다.

정보의 출처가 무엇이든 핵심 질문은 항상 같다. '내가 안다고 주장하는 것 중 다른 사람의 관점에서 확인할 수 있는 것은 얼마나 되며, 나의 주관적인 투사에 해당하는 것은 얼마나 되는가?'라는 질문이다. 체계적인 집단 성찰 과정은, 장기적인 문제를 다루는 팀이든 위기 상황을 평가하는 두 사람이든 우리의 환경을 밝히는 감정과 우리의 그림자를 드러내는 감정을 구분할 수 있게 한다. 두 유형의 지식 모두 가치가 있지만, 그들은 완전히 다른 형태의 반응을 불러일으킨다.

안타깝게도, 새로운 전문인 교육에서 사실뿐 아니라 감정도 다루어야 한다고 하면, 많은 교사가 "저는 생물학자(또는 사회학자나 철학자)이지 심리치료사가 아닙니다. 그러니 제게 심리치료사가 되라고 요구하지 마세요"라고 말할 것이다.

나는 그런 요구를 하는 것이 아니다. 아마추어가 하는 심리치료는 심리적인 폭력과 같은 위험한 방식이다. 그러나 능숙한 교사가 이끄는 체계적인 집단 성찰은, 감정을 포함한 모든 종류의 데이터에서 정보를 끌어내는, 믿을 만한 방법이다. 그리고 이런 형태의 성찰에 능숙해질수록, 우리는 자신의 감정을 더 정확하게 읽을 수 있다. 이런 능력은 궁지에 몰린 레지던트의 사례처럼 집단을 불러 모을 시간이 없을 때 특히 큰 도움이 된다.

그렇다면 감정에 내재한 지성을 발견할 수 있게 돕는 대화 훈련은 과연 어떤 것일까? 나는 이 질문을 《다시 집으로 가는 길(A Hidden Wholeness: The Journey Toward an Undivide Life)》이라는 책에서 다루었다. 이 책에서 나는 '신뢰의 모임'을 형성하는 원칙과 방법을 자세히 설명했는데, '신뢰의 모임'이란 깊고 어려운 배움을 도와주는 인간관계 유형에 내가 붙인 이름이다.[27]

새로운 전문인을 양성하고자 할 때 학생들에게 공동체를 형성하는 법을 가르쳐야 하는 이유는 선별 작업 말고도 하나가 더 있다. 사회 변화를 위한 모든 진지한 노력은, 변화 과정에서 서로를 지지하고, 변화에 필요한 집단적 힘을 불러일으키는 사람들의 공동체가 필요하다. 이것이 내가 7장에서 언급한 '일치의 공동체'이다. 일치의 공동체는 개인이 '더 이상 분열되지 않는 삶'에서 비롯한 상처받기 쉬운 취약성을 느끼고, 그런 삶을 계속해 나갈 용기를 되찾으려는 사회운동의 두 번째 단계에서 나타난다.

5. 이는 새로운 전문인을 교육하는 것에 관한 다섯 번째이자 마지막 제안으로 나를 이끈다. 우리는 분열되지 않는 삶이란 문제를 항상 가슴에 품은 채 살아가고 일하는 것이 어떤 의미인지 이해할 수 있게 학생들을 도와야 한다.

이 말은 그 질문과 함께 살아가는 우리의 삶과 일이 어떤 것인지 멘토로서 보여 주어야 한다는 뜻이다. 그렇다고 해서 우리가 가르치기 전에 먼저 분열되지 않는 삶을 성취해야 한다는 뜻은 아니다. 만약 그렇다면, 극소수의 사람들만 자격이 있을 테고, 그중에는 내가 포함되지 않을 수도 있다! 그러나 불완전한 세상에서 살아가는 불완전한 사람으로서, 나는 학생들에게 내 삶을 통해 다음과 같은 질문이 어떤 의미인지 보여 줄 수 있다. 나를 이 일로 이끈 열정과 헌신을 계속 유지하면서, 이 직업의 가장 깊은 가치에 충실하도록 나와 동료, 직장을 독려하려면 어떻게 해야 할까?

이 질문과 함께 살아가다 보면 성취감이나 좌절, 배신(타인 또는 자신의)을 경험하기도 한다. 오랜 시간 동안, 그 질문은 이 모든 것과 그 이상의 경험을 끌어들일 것이다. 학생들은 선배인 우리가 자신의 직업이나 정체성, 진실성을 포기하지 않고 이 운명의 장난에 어떻게 대처해 왔는지 알아야 한다. 그리고 모든 사람이 그렇듯, 우리가 실패하고 무너졌을 때 어떻게 다시 일어섰는지도 알아야 한다.

또한 새로운 전문인으로 산다는 것이 어떤 의미인지 모범을 보이려면, 우리는 학생들에게 비판과 도전 그리고 변화의 길을 열어 주는 학술 프로그램을 새롭게 만들어 내야 한다. 우리는 학생들이 언제 어디서든 변화를 이끌 수 있도록 도와주는 교과 과정을 제공할 수 있다. 그러나 그 프로그램이 '우리를 방해하지 말라!'라는 전제를 깔고 있다면, 학생들이 배우는 교훈은 '입을 다물면 안전하다'라는 것뿐이다. 이런 수업은 새로운 전문인이 해결해야 할 문제를 되풀이하는 것이다.

학생들이 교육의 수동적인 수혜자로 몇 년을 보낸다면, 일터에서도 똑같이 수동적인 태도를 보이지 않을까. 그들이 학교에서 배운 것은 입을 다무는 것이 가장 안전하다는 것이다. 그러나 그들은 잘못된 것에 도전하기 위해 입을 여는 것이 가장 건강한 방법이라는 사실은 배우지 못했다. 우리가 가르치지 않았기 때문이다.

새로운 전문인을 위한 교육은 질문을 통해 그들이 참여하는 프로그램을 개선하게 하는 식으로, 학생들에게 감정을 지식과 행동으로 전환할 기회를 실시간으로 제공할 것이다. 오해 없기 바란다. 나는 해마다 예정된 학생봉기 같은 것을 말하는 것이 아니다! 내가 말하고 싶은 것은, 지속적으로 학생들을 초대해 프로그램 자체에 대해 목소리를 내게 하는 학원 문화를 조성해야 한다는 것이다. 이런 문화는 학생의 행동을 벌하기보다 포상할 것이고, 교사와 행정가가 학생의 관심사에 호응하도록 끊임없이 격려할 것이다.

행정 직원과 교사, 학생들이 지속적으로 협력해서 만들어 낸 교육 프로그램은, 학생들의 권한을 인정하지 않는 프로그램보다 새로운 전문인을 배출할 가능성이 훨씬 클 것이다.

글을 마치며

단어의 어원을 추적하면, '전문인(professional)'은 실망스러운 세상 한가운데에서 '믿음의 서약(profession of faith)'을 한 사람을 말한다. 이 단어의 의미는 안타깝게도 수세기가 지나면서 점점 축소되다가 오늘날에는 거의 사라져 버리고 말았다. 이제 '전문인'이란 단어는, 특별한 지식이 있고, 평범한 사람들이 이해하기에는 너무 난해한 문제에 통달했으며, '가치를 매길 수 없다'고 자부하는 교육을 받은 사람을 뜻한다.

'새로운 전문인'이란 개념은 이 단어의 본래 의미를 되살린다. 새로운 전문인이라면 이렇게 말할 수 있어야 한다. '나의 핵심 가치를 강력하게 위협하는 제도권 한가운데에서, 나는 발 딛고 설 수 있는 확고한 지반(자신의 정체성과 진실성과 영혼)을 마련했다. 그곳에서 나는 나와 동료 그리고 나의 일터를 우리의 진정한 사명으로 되돌려 놓을 수 있다.'

변화를 위한 교육은 모든 분야에서 윤리적인 자율성과 그에 따라 행동할 용기가 있고, 지식과 기술을 갖추었으며, 자기 직업에 대한 최고의 가치를 구현하는 전문인을 길러낼 것이다. 그런 교육이 실현될 수 있을까? 물론이다. 가르치는 우리가 새로운 전문인처럼 생각하고 행동한다면 희망이 있다.

여기서 다시 이 장의 도입부에 인용한 윌리엄 스태포드의 '서로를 이해하는 의식'이라는 시를 보자.

벌어진 일은 알면서 그 실재는 인식하지 못하는 것,
나는 그것을 잔인함이라고, 모든 잔인함의 뿌리라고 부르네.
나는 모두가 말하는 소중하고 외딴 장소
어떤 음성을 향해, 그림자 드리워진 무언가를 향해 호소하네.
비록 우리가 서로를 속일 수 있다 하더라도, 사색해야 한다고.
우리가 함께하는 삶의 행진이 어둠 속에서 길을 잃지 않도록.
깨어 있는 사람들이 깨어 있는 것은 중요하거니와
그렇지 않으면 무너진 행렬에 의욕이 꺾여 다시 잠들 것이네.
우리가 전하는 신호(맞다, 아니다, 그럴지도)는 명확해야 하네.
우리를 둘러싼 어둠은 깊기에.

우리가 믿고 싶어 하는 가치가 훼손되고 왜곡되고 파괴될 때, 우리는 직장에서 '무슨 일이 벌어지는지 안다.' 우리는 종종 이 사실에 대해 자신과 다른 사람을 속이려 한다는 것도 안다. 그리고 그 결과로 어둠속에서 홀로 혹은 함께 너무도 많은 시간을 헤맨다는 사실도 안다.

우리를 둘러싼 어둠은 깊다. 그러나 교육자로서 우리에게 주어진 소명과 기회, 힘은 어두운 곳에서 빛을 밝히는 것이다. 모든 분야에 새로운 전문인(진정한 전문인)이 필요한 세상에서 두려움에 찬 '아니오'나 애매모호한 '아마도'로 답하고 싶은 유혹을 뿌리치고, 우리의 삶이 분명하고 진심 어린 태도로 '그래'라고 말할 수 있게 하자.

1983년, 나는《가르침과 배움의 영성(To Know as We Are Known: Education as a Spiritual Journey)》이라는 책을 출간했다. 그 책을 계기로 전국 각지의 다양한 환경에서 근무하는 교사들과 만나 함께 일할 기회가 있었다. 그들은 대학이나 공립학교, 평생 교육 프로그램, 수련 센터, 종교 기관 같은 곳에서 일했고, 기업이나 재단 또는 사회 변화를 위한 모임 등의 학습 기관에 소속된 사람도 있었다.

이 놀라운 교육자들과 함께 대화하는 동안, 나는 두 가지 측면에서《가르침과 배움의 영성》을 능가하는 책을 한번 써보라고 권유받았다. 그 두 가지 중 하나는 '가르침의 실천'에 중점을 둔다는 것이고, 다른 하나는 내가 만난 헌신적인 교사들의 다양한 길에 열려 있는 '내적인 여정'을 깊이 있게 다룬다는 것이다.《가르칠 수 있는 용기》가 바로 그 책인데, 이 길을 가도록 자극해 준 내 영혼의 동료들에게 깊이 감사하고 싶다.

먼저, 내가 수석 고문으로 일하는 '페처연구소'의 소장 로버트 리먼 Robert F. Lehman에게 특별히 감사한다. 일련의 연구 프로젝트들을 통해, 그는 내가 이 책을 완성할 수 있게 배려해 주었다. 게다가 그는 이 책을 있게 한 나의 내적인 여정에서 충실한 동료이기도 했다. 리먼은 내적인 삶과 그것이 외부 세상에 미치는 영향력을 그 누구보다 깊이 이해했다. 그의 통찰과 우정, 지지에 한없는 고마움을 표한다.

페처연구소에서 일하면서 다양한 교육 경험을 쌓았다. 나는 주로 대학과 성인 교육 프로그램에서 가르쳐 왔는데, 이 책에 실린 사례의 대부분은 거기서 왔다. 하지만 1992년에서 1997년 사이 연구소와 함께 교사 양성 프로그램을 만드는 동안, 나는 대학 이전 단계 교사들의 삶을 좀 더 통찰할 수 있었다. 여기서 교사 양성 프로그램이란 공립학교 교사를 위해 2년간 진행하는 쇄신 수련회를 말한다. 현재 그 프로그램은 일리노이, 메릴랜드, 미시간, 남부 캘리포니아, 워싱턴 등에서 진행되며, 이 책이 인쇄 중인 지금, 페처연구소는 프로그램을 더 널리 보급하기 위해 전국 규모의 교사 양성 센터를 추진 중이다.[1]

1994년에서 1996년에 이르기까지, 나는 첫 번째 교사 양성 그룹을 이끌었다. 그 실험이 크게 성공할 수 있도록 도와준 미시간주 공립학교 교사들에게 깊이 감사한다. 매기 애덤스, 잭 벤더, 마크 본드, 로리 보워삭스, 마가렛 엘스, 리처드 파울러, 린다 하멜, 일리노어 헤이워드, 마리안 휴스턴, 캐서린 케네디, 셰리 맥루한, 마이클 페리, 린다 파월, 토니 로스타미, 릭 세라피니, 제럴드 톰슨, 마샤 바인홀트가 그들이다.

또한 교사 양성 프로그램에 더 크고 지속적인 생명력을 부여해 준 이들에게도 감사한다. 주디 브라운, 토니 챔버스, 찰리 글래서, 일리노어 그린슬레이드, 샐리 헤어, 마리안 휴스턴, 마시 잭슨, 릭 잭슨, 미키 올리반티, 메간 스크라이브너, 데이비드 슬리터, 그리고 내 친구이자 재능 있는 프로그램 개발 파트너인 페니 윌리엄슨이 그들이다. 페처연구소 직원들에게도 감사한다. 전화 받기, 메모, 수표 발행, 방 청소, 잔디 가꾸기, 식사 준비 등 연구소 직원들의 헌신과 노고 덕분에 프로그램을 유지할 수 있었다. 또한 이 작업을 믿고 후원해 준 연구소의 이사들 제니스 클라플린, 브루스 페처, 윙크 프랭클린, 린 트위스트, 프랜시스 본, 제레미 왈레

츠키, 주디스 스커치 휘트슨에게도 감사한다.

나는 지난 십 년간 독립적으로 일했다. 세미나와 워크숍, 수련회, 다양한 유형의 '교실들'에서 계속 가르쳤지만, 예전에 벨로이트 대학과 조지타운 대학, 퀘이커 생활 교육 공동체 펜들 힐에서 했던 것처럼 한 학기 이상 같은 학생들과 수업을 하지 않는다.

그래서 1993년에서 1994년까지 켄터키주 베리아시 베리아 대학교에서 일라이 릴리 방문교수로 일할 수 있었던 것도 감사한다. 그 기간 동안, 대학 교육의 현실을 다른 각도에서 경험하면서 이 책의 초안을 완성할 수 있었다. 나의 직업적인 성장을 격려해 준 필리스 휴즈와 리비 존스, 래리 쉰, 고 존 스티븐슨, 그리고 베리아 프렌즈 미팅의 구성원들에게도 특별히 감사한다.

내가 과장으로 재직 중인 미국고등교육협회(American Association of higher Education)의 친구들 러스 에저튼(전직 미국고등교육협회 회장으로, 현재는 퓨 자선기금에서 교육 프로그램을 담당함)과 루 앨버트, 패트 허친스, 테드 마치스에게도 고마움을 전한다. 10년 이상 그들은 내 작업을 격려하며 도와주었고, 혼자서는 결코 발견할 수 없었을 놀라운 대화 공동체에 나를 소개해 주기도 했다.

이 책의 대부분은 1996년에서 1997년 사이에 썼는데, 그간 나는 네 명의 탁월한 편집자를 만나는 축복을 누렸다. 그들 덕분에 혼자 작업할 때보다 더 나은 책을 쓸 수 있었다.

사라 폴스터와 셰릴 폴러턴은 조지 바스 출판사에서 내 편집자 역할을 맡아 주었다. 적절한 시점에 적절하게 나를 지지하고 비판해 준 그들에게 감사한다.

마크 네포는 시인, 수필가, 교사이자 비범한 편집자이기도 하다. 그는 자기의 생각을 내세우는 대신 내 목소리를 끌어내려 애쓰면서, 모든 단어와 문장을 신중하게 읽고 열정적으로 조언해 주었다. 내가 보지 못한 보물들을 보여 주고, 그 보물을 담을 그릇을 찾도록 도와준 그에게 무한한 고마움을 전한다.

샤론 파머는 애정 어린 태도로 이 프로젝트의 모든 우여곡절을 함께 해 주었다. 날카로운 눈과 따뜻한 가슴을 지닌 그녀는 내가 명료한 문장과 온전한 영혼을 유지할 수 있도록 힘써 주었다. 이 책의 헌사만으로는 그녀를 향한 내 고마움의 깊이를 다 전달하지 못할 것이다. 내가 아는 가장 훌륭한 분인 내 아버지께도 깊은 감사의 말을 전한다.

1997년 9월, 위스콘신주 매디슨에서

파커 J. 파머

10주년 기념 판을 출간하며

1. Daniel J. Boorstin, *The Americans: The Democratic Experience*(New York: Vintage Books, 1973), p.532.

2. John Strassburger, "Counting Quality"(fifth in a series of occasional papers by the president of Ursinus College). 자료를 원하면 다음 주소로 연락할 것. Office of the President, Ursinus College, P.O. Box 1000, Collegeville, PA 19426; (610) 409-3587.

3. '용기와 쇄신 센터'와 그 프로그램에 관한 상세한 정보는 http://www.couragerenewal.org에서 찾을 수 있다.

4. 페처연구소의 홈페이지는 http://www.fetzer.org이다. 샘 인트라터와 메간 스크라이브너가 편집한 책은 모두 조시 바스 출판사에서 출간했으며, 목록은 다음과 같다. *Stories of the Courage to Teach: Honoring the Teacher's Heart*(2002), *Teaching with Fire: Poetry That Sustains the Courage to Teach*(2003), *Living the Questions: Essays Inspired by the Work and Life of Parker J. Palmer*(2004), *Leading from Within: Poetry That Sustains the Courage to Lead*(2007).

5. '신뢰 모임'을 구성하는 방법에 관한 자세한 내용은 파커 J. 파머의 《다시 집으로 가는 길》(한언, 2014)을 참조할 것.

6. Anthony Bryk and Barbara Schneider, *Trust in Schools: A Core Resource for Improvement*(New York: Russell Sage Foundation, 2004).

7. Catherine Gewertz, "'Trusting' School Community Linked to Student

Gains," *Education Week*, Oct. 16, 2002 [http://www.edweek.com/ew/ewstory.cfm?slug=07trust.h22].

8. 같은 책.

9. 같은 책.

10. 같은 책.

들어가는 글

1. Stephen Mitchell (ed.), "Ah, Not to Be Cut Off," in Ahead of All Parting: The Selected Poetry and Prose of Rainer Maria Rilke(New York: Modern Library, 1995), p.191.

1장

1. May Sarton, in "Now I Become Myself," *Collected Poems*, 1930-1973(New York: Norton, 1974), p.156.

2. 《간디 자서전-나의 진리 실험 이야기》, 간디 지음, 함석헌 옮김(한길사, 2015).

3. Earl Schwartz, "Chronic Life," *Creative Nursing*, Feb. 1992, p.58에서 인용.

4. Václav Havel, 미 의회 연석회의에서 한 연설. *Time*, Mar. 5, 1990, pp.14-15에서 인용.

5. Alice Kaplan, *French Lessons: A Memoir*(Chicago: University of Chicago Press, 1993), p.209.

6. 같은 책, pp.210-211.

7. 같은 책, p.216.

8. 《사회학적 상상력》, C. 라이트 밀즈 지음, 이해찬 옮김(돌베개, 2004).

9. Jane Tompkins, "Pedagogy of the Distressed," *College English*, 1991, 52(6).

10. 《늙음, 열정과 상실 사이》, 플로리다 피어 스콧 맥스웰 지음, 신명섭 옮김(페

르소나, 2014).

11. Frederick Buechner, *Wishful Thinking: A Seeker's ABC*(San Francisco: HarperSanFrancisco, 1993), p.119

2장

1. William Stafford, "Lit Instructor," in *Traveling Through the Dark*(New York: HarperCollins, 1962), pp.77 – 78.

2. 《작가수첩1》, 알베르 카뮈 지음, 김화영 옮김(책세상, 1998), 32쪽

3. 같은 책, pp.32-33.

4. Nelle Morton, *The Journey Is Home*(Boston: Beacon Press, 1985), pp.55 – 56.

5. Erik H. Erikson, *Identity and the Life Cycle*(New York: Norton, 1964).

6. 《교육의 목적》, 알프레드 노스 화이트헤드 지음, 오영환 옮김(궁리, 2004).

7. Karl Pearson, *The Grammar of Science*(London: Dent, 1937), p.11. 내게 이 책을 소개한 발파라이소 대학 크라이스트 칼리지의 학과장 마크 슈웬에게 고마움을 전한다.

8. 같은 책, p.11.

9. Sue V. Rosser, "The Gender Equation," *Sciences*, Sept.–Oct. 1992, p.46.

10. 《유기체와의 교감》, 이블린 폭스 켈러 지음, 김재희 옮김(서연비람, 2018).

11. Rosser, "Gender Equation," p.46.

12. Evelyn Fox Keller, *Reflections on Gender and Science*(New Haven, Conn.: Yale University Press, 1985), p.164.

13. Mitchell, "Ah, Not to Be Cut Off," p.191.

14. T. S. Eliot, "Little Gidding," in *T. S. Eliot: The Complete Poems and Plays*, 1909 – 1950(Orlando, Fla.: Harcourt Brace, 1958), p.145.

3장

1. Thomas P. McDonnell (ed.), "Hagia Sophia," in *A Thomas Merton Reader*(New York: Doubleday, 1989), p.506.

2. 여러 2차 자료에서는 보어가 이 말을 했다고 한다. 애버리 델레스의 저작 *The Reshaping of Catholicism*(San Francisco: HarperSanFrancisco, 1989) 37쪽이 그 대표적인 예이다. 하지만 나는 보어의 저작에서는 이 말을 발견하지 못했다. 보어가 이 말을 했다는 증거는 그의 아들 한스 보어가 쓴 '나의 아버지'라는 수필에서 찾을 수 있다. "아버지가 즐겨 인용하는 격언 중 하나는 두 종류의 진리에 관한 것이었다. 그 격언에 따르면, 심오한 진리는 그 반대도 심오한 진리인 반면, 사소한 진리의 정반대는 부조리라는 것이다." S. Rozental (ed.), *Niels Bohr: His Life and Work as Seen by His Friends and Colleagues*(New York: Wiley, 1967), p.328.

3. 《말씀 아래 더불어 사는 삶》, 디트리히 본회퍼 지음, 곽계일 옮김(빌리브, 2015).

4. Robert N. Bellah and others, *Habits of the Heart*(Berkeley: University of California Press, 1985).

5. 《작은 것이 아름답다》, E. F. 슈마허 지음, 이상호 옮김(문예출판사, 2022).

6. 《젊은 시인에게 보내는 편지》, 라이너 마리아 릴케 지음, 송영택 옮김(문예출판사, 2018).

7. 《늙음, 열정과 상실 사이》, 스콧 맥스웰 지음.

4장

1. 《기러기》, 메리 올리버 지음, 민승남 옮김(마음산책, 2021).

2. Page Smith, "To Communicate Truth," *Whole Earth Review*, Summer 1987, p.55.

3. Benjamin Barber, "The Civic Mission of the University," in *Higher Education and the Practice of Democratic Politics*, Bernard Murchland(Dayton,

Ohio: Kettering Foundation, 1991).

4.《과학이 종교를 만날 때》, 이언 바버 지음, 이철우 옮김(김영사, 2002).

5. 같은 책.

6.《춤추는 물리》, 게리 주커브 지음, 김영덕 옮김(범양사, 2007).

7.《과학이 종교를 만날 때》, 바버 지음.

8. 같은 책.

9. 같은 책.

10.《개인적 지식》, 마이클 폴라니 지음, 표재명 옮김(아카넷, 2001).

11. Richard Gelwick, "Polanyi: An Occasion of Thanks," *Cross Currents: Religion and Intellectual Life*, 1991, 41, 380 – 381. 다음 책자도 참조할 것. Richard Gelwick, *The Way of Discovery: An Introduction to the Thought of Michael Polanyi*(New York: Oxford University Press, 1977).

12.《유기체와의 교감》, 켈러 지음.

13. Robert Frost, "The Secret Sits," from *The Poetry of Robert Frost*, Edward Connery Lathem(New York: Henry Holt, 1979), p.362.

14.《기러기》, 올리버 지음.

15.《유기체와의 교감》, 켈러 지음.

16. James Shapiro, University of Chicago, quoted in "Dr. Barbara McClintock, 90, Gene Research Pioneer Dies," *New York Times*, Sept. 4, 1992, p.C16.

17. Rainer Maria Rilke, *Rodin and Other Prose Pieces*(London: Quartet Books, 1986), p.4.

18.《이중나선》, 제임스 왓슨 지음, 최돈찬 옮김(궁리, 2019).

19. Leon Jaroff, "Happy Birthday, Double Helix," *Time*, Mar. 15, 1993, pp.58 – 59.

20.《위대한 책들과의 만남》, 데이비드 덴비 지음, 김번 · 문병훈 옮김(씨앗을뿌리는사람, 2008).

21. 《돌에게 말하는 법 가르치기》, 애니 딜라드 지음, 김선형 옮김(민음사, 2004).

22. 한 유대교 랍비가 내게 이 이야기를 들려주었다. 책에서는 이런 이야기를 찾지 못했다.

23. 《성스러움의 의미》, 루돌프 오토 지음, 길희성 옮김(분도출판사, 1987).

24. 《예루살렘의 아이히만》, 한나 아렌트 지음, 김선욱 옮김(한길사, 2006).

25. Sharon Bertsch McGrayne, *Nobel Prize Women in Science*(New York: Carol, 1993) p.170.

26. 신체인지 분야의 학자이자 실천가인 도나 마코바에게 감사한다. 그녀는 내게 투쟁도피반응과 '부드러운 눈', 아이키도 훈련 등에 관한 정보를 제공해 주었다. 이 주제에 관한 더 자세한 내용은 다음 저서를 참조하기 바란다. Andy Bryner and Dawna Markova, *An Unused Intelligence*(Berkeley, Calif.: Conari Press, 1996).

27. 《감각의 박물학》, 다이안 애커먼 지음, 백영미 옮김(작가정신, 2023).

5장

1. 《천국과 지옥의 결혼》, 윌리엄 블레이크 지음, 김종철 옮김(민음사, 1990).

2. "Integrating Community Service and Classroom Instruction Enhances Learning: Results from an Experiment," *Educational Evaluation and Policy Analysis*, 1993, 15, pp.410-419.

3. Judith Axler Turner, "Mathematicians Debate Calculus Reform and Better Teaching," *Chronicle of Higher Education*, Jan. 31, 1990, p.A15.

4. "Does Objective Reality Exist, or Is the Universe a Phantasm?" World Wide Web Virtual Library: Sumeria(http://www.livelinks.com/sumeria).

5. 《천국과 지옥의 결혼》, 윌리엄 블레이크 지음.

6장

1. T. H. White, *The Once and Future King*(New York: Ace Books, 1987), p. 183.

2. 이 책을 출간한 7년 뒤에, 나는 '정화위원회'의 원칙과 방법을 훨씬 더 상세히 설명한 글을 한 편 썼다. 이와 관련된 내용은《다시 집으로 가는 길》7장을 참조하기 바란다. 이장의 내용은 다음 책의 부록에도 똑같이 실려 있다. Parker J. Palmer and Megan Scribner, *The Courage to Teach Guide for Reflection and Renewal*(San Francisco: Jossey-Bass, 2007).

3. White, *Once and Future King*, p.183.

7장

1. Marge Piercy, "The Low Road," in *The Moon Is Always Female*(New York: Knopf, 1981), pp.44 -45.

2. Myles Horton, *The Long Haul*(New York: Doubleday, 1990), p.190.

3.《로사 파크스-나의 이야기》, 로사 파크스 지음, 최성애 옮김(문예춘추사, 2012).

4. 같은 책.

5. Jean C. Wyer, "Accounting Education: Change Where You Might Least Expect It," *Change*, Jan.-Feb. 1993, pp.15 -17.

6. 같은 책, p.15.

7. Piercy, *Moon Is Always Female*, pp.44 -45.

8. 토마스 머튼의 개인 비서 패트릭 하트 수사가 전해준 개인적인 대화 내용.

9. Rumi, "Say Yes Quickly," in *Open Secret: Versions of Rumi*, trans. Coleman Brooks(Brattleboro, Vt.: Threshold Books, 1984), p.27.

10주년 기념 판에 덧붙이는 글

1. William Stafford, "A Ritual to Read to Each Other," in *The Way It Is: New*

and Selected Poems(St. Paul, Minn.: Graywolf Press, 1998), pp.75 – 76.

2. "EasT: The National Gathering," EDUCATION as Transformation [http://www.wellesley.edu/RelLife/transformation/edu-nationalgathering.html].

3. Cheryl Keen, Antioch College, quoted in "Education Overview," EDUCATION as Transformation [http://www.wellesley.edu/RelLife/transformation/edu-ngoverview.html].

4. "'변화를 위한 교육'은 각종 대학과 초·중·고 학교, 관련 기관이 공동으로 참여하는 국제기구로, 다음과 같은 것을 연구한다. 종교적 다양성이 교육에 미치는 영향과 이런 다양성을 관리하기 위한 전략, 교육 기관에서 영성이 담당하는 역할 및 영성과 교수법의 관계, 가치관 계발, 윤리 도덕적 발달, 세계적 교육 공동체 육성 및 책임감 있는 세계 시민 양성 등." "Index," EDUCATION as Transformation, Dec. 8, 2006 [http://www.wellesley.edu/RelLife/transformation/index.html].

5. Going Public with Spirituality in Work and Higher Education [http://www.umass.edu/spiritual_conf].

6. Uncovering the Heart of Higher Education: Integrative Learning for Compassionate Action in an Interconnected World [http://www.heartofeducation.org].

7. Jon C. Dalton, David Eberhardt, Jillian Bracken, and Keith Echols, "Inward Journeys: Forms and Patterns of College Student Spirituality," *Journal of College and Character*, 2006, 7(8) [http://www.collegevalues.org/pdfs/Dalton.pdf].

8. Arthur W. Chickering, Jon C. Dalton, and Liesa Stamm, *Encouraging Authenticity and Spirituality in Higher Education*(San Francisco: JosseyBass, 2005).

9. "Spirituality and the Professoriate: A National Study of Faculty Attitudes, Experiences, and Behaviors," Spirituality in Higher Education [http://spirituality.ucla.edu/about/facsurvey.html]; "The Survey," Spirituality in Higher Education [http://spirituality.ucla.edu/about/survey.html].

10. Bryk and Schneider, *Trust in Schools* 참조.

11. Sam M. Intrator and Robert Kunzman, "The Person in the Profession: Renewing Teaching Vitality Through Professional Development," *Educational Forum*, 2006, 71(Fall), 16-33 [http://www.kdp.org/pdf/publications/forumarchives/forum06_intrator.pdf], p.24.

12. Parker J. Palmer, "Evoking the Spirit in Public Education," *Educational Leadership*, 1998, 56(4), 6-11 참조.

13. "의학교육인증협의회(ACGME)는 103,000명의 레지던트를 대상으로 27개 전문 분야에서 8,100가지 레지던트 프로그램을 인증하는 비영리 사립 단체이다. 이 단체의 주된 목적은 수련의를 대상으로 한 대학원 의학교육의 질을 보증하고 개선해 미국 보건 의료의 질을 향상하는 것이다." Accreditation Council for Graduate Medical Education [http://www.acgme.org/acWebsite/newsReleases/newsRel_10_20_06.asp].

14. "Advancing Education in Medical Professionalism: An Educational Resource from the ACGME Outcome Project," Accreditation Council for Graduate Medical Education [http://www.acgme.org/outcome/implement/Profm_resource.pdf], p.3.

15. Institute for Healthcare Improvement [http://www.ihi.org/ihi] 참조.

16. '용기와 쇄신 센터'의 역사와 사명은 '들어가는 글'에서 언급했다.

17. Charles L. Rice, "Message from the Chair," *Accreditation Council for Graduate Medical Education 2002–2003 Annual Report* [http://www.acgme.org/acWebsite/annRep/an_2002-03AnnRep.pdf], pp.2-3. 의학교육인증협의회에서 수여하는 '가르칠 수 있는 용기 상'에 관한 정보는 http://www.acgme.org/acWebsite/home/home.asp에서 'ACGME Awards' 항목을 클릭하면 찾을 수 있다.

18. 같은 책, p.2.

19. 폴 바탈덴은 '다트마우스 히치콕 의학센터'에서 운영하는 다트마우스 히치콕 예방 의학 레지던트 프로그램의 관리자이자, 의료 개선 협회 내부에 있는 보건 전문인 계발 부서의 상임 이사이다.

20. 폴 바탈덴은 공식 자료에서 얻은 데이터를 활용해 이 사례를 썼다. "State Health Department Cites Mt. Sinai Medical Center for Deficient Care in Living Liver Donor Death," New York State Department of Health News, Mar. 12, 2002 [http://www.health.state.ny.us/press/ releases/2002/mtsinai. htm] 참조.

21. 같은 책.

22. 같은 책.

23. 사망자의 아내가 밝힌 개인적인 심정.

24. 이 주장은 이반 일리치의 《학교 없는 사회》(사월의 책, 2023) 1장에서 제기했다.[http://www.davidtinapple.com/illich/1970_deschooling.html].

25. 《EQ 감성지능》, 대니얼 골먼 지음, 한창호 옮김(웅진지식하우스, 2008) 참조.

26. Sheila Tobias, *Overcoming Math Anxiety*(New York: Norton, 1994) 참조.

27. 《다시 집으로 가는 길》, 파머 J. 파머 지음, 김지수 옮김(한언, 2014).

감사의 말

1. '교사 양성 센터'는 교육 이외의 다른 전문 직종을 포함할 수 있게 '용기와 쇄신 센터'로 이름을 바꾸었다. 센터의 프로그램에 관한 자세한 내용은 http://www.couragerenewal.org에서 찾을 수 있다.

가르칠 수 있는 용기
출간 20주년 기념 판

초판 1쇄 발행 2000년 11월 8일
초판 5쇄 발행 2004년 4월 26일
개정판 3쇄 발행 2007년 10월 17일
10주년 증보판 19쇄 발행 2022년 5월 19일
20주년 기념판 1쇄 발행 2024년 4월 25일

지은이 | 파커 J. 파머
옮긴이 | 김성환
펴낸이 | 심남숙
펴낸곳 | ㈜한문화멀티미디어
등록 | 1990. 11. 28 제21-209호
주소 | 서울시 광진구 능동로43길 3-5 동인빌딩 3층(04915)
전화 | 영업부 2016-3500 편집부 2016-3507
홈페이지 | http://www.hanmunhwa.com

운영이사 | 이미향
편집 | 강정화 최연실
기획·홍보 | 진정근
디자인·제작 | 이정희
경영 | 강윤정 조동희
회계 | 김옥희
영업 | 이광우

만든 사람들
책임 편집 | 강정화 디자인 | 하하하
인쇄 | 천일문화사

ISBN 978-89-5699-470-3 03370